Treasures for Scholars Worldwide

南方史学

（复刊号）

第一辑

广西师范大学历史文化与旅游学院

徐　毅　主编

江田祥　执行主编

GUANGXI NORMAL UNIVERSITY PRESS
广西师范大学出版社
·桂林·

南方史学（第一辑）
NANFANG SHIXUE（DI-YI JI）

图书在版编目（CIP）数据

南方史学. 第一辑 / 徐毅主编 ; 江田祥执行主编. -- 桂林 : 广西师范大学出版社, 2025. 7. -- ISBN 978-7-5598-7776-5

Ⅰ. K0-53

中国国家版本馆 CIP 数据核字第 20245YH326 号

广西师范大学出版社出版发行
（广西桂林市五里店路 9 号　邮政编码：541004
网址：http://www.bbtpress.com）
出版人：黄轩庄
全国新华书店经销
广西广大印务有限责任公司印刷
（桂林市临桂区秧塘工业园西城大道北侧广西师范大学出版社集团有限公司创意产业园内　邮政编码：541199）
开本：787 mm × 1 092 mm　1/16
印张：15　　字数：300 千
2025 年 7 月第 1 版　　2025 年 7 月第 1 次印刷
定价：128.00 元

《南方史学》辑刊编委

（按姓氏拼音排序）

序　一

广西师范大学历史文化与旅游学院创办《南方史学》，其用意所在当然是推进中国南方历史学的繁荣和发展。这一选择，无论从其历史渊源还是现实需要来讲，都是意味深长又大有可为的。

南方史学无疑是一种以空间方位区分性的历史学。与之对应的理应还有“北方史学”，以及“东方史学”“西方史学”，也可以说是自古以来围绕中原的四方史。这些称谓，在中国史学发展过程中都先后出现过，但由于历史和人文的原因，自近代以来中国学人对方位地域概念的采用，国内往往以“南北”作区分，国际往往以“东西”作区分，因此对南方史学与北方史学这一对概念较多使用于国内史学的划分中，而对东方史学与西方史学这一对概念则主要使用于国际史学的划分中。

中国历来有划分南北史学之说。据已有研究，中国史学的南北之分始于南北朝而流行于北宋。有学者认为，西晋时中原“新学”南迁，使南北朝开始有史学的南北之别。南宋之后，这种南北史学之别仍然延续不断。明末清初的顾炎武、清末民初的梁启超有以南北区分中国学术派系之论述。到民国时期，这种学术分派益甚，不仅在五四时期出现新的南北史学之分野，而且有胡适、胡先骕、吴宓、陈寅恪等学者发表相关的论说。当代学者朱维铮、桑兵、罗志田等对此亦多有研究。

综观这些有关研究，所论南北史学的不同之处，主要着眼于学术方面。如关于南北朝的南北史学之别，南朝《世说新语·文学篇二十五》有记载：“褚季野语孙安国云：‘北人学问，渊综广博’。孙答曰‘南人学问，清通简要’。支道林闻之曰：‘圣贤固所忘言。自中人以还，北人看书，如显处视月；南人学问，如牖中窥日。’”稍晚的刘峻对支道林的评论作阐释说：“学广则难周，难周则识暗，故如显处视月。学寡则易核，易核则智明，故如牖中窥日也。”《北史·儒林传》概括说：“大抵南人约简，得其英华；北学深芜，穷其枝叶。”周一良的《略论南朝北朝史学之异同》一文认为，南朝宋的范晔、南朝梁的沈约和萧子显三个史学家的著作，在史学上表现出南朝学风的这种倾向，已“形成南朝史学不同于北朝的一大特点”。刘师培的《南北经学不同论》也指出南北的区别：“北儒学崇实际，喜以训诂章句说经；南人学尚夸夸，喜以义理说经。”周一良把这些不同之处，“用《论语》的话来概括，就是北方偏于学而不思（重学轻思），南方偏于思而不学（重思轻学）”，这里说的主要是学风上的区别。

宋代的南北史学之分，主要是北宋和南宋的史学不同之论，而未见论及同一朝代的南北史学之别。蒙文通说：“北宋之学重《春秋》而忽制度，南渡则制度几为学术之中心。”而南宋，“惟浙东之学，以制度为大宗，言内圣不废外王，坐言则可起行，斯其所以学独至而言无弊”。浙东诸儒，“言史必以制度为重心”，较北宋史学更为高深一筹。“盖治法密于唐，自北宋人视之，若谓徒法之不如徒善，故北宋史人皆高谈性道，不识治法，虽激论变法，而北宋究无能论法者”，所以“北宋言史而史以隘，专主人治而遗史之全体。是北宋之言史专于理道之旨，义每狭而浅，未若南宋之广且深矣。”他还认为：北宋“自欧阳、司马之俦论史不言制度，而南宋诸家则治人与治法兼包，义理与事功并举。”不过，蒙文通也认为北宋之学“洛、蜀、新三派鼎立，浙东史学主义理、重制度，疑其来源即合北宋三派以冶于一炉者也”。这也就是说以浙东史学为代表的南宋史学是对北宋史学的继承和统合，北宋和南宋既有继承发展又有时代区别。这里说的主要是学识上的区别。

关于明清时代南北史学的差异，顾炎武的《日知录》第十三卷中，有“南北学者之病”一条，借用《论语》“阳货篇”“卫灵公篇”中的言辞评论说：北方学者“饱食终日，无所用心”，南方学者“群居终日，言不及义，好行小慧”。这里说的应该是学德上的区别，但没有区别好坏、高低，只是两方学者失德的不同表现。

到了民国时期，由于五四新文化运动的新起，出现了以传播外来西学为主的新学学派，与原有的以研究国学为主的旧学学派相对立。前者以北京大学的一些学者为代表，以《新青年》杂志为阵地，故称为新派、北派、《新青年》派；后者以南京高等师范学校及其后的东南大学、中央大学的一些学者为代表，以《学衡》杂志为阵地，故称旧派、南派、《学衡》派。有学者认为，南北两派的差异主要在于“为学而学”与兼重经世的治学目的上。北派依据西方现代学术理念，认为只有坚持非功利主义学术观，方能致学术于独立，不赞成致学术于实用。如胡适强调：“我们做学问不当先存这个狭义的功利观念”，而“当存一个‘为真理而求真理’的态度。”“我们整理国故，只是研究历史而已，只是为学术而作工夫，所谓‘实事求是’是也，绝无‘发扬民族之精神’的作用。”顾颉刚也认为：对于知识，“在应用上虽是该作有用无用的区别，但在学问上则只当问真不真，不当问用不用。”南派则认为治学固应求实，但仍当兼重其经世功能。如刘掞藜反对顾颉刚的古史辨说：“吾人当今急务应研求现近史象而谋济时救国之方。若复如此埋头故纸堆中，钩稽荒渺史迹，无论所获至微而至不可恃，纵得真相，于时寡益。既不能扶危定倾，又不能裨补民生。”这里的南北两派的区别，与以往的以地域为界有所不同。虽然表面上看起来是北京大学在北方、南京高等师范学校等在南方，但北派不仅其人员中多有南人，而且其发源地亦在南方，新文化运动、《新青年》都发源于上海，后来随着人员和刊物的北迁才成了“北派”。这种现象，虽然不一定能说“南人”代表“北学”，但从产生根源上来说，这两派是在南方同土而生，可见其地域因素各有作用。这里所说的应是治学目的上的不同。

上述所论的这些南北史学，从空间上来说，都是地域性的历史学。从地域历史学的内涵来说，至少应该包括两个方面，一是地域性的历史学术，二是地域性的历史事实。上述已有的南北史学的区域性区别只涉及了第一个方面，对第二个方面则没有涉及。从地域历史研究来说，第二方面比第一方面更为重要，这方面在以往的史学研究中虽不乏涉及，但从地域史角度的研究尚较薄弱。

“南方史学”，循名责实，应当是南方的史学，包含着“南方”和“史学”两个含义。就南方而言，其内涵有多种界定，有以秦岭—淮河为界的；有以长江为界的，或称为江南；有以大庾等五岭为界的，或称为岭南；在上古时期还有以楚、吴、越、巴、蜀的北部边境线为界的，或称为“南蛮”。这些南北之分，有的以气候为标准，有的以地理为标准，是相对于北方的不同气候、地理及相应的文化、习俗而提出的，这些不易变化的又决定着南方和北方独特性的方面。

就史学而言，包括对其内生变迁历史和外融变迁历史的研究。关于内生变迁研究，对于南方地位的历史变迁，即南方民族史，有学者提出运用“两分法”进行研究，“一方面是南方各民族的历史研究”，“另一方面是南方民族关系研究”。关于外融变迁历史研究，包括北方对南方的“王化”“教化”“文化”过程。此外，相对于南方，还有“北方中心论”和“中原中心论”。北方对于南方的关系，究竟是征服论还是融合论？南北虽然融合，但文化习俗差异很大，且一直存在，如何阐释文化差异与国家融合、地方性和国家性（中央性）的关系，南化与北化的关系。有学者认为，以往研究可以表述为“王朝历史之下的南方地区史”，而不是“南方地区的中国史”，或谓“中国历史的南方脉络，并不是南方历史的发展线索”。这也就是说对南方在中国历史发展上的意义认识不够。这些不断变化的又决定着南方兴衰性的方面。

在地域研究学术专刊名称的采用上，“西部史学”似乎是较早被采用的。新疆社会科学院于1991年创办《西域研究》杂志，西域与西部虽有所不同，但大意相似；到2017年西南大学历史文化学院又创办了《西部史学》集刊。此外，还有吉林省社会科学院于2004年创办《东北史地》杂志，当然“东北”是一个特定的地区，也是中国的东北部。相较之下，“南方史学”是姗姗来迟了，显得以往的南方史学研究似乎是“无旗之营”。

地域历史研究是中国历史研究中的一个重要方面，也是近年来极为引人瞩目的一个研究领域。“一带一路”倡议提出以来，与之相关的地域史研究更显重要，如西域史之与陆上丝绸之路关系，南方史之与海上丝绸之路关系的研究，都值得重视和实施。

但愿《南方史学》的诞生，在引领和促进南方历史研究上发挥积极作用，取得丰硕成果！

虞和平

2024年12月6日于北京寓所

序 二

《南方史学》面世了，这是非常值得庆贺的事情。

《南方史学》创办的宗旨，是为有志于从事史学研究的学者提供一个阵地，发表有关的成果，以促进史学的繁荣，同时，促进学科建设的发展。

90多年来，广西师范大学经过一代代人的奋发努力，学校的办学规模不断扩大，办学水平逐年提高，社会影响力日益扩大。目前是国家教育部与广西壮族自治区人民政府共建高校，是“中西部高校基础能力建设工程项目”高校，是广西重点建设的“国内一流大学”高校，入选国家建设高水平大学公派研究生项目、教育部“国培计划”、数据中国“百校工程”、国家大学生文化素质教育基地、全国深化创新创业教育改革示范高校、教育部来华留学示范基地等。历史学科与学校的办学历史同步，目前为国家级一流本科专业建设点、国家级特色专业建设点，拥有世界史和文物两个博士学位授予点，《观石读史》被评为国家线上线下混合式一流本科课程。

立足本地开展学术研究，服务国家发展，参与国际合作与竞争，是地方大学教学与科研的基本策略。长期以来，广西师范大学历史学科在太平天国史、桂系史、中越关系史、西南民族史、西南边疆经济开发史、岭南历史地理等学术领域深耕，取得了一些成果，为人才培养和社会科学繁荣做出了自己的贡献。为了推动学术研究，保存更多学术研究成果，扩大学术影响，20世纪80年代初，在钟文典教授的主持下，成立广西地方民族史研究所，并创办了《广西地方民族史研究集刊》，作为不定期的内部刊物，在部分高校和省、自治区、直辖市图书馆中交流。一批具有较高质量的调查报告、专题论文和史料解读成果被收入其中，这对广大师生是一种激励。鉴于其在教学科研中发挥了积极而重要的作用，学院领导曾计划公开出版发行，以产生更大的影响。不料正在这时，高校开始了扩招，并开始了“创收”，工作的重心有所偏离，这一计划最终未能实现。现在回想起来，迫于当时的压力是一个重要的原因，而更重要的原因还是缺乏学术定力，和面对挑战所应具有的决心和勇气。

但是，创办一本刊物一直是广西师范大学历史学人的愿望。随着国家教育现代化的全面推进，“一带一路”沿线地区的建设受到越来越多的重视，鼓励地方大学利用区位优势发展成为国家重要的政策导向。正是在这样的背景下，广西师范大学历史学科决定创办《南方史学》，以适应新形势发展变化的需要。

特色是刊物具有生命力和竞争力的重要保证。特色的形成，既靠扎根脚下的土地，也靠积极创新探索。至少自秦汉开始，岭南地区就与中原地区发生了密切的联系，灵渠的开凿使广西与中原地区的交流得以加强，广西的民族关系也由此较为融洽。明清时期，国家对西南边疆加强开发，广西社会各领域均获得较大的发展进步。进入近代，广西成为西方列强侵略的重点地区之一，由此引起阶级矛盾和民族矛盾的激化，太平天国革命、西林教案、中法战争等，均对中国历史产生了重要影响。中华人民共和国成立后，广西成为援越抗美的前线，接着又成为对越自卫反击战的前线，在这种情况下，广西长期以备战为中心任务。随着“一带一路”倡议的实施，广西的地位发生了重大的变化，成为对外交往的桥头堡。这些因素决定了广西的历史势必带有自己的特点。《南方史学》要办出自己的特点，必须关注脚下这片土地发生过的并对中国和世界产生重大影响的历史事件、历史人物和历史现象，同时也要关注全球各地区和国家的历史，尤其是直接或间接与广西有关的历史。

《南方史学》应鼓励不同学术观点的争鸣、批评、质疑，以达到繁荣史学的目的。《南方史学》还应为青年学者的成长创造条件，为青年学者开辟专栏，还应通过组织青年学者论坛、青年学者笔谈等方式，将一些优秀的成果吸纳进来。应坚信，只要能促进高层次人才的培养，办刊的方向就是正确的，所付出的努力也是有价值的。

当前，基础研究和应用研究都具有重要的意义，《南方史学》都应为这两类研究成果的发表提供平台。基础研究，贵在发掘新的资料、运用新的理论方法，鼓励学者甘坐冷板凳，在文献中艰苦搜寻，发现新的历史线索，解决重大理论学术问题；也鼓励学者深入社会开展实地调查，在田野发现新的历史资料。应用研究，贵在经世致用，鼓励学者将一些有应用价值的历史文化资源转化为经济和文化建设的关键要素。如今高校学位点的设置，之所以分为学术型和专业应用型，也是为了促进基础研究和应用研究的发展。《南方史学》只有积极对此予以回应，才能实现学科建设效益的最大化。《南方史学》在创办过程中应秉持开放的原则，在与社会的广泛合作中寻找到更多更有影响力的作者，同时通过加强合作，获得更多办刊所需要的条件。

刊物一旦创办，自己的历史进程也就开启了。尽管未来的形势、任务、前景等难以预料，但是只要坚持，不断努力探索，就能克服各种困难，走向光明的坦途。从有利于凸显特色的立场出发，《南方史学》应对栏目进行精心设置，使其能长久延续，一些体现南方史学研究领域优势的重大选题，更需要精心培育，如此，就有可能逐渐形成较深厚的历史积淀，进而形成品牌。《广西地方民族史研究集刊》的一些办刊传统，例如，为重大学科建设任务服务、为促进区域社会发展服务、支持师生持续开展重大历史调查研究、支持有创新探索意义的研究等，都值得继承与弘扬。

《南方史学》暂定为年刊，即每年出一辑。广西师范大学出版社经过近40年的发展探索，已成为国内外享有较高声誉的一家大学出版社。《南方史学》以此为依托出版发行，能确保刊物从一开始就获得较好的传播渠道。当然，刊物的真正生命力在于所刊发的学术成果真正具有较大的价值并产生较深远的社会影响，而要做到这一点，除了精心打造高水平作者队伍和精心培育成果外，还需要编辑部与出版社共同严格把好编辑出版关，使每一期都能达到较高的质量。

以上所言，均属常识。窃以为，在科学技术迅猛发展的当下，尊重常识，仍为一种正确的选择。常识往往是人类长期探索后所形成的共识。回归常识，坚持按常识办事，并非保守，而是遵循科学的规律，探索前进的道路。

愿《南方史学》越办越好！

唐　凌

目 录

名家专稿

历史地理

政治史

交通史

区域国别史

学术评论

名家专稿

中国古代早期的“地方”与“地方社会”
——以六朝时期的钱唐县为中心

鲁西奇

内容提要：中国古代的“地方”是“地之方”，即以地点为中心的地理区域；其地域范围之明确与稳定，有赖于其相邻“地方”及“国家”之认同与界定。秦汉时期，钱唐县的政区建置尚未稳定，中心、边界均不明确，尚未形成为稳定的“地方”。六朝时期，钱唐县城、钱唐亭（柳浦）以及灵隐山、明圣湖、海塘构成了钱唐的中心区域和核心景观，钱唐与邻县间的边界也渐次明确；刘宋前期，刘真道纂《钱唐记》，标志着钱唐形成为稳定的“地方”。同时，本来以越人为主、渐次接纳南来北人、吴人而形成的混杂人群逐步融会，慢慢演化为“吴人”；原来崇尚武力、信奉米道的多元文化面貌，也逐步在儒学主导下形成较为一致的文化面貌；控制地方经济资源与权力的豪族大姓则逐步联结成社会关系网络，并得到普通人群的信从与认同。人群构成与文化面貌的一致性，具有凝聚性的社会关系网络，标志着钱唐“地方社会”的形成。以“县”为基础形成“地方”和“地方社会”，是六朝时期南方地区社会发展的重要特点。

关键词：地方；地方社会；钱唐；六朝；县

一、中国古代早期的“地方”

《史记·周本纪》述周人初居豳：“薰育戎狄攻之，欲得财物，予之。已复攻，欲得地与民。”古公乃“与其私属遂去豳，度漆、沮，逾梁山，止于岐下。豳人举国扶老携幼，尽复归古公于岐下。及他旁国闻古公仁，亦多归之。于是古公乃贬戎狄之俗，而营筑城郭室屋，而邑别居之，作五官有司。民皆歌乐之，颂其德。”[①]民之所歌，当即今见于《诗经·大雅》中的《緜》。根据诗篇的描述，古公率领周人：“率西水浒，至于岐下。”其时“周原膴膴，堇荼如饴”，周人首先选择地点，建立聚落：“爰始爰谋，爰契我龟：曰止曰时，筑室于兹。”诗篇具体描述周人建立聚落的过程，说：

---

①《史记》卷4《周本纪》，北京：中华书局，2013年，第148页。

乃慰乃止，乃左乃右。乃疆乃理，乃宣乃亩。自西徂东，周爰执事。

乃召司空，乃召司徒，俾立室家。其绳则直，缩版以载，作庙翼翼。

捄之陾陾，度之薨薨，筑之登登，削屡冯冯。百堵皆兴，鼛鼓弗胜！

乃立皋门，皋门有伉。乃立应门，应门将将。乃立冢土，戎丑攸行。

正是在营筑聚落室屋的过程中，设立了司空、司徒等管理职位，并且将人民组织并区隔分划开来，形成社会秩序。邑聚建成之后，立起了“冢土”（大社），作为祭祀的中心。聚落周围的山林得到开辟，修造了道路，“柞棫拔矣，行道兑矣”，于是“混夷駾矣，维其喙矣”。周人在周原扎下根来，拥有了自己的“地方”。经过古公、季历（公季）两代人的经营，到文王时，虞、芮纳质来朝，文王治下，有了疏附、先后、奔奏、御侮，建立起国家。[①]

《緜》可以看作是周原“地方”的形成史：一群人，团聚在一个领导人或领导集团周围，营建自己的聚落，形成自身的社会秩序，同时排斥“他者”，开发并控制其周围地域，由一个点（聚落）扩展为一个面（地方）。然后，通过征伐和结盟，拓展疆域，形成国家。在这个意义上，“地方”是先于“国家”而存在的。

“地方”的本义，是以一个地点为中心的地理区域，即“地之方”。《孟子·万章》说：“天子之制，地方千里，公侯皆方百里，伯七十里，子、男五十里。”[②]这是用千里、百里、七十里、五十里等，表示“地方”的大小。《韩非子·五蠹》说：“古者文王处丰、镐之间，地方百里，行仁义而怀西戎，遂王天下。徐郾王处汉东，地方五百里，行仁义，割地而朝者三十有六国，荆文王恐其害己也，举兵伐徐，遂灭之。”[③]在这里，“百里”“五百里”分别表示周文王、徐郾王所有地方的大小；丰、镐之间与汉东分别标识其各自地方的位置，西戎、荆是周文王、徐郾王所统地方之外的地方，天下、三十六国则分别是文王、郾王之地方的“环境”。因此，“地方”有人小（面积），有地理事物（丰、镐、汉东），有相邻与周边（西戎、荆），有其所处的更大的“环境”（天下、三十六国）。

《战国策·韩策》“张仪为秦连横说韩王章”录张仪说韩王之辞，曰：

韩地险恶，山居，五谷所生，非麦而豆。民之所食，大抵豆饭藿羹。一岁不收，民不餍糟糠。地方不满九百里，无二岁之所食。料大王之卒，悉

① 王先谦：《诗三家义集疏》卷21《大雅·緜》，吴格点校，北京：中华书局，1987年，第834—842页。

② 焦循：《孟子正义》卷20《万章》下，沈文倬点校，北京：中华书局，1987年，第681页。

③ 王先慎：《韩非子集解》卷19《五蠹》，钟哲点校，北京：中华书局，1998年，第445页。

之不过三十万，而厮徒负养在其中矣。为除守徼亭障塞，见卒不过二十万而已矣。[①]

张仪描述韩地，包括其地形、物产、民众生计以及所出兵甲。《汉书·地理志》综述韩地之变迁，说韩地本为夏禹之国，“夏人上忠，其敝鄙朴”；春秋战国时期，“韩自武子后七世称侯，六世称王，五世而为秦所灭。”则韩地之所以成为一个地方，是因为其本为夏禹之国，又得韩国数世经营。秦既灭韩，分置颍川、南阳二郡。颍川，本为韩都。“士有申子、韩非，刻害余烈，高仕宦，好文法，民以贪遴争讼生分为失。”“徙天下不轨之民于南阳，故其俗夸奢，上气力，好商贾渔猎，藏匿难制御也。宛，西通武关，东受江、淮，一都之会也。”[②]则韩地渐分为颍川、南阳两个“地方”，分别以颍川、宛为中心，各有其特点。

周文王、徐郾王、韩王的“地方”，均以其所统治区域为基础；秦汉时期韩地渐别为颍川、南阳两个“地方”，亦根源于颍川、南阳二郡之建置。显然，一个以地点为中心形成的地理区域，要有较为稳定的边界，才能度量其面积，确定其大小，这就需要以政治控制或行政管理为基础。换言之，在中国古代早期，“地方”只有与政治控制或行政管理建立起关联，才能得到明确的界定。在这个意义上，中国古代早期的“地方”，当源于政治体或政区之建置；“地方”的基础，乃是政治控制或行政管理。

因此，“地方”有两个源头：一是“地”，是具体范围内的土地，是生活于其上的人们对于其所生活的地理空间的认知与界定；二是“方”，是得到确认的特定的地理区域，它既需要得到生活在其中的人们的认同，也需要得到其相邻与所属“地方”或“国家”的认可与界定。“地方”的核心当然是“地”，有了特定的地点及其区域，才有可能形成“地方”；但“地方”只有得到其相邻或所属“地方”的其他人群的认同，或者得到国家的认可与界定，才能稳定下来。所以，“地方”因“地”及其上的“人”而起，却需要得到外部因素的认可，方得定其“方”。

正因为此，研究中国古代早期的“地方”及其形成，既需要立足于特定的地理空间以及生活于其中的人，又需要考察此一特定地理区域、生活于其间的人与其相邻“地方”及其人群间的关系，分析此一地理区域作为政治体或行政管理实体的形成过程，并说明它作为政治体或行政管理实体对于当地人群之“地方认同”的意义。本文既试图遵循这一理路，以秦汉六朝时期的钱唐县为例，通过考察此一时期钱唐县地理

① 刘向集录、范祥雍笺证：《战国策笺证》卷26《韩策》一，“张仪为秦连横说韩王章”，上海：上海古籍出版社，2006年，第1491页。

②《汉书》卷28下《地理志》下，北京：中华书局，1962年，第1654页。

空间与景观的塑造、人群的构成及其社会关系网络的形成与变动、王朝国家政治变动对于钱唐地区的影响，分析中国古代早期的“地方”与“地方社会”是怎样形成的，其面貌或形态若何，并借此探究“地方”与“王朝国家”间的关系。

二、六朝钱唐的地理空间与景观

《水经》关于漸(浙)江水的记述，甚为简略，但云：“漸江水出三天子都，北过余杭，东入于海。”郦道元为《水经》作注，遂不得不兼采汉晋以来文献相关记载，将原系于各郡县下的浙江水条理清楚，分别列出上下游关系，又将与之相关的其他水作为支流，并入浙江水系。郦氏生长于北方，宦于北朝，从未履迹江南，故于南方山川，仅得凭其所见故典时文，详加比对琢磨，断以己意，将之连缀成文。因此之故，今本《水经注·浙江水》所述，于今之浙江（新安江、富春江、钱塘江）山川形势、所经城邑、所合诸水及会合之先后，多有不能相合之处。具体言之，经文“漸江水出三天子都”句下注文，述浙江水出丹阳郡黟县（汉旧县）南蛮中，北迳黟县南，北历黟山、歙县（汉旧县），又东迳始新县（东汉末分歙县华乡立，吴新都郡、晋宋齐梁新安郡治，在今淳安县西六十里威坪镇），左合绝溪；然后东流，过遂安县（东汉末分歙县南乡置，初名新定县）北境，南合南溪（今武强溪）；[①]然后东北流，迳建德县（吴置县，晋宋齐梁因之）、桐庐县（吴分富春县立，在今桐庐县西北二十五里）、新城县（吴立，在今桐庐县），合桐溪水（出於潜县北天目山，在於潜县城附近合紫溪，东南流，称桐溪，迳桐庐县东，入浙江），再东北流，迳富春县（汉旧县，东晋宋齐梁名富阳县）南，大致不误。这一段叙述中，所涉及最晚的史事，是咸和九年（334），新城复立为县；又谓桐溪水自桐庐县东北迳新城县入浙江，均较为准确。

经文“北过余杭，东入于海”句下注文所述，则较为混乱。今本《水经注》在此句经文下，首先说：

> 浙江迳县左，合余杭大溪。江北即临安县界，水北对郭文宅，宅傍山面溪，宅东有郭文墓。……建安十六年，县民郎稚作乱，贺齐讨之。孙权分余杭立临水县，晋改曰临安县。因冈为城，南门尤高。谢安莅郡，游县，迳此

① 今本《水经注》于浙江水“左合绝溪”前，述浙江水：“又东迳遂安县。南溪广二百步，上立杭以相通，水甚清深，潭不掩鳞，故名新定。分歙县立之。晋太康中，又改为今名。”（郦道元注，杨守敬、熊会贞疏：《水经注疏》卷40《浙江水》，南京：江苏古籍出版社，1989年，第3277页）。南溪，当即今之武强溪。遂安县在南溪（武强溪）中游，并不临浙江，故上引注文中“南”字当从下读，作“南溪”，不当从上读，作“（浙江水）又东迳遂安县南”。然则，浙江水当先迳始新县南，然后东流经过遂安县北境，并不经过遂安县城。

> 门，以为难为亭长。浙江又东迳余杭故县南，新县北。秦始皇南游会稽，途出是地，因立为县。王莽之进睦也。汉末陈浑移筑南城，县后溪南大塘，即浑立以防水也。县南有三碑，是顾飏、范宁等碑。县南有大壁山，郭文自陆浑迁居也。[①]

本段注文所说的余杭大溪，当即今之南笤溪。杨守敬说："盖溪以县名也。大溪即东苕溪，源出临安县西北东天目山，东南流经（临安）县及余杭县，以下北流入太湖，与富春江隔山不通流，《注》言浙江左合大溪，误。"东苕溪之上游（临安、余杭段），今称南苕溪。郦注盖以经文谓浙江"北过余杭"，故以浙江流经余杭县。而经文所言之余杭，乃东汉省钱唐县之后的余杭。《续汉书·郡国志》吴郡"余杭"县刘昭注补："顾夷曰：'秦始皇至会稽经此，立为县。'《史记》曰：始皇临浙江，水波恶，乃西百二十里，从狭中渡。徐广曰余杭也。臣昭案：始皇所过乃在钱塘、富春，岂近余杭之界乎？"[②]善长应未见过刘昭的注，故将余杭大溪误置入浙江。

今本《水经注》接着说："浙江又东迳乌伤县北。……浙江又东北流至钱唐县，縠水入焉。"其下述縠水源流甚悉，末云："縠水又东入钱唐县，而左入浙江。故《地理志》曰縠水自太末，东北至钱唐，入浙江，是也。"[③]盖《汉书·地理志》会稽郡"太末"县原注谓："縠水东北到钱唐入江。"[④]熊会贞说："（乌伤县），今义乌县治，在萧山、诸暨二县之南，去浙江甚远。《注》云浙江东迳乌伤北，误。"縠水，则发源于太末县（秦汉旧县，在今龙游县）西，东迳长山县（东汉末分乌伤南乡置，吴、晋、宋、齐、梁东阳郡治，在今金华市）北，在建德县南入浙江。其汇入浙江之口，在汉时当即属于富春县境，非钱唐县境，《汉书·地理志》原注本即有误。郦氏未察，又误以浦阳江为縠水，故将縠水与浙江水会合处置于钱唐县境内。熊会贞说："今信安江东至兰溪县，即北流，其右则东阳江。自东阳县西流，经义乌县、金华县来合焉。此《注》乃叙縠水东迳独松故冢、长山县、乌伤县，又至钱唐县入浙江。则是縠水自兰溪逆行东阳江之道，东经金华县，至义乌县，又北逾崇山，循今浦阳江之道，曲诸暨县北至钱唐，入浙江矣，误。"

弄明白余杭大溪不入浙江、縠水在建德县境而非在钱唐县境汇入浙江后，经过认真梳理，可以得出南北朝时期浙江水下游两岸的大致情形：盖浙江水东北流，过富

---

① 郦道元注，杨守敬、熊会贞疏：《水经注疏》卷40《渐江水》，第3286—3288页。

②《后汉书》志第二十二《郡国志》四，北京：中华书局，1962年，第3490页。

③ 郦道元注，杨守敬、熊会贞疏：《水经注疏》卷40《渐江水》，第3288—3296页。

④《汉书》卷28上《地理志》上，第1591页。

春县后，即进入钱唐县。二县大概在定山附近分界。《太平寰宇记》谓杭州钱塘县西四十七里有一座“定山”，“突出浙江数百丈”。又引《郡国志》云：“涛至此辄抑声，过此便雷吼霆怒。上有可避涛处，行者赖之。云是海神妇家。”[①]行者在定山避涛，并称其地为海神妇家，则定山当是钱塘潮的潮至点。《宋书·孔觊传》记台军吴喜等东平会稽，由钱唐进军柳浦、黄山浦，“东军据岸结砦”，台军任农夫等攻破之，“乘风举帆，直趣定山，破其大帅孙会之，于阵斩首。自定山进向渔浦”，戍主孔叡军败散。[②]则定山在柳浦至渔浦之间。谢灵运《富春渚》诗云：“宵济渔浦潭，旦及富春郭。定山缅云雾，赤亭无淹薄。溯流触惊急，临圻阻参错。”李善注引《吴郡记》曰：“富春东三十里有渔浦。”又引《吴郡缘海四县记》曰：“钱塘西南五十里有定山，去富春又七十里，横出江中，涛迅迈以避山难。辰发钱塘，巳达富春。赤亭，定山东十余里。”[③]渔浦，在今萧山区义桥镇，则定山当在今萧山、富阳区交界之钱塘江上。换言之，汉晋南朝时钱唐、富阳二县的分界线，大致即在今萧山、富阳二区交界的雁鹅山一带。

浙江过定山入钱唐县（在北岸）、余暨县（永兴县，在南岸）后，东流，迳固陵城北。《水经注》云：

> 浙江又迳固陵城北，昔范蠡筑城于浙江之滨，言可以固守，谓之固陵，今之西陵也。浙江又东迳柤塘，谓之柤渎。……有西陵湖，亦谓之西城湖。湖西有湖城山，东有夏架山。湖水上承妖皋溪而下注浙江。……（浙江）又迳永兴县〔北〕(南)，县在会稽〔西〕(东)北百二十里，故余暨县也。应劭曰：阖闾弟夫概之所邑，王莽之余衍也。汉末，童谣云：天子当兴东南三余之间。故孙权改曰永兴，县滨浙江。[④]

固陵城，胡三省说：“西陵在今越州萧山县西十二里西兴渡是也。吴越王钱镠以西陵非吉语，改曰西兴。”[⑤]其地当在今之杭州市滨江区西兴街道西。永兴县在固陵(西陵)东、山阴(会稽)西北，亦滨浙江，在其南岸。《水经注》又谓浙江过永兴县后，“又东，

---

①《太平寰宇记》卷93，江南东道五，杭州钱塘县“定山”，北京：中华书局，2004年，第1864页。

②《宋书》卷84《孔觊传》，北京：中华书局，2018年，第2370页。

③ 李善等注:《六臣注文选》卷26《行旅》上，北京：中华书局，1987年，影印本，第497页。

④ 郦道元注，杨守敬、熊会贞疏:《水经注疏》卷40《浙江水》，南京：江苏古籍出版社，1989年，第3303—3304、3324—3325页。按：今本《水经注·浙江水》在正文所引两段注文之间，即插入“（浙江）又迳会稽山阴县”“又东与兰溪合”“浙江又东迳山阴县西”“浙江又东迳御儿乡”“浙江又东迳柴辟南”的长段叙述（第3304—3324页）。今按：永兴与山阴二县相连，永兴在西，山阴在东，浙江水不可能先迳山阴、后迳永兴，这里的叙述顺序当有误倒。宜将“又迳永兴县〔北〕(南)”段移于“湖水上承妖皋溪而下注浙江”句下，方可通解。

⑤《资治通鉴》卷136《齐纪》二，武帝永明六年十二月下，北京：中华书局，2012年，第二版，第4356页。

合浦阳江”。其下文述浦阳江源流，谓其水过诸暨县南之后，“又东北迳永兴县东，与浙江合，谓之浦阳江。《地理志》又云：县有萧山，潘水所出，东入海。又疑是浦阳江之别名也，自外无水以应之。”①浦阳江（潘水）东北流，经过永兴县东（实为南），东流，合浙江。据此，永兴县治即在浦阳江北、浙江水南，其地，当在今杭州市萧山城区或其稍北处。

永兴县的对岸（浙江北岸）当即钱唐县。《水经注》云：

> 浙江又东迳灵隐山。山在四山之中，有高崖洞穴，左右有石室三所。又有孤石壁立，大三十围，其上开散，状似莲花。昔有道士，长往不归，或因以稽留为山号。山下有钱唐故县，浙江迳其南，王莽更名之曰泉亭。《地理志》曰：会稽西部都尉治。②

《汉书·地理志》会稽郡“钱唐”县原注：“西部都尉治。武林山，武林水所出，东入海，行八百三十里。莽曰泉亭。”③则此段注文所说的“钱唐故县”，当是西汉时的钱唐县治。换言之，西汉时钱唐县治当在灵隐山南麓、浙江北岸。《水经注》下文又谓：

> （钱唐）县有武林山，武林水所出也。阚骃云：山出钱水，东入海。《吴地记》言，县惟浙江，今无此水。④

其所据当即上引《汉书·地理志》。则武林山当即灵隐山，武林水、钱水都是指浙江。西汉时的钱唐县治南临浙江，北依灵隐山（武林山），当在今凤凰山东南麓。⑤

郦注称灵隐山南麓的钱唐县为故县，则知其时钱唐县已不治于此。《水经注》接着说：

---

① 郦道元注，杨守敬、熊会贞疏：《水经注疏》卷40《渐江水》，第3325—3326、3337页。今本《水经注·渐江水》“浦阳江”条所记，亦颇多错乱，盖郦注原文即将浦阳江与曹娥江合在一起，故其述浦阳江过诸暨后，东南流迳剡县，与白石山水会，中间越过了永兴、山阴二县。杨守敬早已指出：“浦阳江经诸暨北流，东与剡县隔山。郦氏叙江水与白石山水会，是以浦阳江自诸暨东逆行落马港之道，踰山由赵溪合剡溪矣。误。”注文自白石山水之下所述之浦阳江，实际上是曹娥江（第3327—3336页）。

② 郦道元注，杨守敬、熊会贞疏：《水经注疏》卷40《渐江水》，第3296—3297页。

③《汉书》卷28上《地理志》上，第1591页。

④ 郦道元注，杨守敬、熊会贞疏：《水经注疏》卷40《渐江水》，第3298—3299页。

⑤ 秦汉时期钱唐县治之所在，历来有不同认识。请参阅奚柳芳：《钱唐故址考》，《学术月刊》1985年第5期；林华东：《钱唐故址考辨》，《浙江学刊》1987年第3期；吕以春：《杭州历史沿革考略》，《杭州大学学报》1987年第4期；林华东、钱桂庭：《秦汉时期的杭州——钱唐故址考兼论西部都尉治》，收入周峰主编《南北朝前古杭州》（修订版），杭州：浙江人民出版社，1997年，第263—272页。

《钱唐记》曰：防海大塘在县东一里许，郡议曹华信家议立此塘，以防海水。始开募，有能致一斛土者，即与钱一千。旬月之间，来者云集，塘未成而不复取。于是载土石者皆弃而去，塘以之成，故改名钱塘焉。县南江侧有明圣湖。父老传言，湖有金牛，古见之，神化不测，湖取名焉……县东有定、包诸山，皆西临浙江。水流于两山之间，江川急浚，兼涛水昼夜再来，来应时刻，常以月晦及望尤大，至二月、八月最高，峨峨二丈有余。①

其所引《钱唐记》，当即刘真道《钱唐记》。《太平寰宇记》杭州钱塘县叙文引刘道真（当即刘真道）《钱塘记》（当即《钱唐记》）云：

昔一境逼近江流，县在灵山下，至今基址尤在。郡议曹华信乃立塘，以防海水，募有能致土石者，即与钱。及成，县境蒙利，乃迁此地，因是为钱塘县。②

《元和郡县图志》引《钱塘记》云："昔州境逼近海，县理灵隐山下，今余址犹存。郡议曹华信乃立塘以防海水，募有能致土石者，即与钱。及塘成，县境蒙利，乃迁理此地，于是改为钱塘。"③引文当有所改动。上文所说的"县"，当即迁移之后的县治。按：钱唐县当废于两汉之际，东汉顺帝时吴、会分置，吴郡所领，尚无钱唐。主要反映永和五年（140）政区地理情况的《续汉书·郡国志》也没有记载钱唐县。至桓帝时，会稽上虞人戴就任会稽郡仓曹掾，"杨州刺史欧阳参奏太守成公浮臧罪，遣部从事薛安案仓库簿领，收就于钱唐县狱"。④灵帝中平元年（184）八月，朱儁以败黄巾之功，受封为钱唐侯。⑤则钱唐县当复置于顺帝永和六年至桓帝延熹间（141—166）。华信所任，当为吴郡议曹。《世说新语·雅量篇》注引《钱唐县记》曰："县近海，为潮漂没，县诸豪姓，敛钱雇人，辇土为塘，因以为名也。"⑥则华信就是钱唐县的豪姓之一。钱唐复县，可能确实与他有关。复置之后，盖即治于新治。新县治位于明圣湖（今西湖）之

① 郦道元注，杨守敬、熊会贞疏：《水经注疏》卷40《浙江水》，第3297—3299页。

②《太平寰宇记》卷93，东南东道五，杭州钱塘县，第1864页。

③《元和郡县图志》卷25，江南道一，杭州，北京：中华书局，1983年，第603页。

④《后汉书》卷81《循吏传》"戴就"条，第2691页。

⑤ 袁宏撰：《后汉纪》卷24《孝灵皇帝纪》中卷，见张烈点校：《后汉纪》，北京：中华书局，2017年，下册，第477页。

⑥ 刘义庆著，刘孝标注，余嘉锡笺疏：《世说新语笺疏》卷中之上，《雅量》第六，北京：中华书局，2015年，第395页。

北（“县南江侧有明圣湖”），县东（南）一里即为海塘，其地当在旧治稍北。[①]

《水经注》又记浙江北合诏息湖：“湖本名阼湖，因秦始皇帝巡狩所憩，故有诏息之名也。”[②]《初学记》卷七《地部下·湖》谓：“钱塘有明圣湖、淮湖、承湖。承湖一名诏息湖。”又引《钱塘记》：“去邑十里有诏息湖。古老相传：昔秦始皇巡狩，经途暂憩，因以诏息为名。”[③]湖水与浙江相通，盖受潮汐影响，“诏息”或本当即潮汐之谓。

诏息湖东北，又有临平湖。《水经注》云：

> 浙江又东，合临平湖。《异苑》曰：晋武时，吴郡临平岸崩，出一石鼓……传言此湖草秽壅塞，天下乱；是湖开，天下平。孙皓天玺元年，吴郡上言：临平湖自汉末秽塞，今更开通。又于湖边得石函，函中有小石，青白色，长四寸，广二寸余，刻作皇帝字，于是改天册为天玺元年。孙盛以为元皇中兴之符征，五湖之石瑞也。《钱唐记》曰：桓玄之难，湖水色赤，荧荧如丹。[④]

临平湖壅而复开事，见于《三国志·吴书·三嗣主传》，谓孙皓天玺元年（276）：“吴郡言临平湖自汉末，草秽壅塞，今更开通。长老相传，此湖塞，天下乱，此湖开，天下平。又于湖边得石函，中有小石。青白色，长四寸，广二寸余，刻上作皇帝字。于是改年，大赦。”[⑤]《异苑》所载临平湖岸崩，当为同一事。盖临平湖与浙江水（杭州湾）之间的自然堤，为大潮冲决，故岸崩湖开。《隋书·地理志》谓钱唐县有临平湖。[⑥]《旧唐书·褚无量传》说褚无量为杭州盐官人，“家近临平湖”。[⑦]则临平湖处钱唐、盐官二县交界地带。

《水经注》说临平：“湖水上通浦阳江，下注浙江，名曰东江，行旅所从以出浙江

---

① 六朝钱唐县治之所在，历来有不同说法。参阅奚柳芳：《钱唐故址考》，《学术月刊》1985年第5期；林华东：《钱唐故址考辨》，《浙江学刊》1987年第3期；吕以春：《杭州历史沿革考略》，《杭州大学学报》1987年第4期；阙维民：《六朝钱唐　治设柳浦——六朝钱唐县聚落的地理分布》，收入周峰主编《南北朝前古杭州》（修订版），杭州：浙江人民出版社，1997年，第368—377页；吴培玉：《古钱唐考辨》，《齐齐哈尔师范学院学报》1995年第3期；杜正贤：《钱塘故址新探》，中国古都学会编：《中国古都研究》第十五辑，西安：三秦出版社，2004年，第290—297页。

② 郦道元注，杨守敬、熊会贞疏：《水经注疏》卷40《渐江水》，第3301页。

③《初学记》卷7《地部下》，“湖”，北京：中华书局，2004年，第二版，第140—141页。

④ 郦道元注，杨守敬、熊会贞疏：《水经注疏》卷40《渐江水》，第3301—3302页。

⑤《三国志》卷48《吴书·三嗣主传》，北京：中华书局，1982年，第二版，第1171页。

⑥《隋书》卷31《地理志》下，北京：中华书局，2019年，第989页。

⑦《旧唐书》卷102《褚无量传》，北京：中华书局，1975年，第3164页。

也。”[①]临平湖水不可能越过浙江，与浦阳江水相通，前人早已指明。然临平湖水与所谓“东江”当确有联系。《水经注·沔水下》谓太湖东注为松江：“下七十里有水口，分流：东北入海为娄江，东南入海为东江，与松江而三也。”又引《吴记》曰：“一江东南行七十里，入小湖，为次溪，自湖东南出，谓之谷水。”其下文述榖水出吴小湖，迳由拳县（汉旧县，吴改禾兴，又改嘉兴，晋宋齐梁因之）故城下，又东南迳嘉兴县城西、盐官县故城南，出为澉浦，“以通巨海”。[②]临平湖所通之东江，当即由太湖分水东南流之榖水。盖郦氏误以浙江南面支流榖水为浦阳江，又将太湖分流之榖水与榖水混淆，故注称临平湖水与浦阳江相通。尽管如此，吴郡行旅，通过榖水（东江）以出浙江，当是一条便利的水路。换言之，由钱唐到吴郡，便利的通道当是经过临平湖，入谷水，东北行，到达吴郡。《越绝书》卷二《外传记吴地传》：“秦始皇造道陵南，可通陵道，到由拳塞，同起马塘，湛以为陂，治陵水道，到钱唐、越地，通浙江。秦始皇发会稽适戍卒，治通陵高以南陵道，县相属。”[③]则由拳与钱唐间，自秦始皇以来，当就有水道可通。

秦汉时期，由钱唐渡浙江，盖并不便利。《史记·秦始皇本纪》记秦始皇三十七年（前210）南巡：“过丹阳，至钱唐，临浙江，水波恶，乃西百二十里从狭中渡。”[④]至迟到两汉之际，钱唐县的浙江岸上，当已有渡口。王充自述其祖父王汎于西汉后期由魏郡元城县南迁会稽，中途“留钱唐县，以贾贩为事”；后“复与豪家丁伯等结怨，举家徙处上虞”。[⑤]则在两汉之际，由北方南赴会稽，已由钱唐渡浙江。东汉末年，孙坚为富春县吏，“年十七，与父共载船至钱唐。会海贼胡玉等从匏里上掠取贾人财物，方于岸上分之，行旅皆住，船不敢进”。孙坚上岸击斩海贼。[⑥]孙坚夫人吴氏，“本吴人，徙钱唐，早失父母，与弟景居”。孙坚娶以为妇。[⑦]凡此，都说明钱唐处于吴郡、会稽二郡间交通要道上，又是浙江水道上的重要据点。

东晋初年，褚裒以章安令迁庾亮太尉府参军，由章安（在今台州）回建康，经过钱唐。《世说新语·雅量》记其事，谓：

> 公东出，乘估客船，送故吏数人投钱唐亭住。尔时吴兴沈充为县令，当

---

① 郦道元注，杨守敬、熊会贞疏：《水经注疏》卷40《渐江水》，第3302—3303页。

② 郦道元注，杨守敬、熊会贞疏：《水经注疏》卷29《沔水》下，第2447—2450页。

③ 李步嘉：《越绝书校释》，武汉：武汉大学出版社，1992年，第36页。

④《史记》卷6《秦始皇本纪》，第332页。

⑤ 黄晖撰：《论衡校释》卷30《自纪篇》，北京：中华书局，1990年，第1187页。

⑥《三国志》卷46《吴书·孙破虏传》，第1093页。

⑦《三国志》卷50《吴书·妃嫔传》，第1195页。

送客过浙江，客出，亭吏驱公移牛屋下。潮水至，沈令起彷徨，问："牛屋下是何物？"吏云："昨有一伧父来寄亭中，有尊贵客，权移之。"令有酒色，因遥问："伧父欲食饼不？姓何等？可共语。"褚因举手答曰："河南褚季野。"远近久承公名，令于是大遽，不敢移公，便于牛屋下修刺诣公。更宰杀为馔，具于公前，鞭挞亭吏，欲以谢惭。公与之酌宴，言色无异，状如不觉。令送公至界。[①]

褚裒出行，乘的是"估客船"（当是商营客船），与吏数人投住于钱唐亭。此亭当位于浙江岸上，有亭吏管理，并有牛屋，当是畜牛以牵船。其时沈充任钱唐县令，送客过浙江，亦由此亭过。显然，钱唐亭处钱唐城外、浙江北岸，是联结建康、会稽间水道上的重要据点。

晋时的钱唐亭，或者就在宋齐时的柳浦。刘宋泰始二年（466），吴喜率台军东讨会稽孔觊，由吴兴进至钱唐，钱唐令顾昱等"奔渡江东"，喜等进军柳浦，然后又由柳浦渡过浙江，趋西陵。[②]则柳浦是钱唐城外浙江北岸的渡口。[③]永明六年（488），时任西陵戍主杜元懿启曰：

吴兴无秋，会稽丰登，商旅往来，倍多常岁。西陵牛埭税，官格日三千五百，元懿如即所见，日可一倍，盈缩相兼，略计年长百万。浦阳南北津及柳浦四埭，乞为官领摄，一年格外长四百许万。西陵戍前检税，无妨戍事，余三埭自举腹心。

柳浦当与西陵一样，也是牛埭，即使用牛力牵船靠岸的码头。据杜元懿所说，吴兴、会稽间的商旅往来，都要经过柳浦、西陵及浦阳南北津。针对杜元懿的建议，行会稽郡事顾宪之议曰：

寻始立牛埭之意，非苟逼僦以纳税也。当以风涛迅险，人力不捷，屡致胶溺，济急利物耳。既公私是乐，所以输直无怨。京师航渡，即其例也。而后之监领者，不达其本，各务己功，互生理外。或禁遏别道，或空税江行，

① 刘义庆著，刘孝标注，余嘉锡笺疏：《世说新语笺疏》卷中之上，《雅量》第六，第395页。

②《宋书》卷84《孔觊传》，第2370页。

③《资治通鉴》卷131《宋纪》十三明帝泰始二年二月丁卯"（吴）喜自柳浦渡，取西陵"句下胡三省注云"柳浦，即今浙江亭东跨浦桥之浦也"，第4174页。

> 或扑船倍价，或力周而犹责，凡如此类，不经埭烦牛者上详，被报格外十条，并蒙停寝。从来喧诉，始得暂弭。案吴兴频岁失稔，今兹尤馑，去乏从丰，良由饥棘。或征货贸粒，还拯亲累。或携老弱，陈力餬口。埭司责税，依格弗降。旧格新减，尚未议登，格外加倍，将以何术？[①]

埭司，即津埭的管理机构。京师航渡，当指建康长江与秦淮河的渡口。据顾宪之所述，设置埭司的本义，是为了管理渡口设施、航渡运行、救护水难，也负责征收过渡税。从京师到各郡县，津渡皆普遍设有埭司。然监领埭司者，却将征税视为其主要职责，采取各种办法，增加税收。埭司垄断水上交通（"禁遏别道"），控制人员货物的流通，却正说明其时水上航行、人员往来、货物流通颇为频繁。

综上可知：汉晋南朝的钱唐县南临浙江，与永兴（余暨）隔江相望；东滨海（杭州湾），沿着海岸有明圣湖（今杭州西湖）、诏息湖（承湖、柞湖）、临平湖等一系列湖泊相连，在临平湖与盐官县分界；其西与富阳、余杭二县相邻，与富阳当在定山附近分界，与余杭之分界不详。西汉时期，钱唐县治当在浙江北岸、今凤凰山南麓；东汉后期复置后，县治当稍向北移。由钱唐北经临平湖，即有水道（谷水）经由拳（嘉兴）与太湖相通；由钱唐亭或柳浦，既可渡过浙江，或溯水而上，前往富阳及浙江上游，或东趋会稽，并转赴章安。

三、六朝钱唐的人家及其社会关联

《汉书·地理志》记会稽郡领26县，有223 038户、1 032 604口，平均每县有8 578户、39 715口；[②]《续汉书·郡国志》记吴郡领13城，有164 164户、700 782口，平均每县有12 628户、53 906口。[③]钱唐在西汉会稽郡非大县，其著籍户口数，大约与西汉时会稽郡各县平均户口数持平，或略低。东汉中期钱唐县已并入余杭县，余杭县的著籍户口当远高于吴郡各县平均户口数。

东晋南朝时期，诸郡县著籍户口数大都有所减少。《晋书·地理志》记吴郡统11县、25 000户，平均每县只有2 273户，只有东汉吴郡各县平均户数的六分之一。[④]《宋书·州郡志》记吴郡领12县，有50 488户、424 812口，平均每县有4 207户、35 401口，虽然

---

①《南齐书》卷46《陆慧晓传》附《顾宪之传》，北京：中华书局，2017年，第893—894页。

②《汉书》卷28上《地理志》上，第1590页。

③《后汉书》志第二十二《郡国志》四，第3489页。

④《晋书》卷15《地理志》下，北京：中华书局，1974年，第460—461页。

较晋时有所增加，但也只及西汉末年会稽郡各县平均著籍户数的一半。[①]晋宋时钱唐已是吴郡的大县，其著籍户口数当略高于各县平均数。最为重要的是，《晋书·地理志》与《宋书·州郡志》所记诸郡国著籍户口数，大抵只是诸郡国上报给朝廷的户口数，甚至都不是郡国实际掌握的著籍户口数，更不是其实际户口数。比如：《宋书·州郡志》记会稽郡领10县，有52 228户、348 014口。[②]可是，《宋书·顾觊之传》说元嘉中顾觊之为山阴令："山阴民户三万，海内剧邑，前后官长，昼夜不得休，事犹不举。觊之理繁以约，县用无事，昼日垂帘，门阶闲寂，自宋世为山阴，务简而绩修，莫能尚也。"[③]永明六年（488），行会稽郡事顾宪之说："山阴一县，课户二万，其民赀不满三千者，殆将居半，刻又刻之，犹且三分余一。"[④]山阴为会稽首县，户口数高于会稽各县平均数，但也不会高出数倍。所以，《宋书·州郡志》所记的著籍户，当低于各郡实际掌握的课户，更低于其实有的民户。据此推测，东晋南朝时钱唐县实有户口数，当不低于一万户、五六万口。

今见文献中，关于钱唐人的最早记载，是汉武帝时的辕终古。元封元年（前110），辕终古跟随楼船将军杨仆征伐东越，在武林（当即武林水）斩杀了东越的徇北将军，受封为御（语）儿侯。辕终古的身份，《史记·东越列传》说是"楼船将、军率"；《汉书·闽粤王传》说是"楼船军卒"。当以《史记》所言为是，作楼船将、军率。楼船是水军；军率是楼船将，属于中下层军官。这一支楼船军发自会稽，辕终古籍属钱唐，当是会稽郡的郡兵。颜师古曰："辕，姓；终古，名也。"他立功后受封为御（语）儿侯。御儿侯，《集解》引《汉书音义》曰："今吴南亭是也。"《正义》曰："'御'字今作'语'。语儿乡在苏州嘉兴县南七十里，临官道也。"则御儿侯当是亭侯。[⑤]辕终古籍属钱唐，封地亦属会稽郡，应是土著的越人。

西汉后期，魏郡元城县的王汎南迁会稽，中途留居钱唐县，"以贾贩为业"。王汎有两个儿子，王蒙与王诵（即后来有名的王充的父亲），都"勇势凌人"，遂与"豪家丁伯等结怨"，在钱唐无法居住下去，不得不移居上虞。[⑥]豪家丁伯等似乎是当地豪强，而王氏则为外来移民。《晋书·儒林传》记范平的先祖范馥，避王莽之乱，由沛郡铚县适吴，因家钱唐。则范氏也是在两汉之际由北方迁移到钱唐。传文说范平："研览坟索，

---

①《宋书》卷35《州郡志》一，第1123—1124页。

②《宋书》卷35《州郡志》一，第1122—1123页。

③《宋书》卷81《顾觊之传》，第2281—2282页。

④《南齐书》卷46《陆慧晓传》附《顾宪之传》，第894页。

⑤《史记》卷114《东越王列传》，第3613页；《汉书》卷95《西南夷两粤朝鲜传》，第3862页。

⑥ 黄晖撰：《论衡校释》卷30《自纪篇》，北京：中华书局，1990年，第1187页。

遍该百氏，姚信、贺邵之徒皆从受业。吴时举茂才，累迁临海太守，政有异能。”[①]范氏盖以学问传家，至东汉末年，范平已成为吴地学问大家。

孙坚的夫人吴氏原来是吴人。《三国志·吴书·妃嫔传》说吴氏：“本吴人，徙钱唐。早失父母，与弟景居。孙坚闻其才貌，欲娶之。吴氏亲戚嫌坚轻狡，将拒焉。”吴氏说服其亲戚同意自己嫁给孙坚。[②]吴氏虽然早失父母，但钱唐的亲戚看不上作为富春豪族的孙氏，也当是当地豪族。他们由吴县移居钱唐，也当是在东汉时期。

据上引《钱唐记》，东汉后期，钱唐已颇多豪族，华信即其中之一。《三国志·吴书·全琮传》说全琮是吴郡钱唐人，其父亲全柔在汉灵帝时即被举为孝廉，补尚书郎，转右丞（秩四百石）。董卓之乱，弃官回到家乡，被州刺史辟为别驾从事，“诏书就拜会稽东部都尉”。其时袁术任故吏惠衢为扬州刺史，辟全柔为别驾从事者当为惠衢；诏书任刘繇为扬州刺史，故拜全柔为会稽东部都尉者当是刘繇。全氏正是在汉末的交争中开始崛起。传文说：“孙策到吴，柔举兵先附。策表柔为丹杨都尉。孙权为车骑将军，以柔为长史，徙桂阳太守。”[③]孙策到吴，事在兴平二年（195）；翌年（建安元年），孙策攻会稽。全柔举兵附策，当即在此时。自此之后，全氏即成为孙氏重要部将之一。传文接着说：“是时，中州士人避乱而南，依琮居者以百数。琮倾家给济，与共有无，遂显名远近。”[④]其时全琮盖留守钱唐，中州士人避乱，往依全氏而居，皆当是居于钱唐。后来，全琮被孙权任为奋威校尉，得授兵数千人，受命讨山越。“因开募召，得精兵万余人，出屯牛渚，稍迁偏将军。”[⑤]全氏募兵，亦当以钱唐为中心。黄武七年(228)，全琮由东安太守（时治富春）任上受召还镇牛渚，经过故乡钱唐。裴注引《江表传》曰：“琮还，经过钱唐，修祭坟墓，麾幢节盖，曜于旧里。请会邑人平生知旧、宗族六亲，施散惠与，千有余万，本土以为荣。”[⑥]全氏故里不详所在，但似乎与钱唐县城不远。

与全氏同时并起的钱唐豪族，还有彭氏。《三国志·吴书·周鲂传》载：“钱唐大帅彭式等，蚁聚为寇，以鲂为钱唐侯相。旬月之间，斩式首及其支党，迁丹杨西部都尉。”[⑦]周鲂此前任长、令的宁国、怀安二县均属丹阳郡，为山越集聚之区；在此之后，周鲂被任为鄱阳太守，负责攻讨鄱阳大帅彭绮，鄱阳郡也是山越集聚之区。彭式等钱唐大帅大抵亦与彭绮相类，皆与山越有关，很可能主要活动在钱唐西境的低山丘陵

① 《晋书》卷91《儒林列传》，第2346—2347页。

②《三国志》卷50《吴书·妃嫔传》，第1195页。

③《三国志》卷60《吴书·全琮传》，第1381页。

④《三国志》卷60《吴书·全琮传》，第1381页。

⑤《三国志》卷60《吴书·全琮传》，第1381页。

⑥《三国志》卷60《吴书·全琮传》，第1382页。

⑦《三国志》卷60《吴书·周鲂传》，第1387页。

地带。

全氏宗族，在吴时，因全琮亲重，并蒙宠贵，然在吴、魏交争中，或死或降，故入晋之后，久已凋零。东晋南朝钱唐名族，盖以褚氏、杜氏、朱氏、范氏为显。

(1)褚氏。《晋书·文苑传》记有褚陶，谓为吴郡钱唐(塘)人："少而聪慧，清淡闲默，以坟典自娱。年十三，作《鸥鸟》《水碓》二赋，见者奇之。"西晋平吴，召补尚书郎。褚陶入洛阳，张华见之，许为"东南之宝"，将其与陆机兄弟、顾荣并列。[①]《世说新语·赏誉》"张华见褚陶"条下注引《褚氏家传》曰：

> 陶字季雅，吴郡钱〔唐〕(塘)人，褚先生后也。陶聪惠绝伦，年十三，作《鸥鸟》《水碓》二赋。宛陵严仲弼见而奇之曰："褚先生复出矣!"弱不好弄，清淡闲默，以坟、典自娱。语所亲曰："圣贤备在黄卷中，舍此何求?"州郡辟不就。吴归命世祖，补台郎、建忠校尉。司空张华与陶书曰："二陆龙跃于江汉，彦先凤鸣于朝阳，自此以来，常恐南金已尽，而复得之于吾子!故知延州之德不孤，渊、岱之宝不匮。"仕至中尉。[②]

褚先生即补《史记》之褚少孙，颍川人，寓居于沛。褚陶若果为褚少孙之后，则当是东汉三国时由北方南迁至钱唐。

晋宋齐梁时期，钱唐褚氏当有较好发展。《南齐书·隐逸传》记有褚伯玉，谓为吴郡钱唐人。高祖含，始平太守；父逷，征虏将军。褚含、褚逷均未见于晋、宋文献记载。丘珍孙与王僧达书，称褚伯玉为"褚先生"，盖承用褚少孙之故称。所以，褚伯玉与褚陶当同出一族，只是其世代关系难以考知。传文说褚伯玉："少有隐操，寡嗜欲。年十八，父为婚，妇入前门，伯玉从后门出。遂往剡，居瀑布山。""在山三十余年，隔绝人物。"丘珍孙与王僧达书说："此子灭景云棲，不事王侯，抗高木食，有年载矣。"僧达答书也说："褚先生从白云游旧矣。古之逸民，或留虑儿女，或使华阴成市，而此子索然，唯朋松石。介于孤峰绝岭者，积数十载。"据此，褚伯玉当是神仙道教的信徒，隐于深山，专心修道。志文说"孔稚珪从其受道法"，并在伯玉死后，"为于馆侧立碑。"[③]《南齐书·孔稚珪传》说山阴孔氏家奉道教，稚珪之父灵产曾任晋安太守，"有隐遁之怀，于禹井山立馆，事道精笃，吉日于静屋四向朝拜，涕泗滂沲。东出过钱

---

①《晋书》卷92《文苑传》，第1381页。

② 刘义庆著，刘孝标注，余嘉锡笺疏：《世说新语笺疏》卷中之下，《赏誉》第八，第475页。

③《南齐书》卷54《隐逸传》，第1022—1023页。《南史》卷75《隐逸传》上所记大致相同(北京：中华书局，1975年，第1873—1874页)。

〔唐〕(塘)北郭，辄于舟中遥拜杜子恭墓，自此至都，东向坐，不敢背侧。”稚珪本人“不乐世务，居宅盛营山水，凭机独酌，傍无杂事。门庭之内，草莱不翦”，虽身在世务之中，而怀清疎出世之志，当是与褚伯玉同样的人。①

钱唐褚氏并非都信仰道教。《梁书·孝行传》记有褚脩，谓为吴郡钱唐人“父仲都，善《周易》，为当时最。天监中，历五经博士。”仲都，当是伯玉之弟，故褚脩当为褚伯玉之侄。伯玉入山修道，仲都则居家习经。《南史·儒林传》见有吴郡钱唐人全缓，“幼受《易》于博士褚仲都，笃志研玩，得其精微。陈太建中，位镇南始兴王府谘议参军。缓通《周易》《老》《庄》，时人言玄者咸推之。”②是仲都在钱唐，亦开学授徒。传文说褚脩“少传父业，兼通《孝经》《论语》，善尺牍，颇解文章。”是以儒为业。后来，褚脩历任湘东王国侍郎、湘东府行参军，兼国子助教，又被武陵王萧纪引为宣惠参军、限内记室，所任皆为清要之职。③

又《旧唐书·褚亮传》云：

> 褚亮字希明，杭州钱塘人。曾祖湮，梁御史中丞；祖蒙，太子中舍人；父玠，陈秘书监，并著名前史。其先自阳翟徙居焉。亮幼聪敏，好学善属文，博览无所不至，经目必记于心。喜游名贤，尤善谈论。年十八，诣陈仆射徐陵，陵与商榷文章，深异之。陈后主闻而召见，使赋诗，江总及诸辞人在坐，莫不推善。祯明初，为尚书殿中侍郎。陈亡，入隋。为东宫学士。大业中，授太常博士。④

传文说钱唐褚氏之先自阳翟(汉时属颍川郡)徙居钱唐，亦即为褚先生(少孙)之后，与褚伯玉、褚仲都、褚脩同出一族。褚湮，见于《梁书·刘孺传》，谓其任御史中丞。⑤褚玠，见于《陈书·文学传》，谓其为河南阳翟人，曾祖炫，宋昇明初与谢朏、江斅、刘俣入侍殿中，谓之“四友”，官至侍中、吏部尚书。“祖沄，梁御史中丞。父蒙，太子舍人。”褚玠之曾祖“沄”，梁时为御史中丞，当即《旧唐书·褚亮传》所见之“湮”，二者当有一误。传文说：“玠九岁而孤，为叔父骠骑从事中郎随所养，早有令誉，先达多以才器许之。及长，美风仪，善占对，博学能属文，词义典实，不好艳靡。”是褚氏

①《南齐书》卷48《孔稚珪传》，第925、930页。

②《南史》卷71《儒林传》，北京：中华书局，1975年，第1750页。

③《梁书》卷47《孝行传》，北京：中华书局，2020年，第730页。《南史》卷74《孝义传》下所记大致相同而略简(第1842页)。

④《旧唐书》卷72《褚亮传》，北京：中华书局，1975年，第2578—2579页。

⑤《梁书》卷41《刘孺传》，第655页。

家学，以文学胜，以朴实厚重为特点。传文又谓："玠刚毅有胆决，兼善骑射"，"及为御史中丞，甚有直绳之称。""所制章奏杂文二百余篇，皆切事理，由是见重于时。"褚玠之子褚亮在陈时便已以才学知名，"有才学，官至尚书殿中侍郎"；入隋以后，相继为东宫学士、太常博士。[①]其子褚遂良，更是唐初名臣。

褚翔也当是钱唐褚氏族裔。《梁书·褚翔传》云：

> 褚翔字世举，河南阳翟人。曾祖渊，齐太宰文简公，佐命齐室。祖蓁，太常穆子。父向，字景政，年数岁，父母相继亡没，向哀毁若成人者，亲表咸异之。既长，淹雅有器量。高祖践祚，选补国子生。起家秘书郎，迁太子舍人，尚书殿中郎。出为安成内史。还除太子洗马、中舍人，累迁太尉从事中郎，黄门侍郎，镇右豫章王长史。[②]

褚翔之曾祖渊，显然与褚亮之曾祖、褚玠之祖湮（沄）同辈；祖蓁，则与褚亮之祖、褚玠之父蒙同辈；褚翔之父向，当与褚玠同辈；而褚翔、褚亮为同辈兄弟。褚翔这一支，应当也居住在钱唐。传文载："翔初为国子生，举高第。"中大通五年（533），梁武帝宴请群臣，诏命褚翔等为二十韵诗，"翔于坐立奏，高祖异焉，即日转宣城王文学"，"时论美焉"。[③]

（2）杜氏。《晋书·孙恩传》记琅邪孙氏"世奉五斗米道"，孙恩叔父孙泰师事钱唐杜子恭；子恭死，泰传其术。[④]《宋书·自序》云：

> 初，钱唐人杜子恭通灵有道术，东土豪家及京邑贵望，并事之为弟子，执在三之敬。警累世事道，亦敬事子恭。子恭死，门徒孙泰、泰弟子恩传其业，警复事之。隆安三年，恩于会稽作乱，自称征东将军，三吴皆响应。[⑤]

据上引《南齐书·孔稚珪传》，杜子恭墓在钱唐北郭，则杜氏当即居于钱唐县城或其附近。"东土"指建康以东诸郡；京邑，此指建康。沈约说沈警"累世事道"，则吴兴沈氏也是奉道世家。盖东晋中后期，杜子恭以钱唐为基地，广布其道术，东土豪家

①《陈书》卷34《文学传》，"褚玠"条，北京：中华书局，2021年，第518—519页。

②《梁书》卷41《褚翔传》，第649—650页。

③《梁书》卷41《褚翔传》，第650页。

④《晋书》卷100《孙恩传》，第2631—2632页。

⑤《宋书》卷100《自序》，第2683页。

与京邑贵望皆事之为弟子。孔灵产过杜子恭墓，敬事若神，说明钱唐乃五斗米道的传播中心之一。

虽然孙恩起事失败，五斗米道的传播受到重大挫折，但杜氏并未受到毁灭性打击。《南齐书·高逸传》记有杜京产，谓为吴郡钱唐人，杜子恭之玄孙。“祖运，为刘毅卫军参军，父道鞠，州从事，善弹棋，世传五斗米道，至京产及子栖。”①杜子恭之子辈，未见记载，很可能直接参加了孙恩卢循的叛乱，死于军乱。杜运，当为其孙辈。刘毅出自北府，晋末与刘裕一起，起兵讨伐桓玄，拜卫将军。杜运当即在刘毅的卫将军府任参军。杜子恭的曾孙杜道鞠，受辟扬州从事，当已在刘宋时。传文说杜京产“少恬静，闭意荣宦，颇涉文义，专修黄、老。会稽孔觊，清刚有峻节，一见而为款交”。会稽孔觊也是道徒。京产与孔觊交游，又与同郡盐官顾欢为“同契”，所交往者都是道徒。吴郡命京产为主簿，扬州辟为从事，京产虽不就，但显然仍得到州郡官员的保护。杜栖“善清言，能弹琴”。齐豫章王萧嶷辟为议曹从事，西曹书佐，得入大府，自然受到庇护。传文说：“京产高祖子恭以来及子栖，世传五斗米道不替。”杜氏一族，在杜子恭死后，仍世传五斗米道，与其得到奉道高官的尊重、信仰和庇护是分不开的。

杜家所传道法，本杂以医巫之术。《晋书·孙恩传》说：“（杜）子恭有秘术，尝就人借瓜刀，其主求之，子恭曰：‘当即相还耳。’既而刀主行至嘉兴，有鱼跃入船中，破鱼得瓜刀。其为神效往往如此。子恭死，泰传其术。然浮狡有小才，诳诱百姓，愚者敬之如神，皆竭财产，进子女，以祈福庆。”②剖鱼得刀，为炫术常技，赖以惑众而已。《太平御览》卷六六六引《太平经》曰：“晋陆纳为尚书令，时年四十，病疮，告杜恭云：‘奕世短寿，临终皆患此疮。’恭为奏章，又与云飞散，谓纳曰：‘君命至七十。’果如其言。王右军病，请恭。恭谓弟子曰：‘右军病不差，何用吾。’十余日果卒。”③杜恭，即杜子恭。杜子恭盖以医术出入豪门，借机传教纳徒。孙泰、孙恩等用以诳诱百姓者，大抵亦多为此类医巫之术。

但杜氏所传道法，至杜京产时已颇有改变。传文说杜京产“颇涉文义，专修黄老”。永明十年（492），孔稚珪、陆澄、虞悰、沈约、张融等清要显贵上书齐廷，推荐京产，说他“学遍玄、儒，博通史、子，流连文艺，沈吟道奥。”④京产还与同郡盐官县的顾欢一起，在始宁东山“开舍授学”。齐建元中（479—482），武陵王萧晔为会稽太守，高帝“遣儒士刘瓛入东为晔讲说，京产请瓛至山舍讲书，倾资供待，子栖躬自

①《南齐书》卷54《隐逸传》，第1038页。《南史》卷75《隐逸传》上所记大致相同（第1881页）。

②《晋书》卷100《孙恩传》，第2632页。

③《太平御览》卷666《道部》八，“道士”，北京：中华书局，1961年，影印本，第2974页。

④《南齐书》卷54《隐逸传》，第1038—1039页。《南史》卷75《隐逸传》上所记大致相同（第1881页）。

屣履，为瓛生徒下食”。[1]刘瓛是当时著名的大儒，“儒学冠于当时，京师士子贵游莫不下席受业。”[2]杜京产礼敬刘瓛，固然是为了结交当朝清要显贵，但显然也有向儒学转化的倾向。他的儿子杜栖即直接“从儒士刘瓛受学”，“善清言，能弹琴饮酒，名儒贵游多敬待之”。国子祭酒何胤治礼，颇重杜栖，“以为学士，掌婚冠仪。”[3]则杜栖在事道之同时，颇习儒业，熟稔礼仪。看来杜氏之家学，逐步由道法向儒学转变，渐离杜子恭以医巫之术炫惑世人的路径。

杜栖之后，杜氏后人，当离道法愈行愈远。《南史·恩倖传》见有杜文谦，谓为吴郡钱唐人，虽不能确定其出自杜子恭之族，但至少当有关联。传文说齐武帝萧赜为南郡王时，“文谦侍五经文句，历太学博士，出为溧阳令，未之职”。后来，杜文谦与綦毋珍之等谋划宫廷政变，失败被杀。传文称“文谦有学行，善言吐”。[4]杜文谦治五经，为太学博士，是儒士。陈时又有杜稜。《陈书·杜稜传》谓：

> 杜稜字雄盛，吴郡钱塘人也，世为县大姓。稜颇涉书传，少落泊，不为当世所知。遂游岭南，事梁广州刺史新渝侯萧暎。暎卒，从高祖，恒典书记。[5]

杜稜世为钱唐大姓，很可能出自杜子恭之族。其所治是书传，当即《尚书》《春秋传》，也是五经之学。又《陈书·文学传》记有杜之伟，谓：

> 杜之伟字子大，吴郡钱塘人也，家世儒学，以三《礼》专门。父规，梁奉朝请，与光禄大夫济阳江革、都官尚书会稽孔休源友善。之伟幼精敏，有逸才。七岁，受《尚书》，稍习《诗》《礼》，略通其学。十五，遍观文史及《仪礼》故事，时辈称其早成。仆射徐勉尝见其文，重其有笔力。[6]

杜规大概与杜稜同时人，均在梁时出仕。传文说杜之伟家世儒学，以三《礼》专门，其家学当传自杜栖，故杜规、杜之伟当可以确定属于杜子恭之族。从世奉五斗米道到家世儒学，钱唐杜氏发生了重大转折。

---

①《南齐书》卷54《隐逸传》，第1038页。

②《南齐书》卷39《刘瓛传》，第755页

③《南齐书》卷55《孝义传》，第1068页。

④《南史》卷77《恩倖传》，第1930—1931页。

⑤《陈书》卷12《杜稜传》，第213页。

⑥《陈书》卷34《文学》，第512页。

(3)朱氏。《南史·朱异传》当取材于《南齐书·孝义传》"朱谦之"条与《梁书·朱异传》所记，加以剪裁编纂而成。传文起首述朱异家世，先说朱异字彦和，为吴郡钱唐人。"祖昭之，以学解称于乡。"接着即叙述朱异叔父朱谦之的"义烈"故事，谓谦之"年数岁，所生母亡，昭之假葬于田侧，为族人朱幼方燎火所焚。同产姊密语之，谦之虽小，便哀感如持丧，长不昏娶。齐永明中，手刃杀幼方，诣狱自系。县令申灵勖表上之，齐武帝嘉其义，虑相报复，乃遣谦之随曹武西行。将发，幼方子怿于津阳门伺杀谦之。谦之兄巽之，即异父也，又刺杀怿。"然后才述及朱异之父巽之"有志节，著《辩相论》。幼时，顾欢见而异之，以女妻焉。仕齐官至吴平令。"[①]这段叙述，取材于《南齐书·孝义传》"朱谦之"条，故置朱异叔父于其父之前，于传文体例不甚相合。《梁书·朱异传》谓："朱异字彦和，吴郡钱唐人也。父巽，以义烈知名，官至齐江夏王参军、吴平令。"[②]并不及朱异叔父谦之事迹，体例即较为雅正。

据《南齐书·孝义传》《南史·朱异传》所记，朱昭之的两个儿子，分别名为巽之（又作巽）、谦之，巽之之子朱异，字彦和。如所周知，东晋南朝时，以"之"字入名者，或为道徒。朱异的外祖，是盐官县的顾欢。《南齐书·高逸传》"杜京产"条说顾欢与出自著名五斗米道世家钱唐杜氏的杜京产是"同契"。[③]《南齐书·顾欢传》说"欢年六七岁书甲子，有简三篇，欢析计，遂知六甲。"顾欢所书甲子、所知六甲，皆当是五斗米道所传之术。顾欢之祖赳，于隆安末年，"避乱徙居"。其所避之乱，当即孙恩之乱。盖顾氏本即道徒，孙恩乱后，移居盐官。[④]盐官与钱唐相邻，顾欢将女儿嫁给钱唐朱家，二家当相距不远。据《水经注·渐江水》所记，钱唐东北滨海有临平湖，湖之东北即为盐官县。[⑤]朱家所居，当在钱唐东北境，滨海，靠近临平湖。朱、顾二家当同奉五斗米道。朱昭之"假葬"亡妻于田侧，"为族人朱幼方燎火所焚"，播下其二子与邻人朱幼方及其家人相仇杀的火种。朱谦之以母墓被火薰燎这样的小隙杀死邻人朱幼方，却得到钱唐县令申灵勖、扬州别驾孔稚珪等人的庇护。朱异少时，"好群聚蒲博，颇为乡党所患。"所以，朱家在当地，是有势力的土豪，属于村邑豪长、方隅豪族之属，且因为是道徒，明显得到奉道之地方官长的支持与庇护。

因此，钱唐朱家当世奉五斗米道，朱异少时，亦在奉道氛围下成长。然"既长，乃折节从师，遍治五经，尤明《礼》《易》，涉猎文史，兼通杂艺，博弈书算，皆其所

---

① 《南史》卷62《朱异传》，第1514—1515页。

② 《梁书》卷38《朱异传》，第595页。

③ 《南齐书》卷54《隐逸传》，第1038—1039页。《南史》卷75《隐逸传》上所记大致相同（第1881页）。

④ 《南齐书》卷54《隐逸传》，第1024页。

⑤ 郦道元注，杨守敬、熊会贞疏：《水经注疏》卷40《渐江水》，第3301页。

长。”后来，朱异亦以儒业见任。五经博士明山图向朝廷推荐朱异，说他“德备老成，在独无散逸之想，处暗有对宾之色，器宇弘深，神表峰峻”，正是要辨明他并非出世修道之人。梁武帝萧衍亲自召见，“使说《孝经》《周易》义，甚悦之”，乃“召异直西省，俄兼太学博士。其年，高祖自讲《孝经》，使异执读。”大同六年（540），朱异在京师仪贤堂奉述梁武帝亲撰的《老子义》，“及就讲，朝士及道俗听者千余人，为一时之盛。”又在城西士林馆，与左丞贺琛一起，向学士们讲述梁武帝《礼记中庸义》，在玄圃给皇太子萧统讲解《易》。朱异依靠儒学青云直上，居权要三十余年。传文说：

> 异及诸子自潮沟列宅至青溪，其中有台池玩好，每暇日与宾客游焉。四方所馈，财货充积。性吝啬，未尝有散施。厨下珍羞腐烂，每月常弃十数车，虽诸子别房亦不分赡。所撰《礼》《易》讲疏及仪注、文集百余篇，乱中多亡逸。长子肃，官至国子博士；次子闰，司徒掾。并遇乱卒。①

则朱家富贵之后，即移居建康，并在侯景之乱中丧亡。朱异的撰述，以注疏《礼》《易》为主，其子朱肃，得任国子博士，亦当习儒。钱唐朱氏，至朱异父子，已完全转变为儒学世家，业儒出仕，参与政治，彻底改变了其奉道世家的传统。

（4）范氏。《宋书·孝义传》记有范叔孙，谓：

> 范叔孙，吴郡钱唐人也。少而仁厚，周穷济急。同里范法先父母兄弟七人，同时疫死，唯余法先，病又危笃，丧尸经月不收。叔孙悉备棺器，亲为殡埋。又同里施渊夫疾病，父母死不殡，又同里范苗父子并亡，又同里危敬宗家口六人俱得病，二人丧没，亲邻畏远，莫敢营视。叔孙并殡葬，躬恤病者，并皆得全。乡曲贵其义行，莫有呼其名者。世祖孝建初，除竟陵王国中军将军，不就。②

范叔孙是否出自两汉之际由沛郡南迁钱唐的范馥之族，不能详知。范叔孙所居之里，有范、施、危诸氏，并非范氏聚族而居的村落，然叔孙显然是里中富裕之家，故在大疫时救死扶难，恤贫挽病，“乡曲贵其义行”。

《梁书·处士传》记有吴郡钱唐人范元琰（字伯珪），“祖悦之，太学博士征，不至。父灵瑜，居父忧，以毁卒。元琰时童孺，哀慕尽礼，亲党异之。”据元琰祖、父之名，

①《梁书》卷38《朱异传》，第598页。

②《宋书》卷91《孝义传》，第2473页。

其家似本奉道。而元琰“及长，好学，博通经史，兼精佛义。”是元琰兼修儒学、佛义。传文说元琰“家贫，唯以园蔬为业。”又说他“居常不出城市，独坐如对严宾，见之者莫不改容正色。沛国刘瓛深加器异，尝表称之。”是元琰已尽弃道徒之行，尊儒教之礼。①

《梁书·良吏传》又记有范述曾（字子玄），谓其为吴郡钱唐人。“幼好学，从余杭吕道惠受五经，略通章句。”②范述曾幼时即得从学，家境当较为优渥。述曾对儒学或颇有研究。后文说他“注《易文言》，著杂诗赋数十篇”，绝非“略通章句”而已。传文说后来的齐高帝萧道成在其孙长懋、子良幼时，曾引范述曾为二孙之“师友”，其事当在刘宋末年。《南齐书·文惠太子传》记元徽末年，长懋由郢州回到建康，萧道成处之府东斋，“令通文武宾客”。③范述曾为长懋、子良师友当即在其时。述曾得入伴正在崛起的萧氏长孙，必有缘故。述曾起家为宋晋熙王（时刘燮为晋熙王）国侍郎，其时长懋为晋熙王抚军主簿。建元元年（479），长懋受封为南郡王，述曾任南郡王国郎中令，迁尚书主客郎、太子步兵校尉，一直在长懋身边。传文说“述曾为人謇谔，在宫多所谏争，太子虽不能全用，然亦弗之罪也。竟陵王深相器重，号为‘周舍’，时太子左卫率沈约亦以述曾方汲黯。”④盖因涉入宫内矛盾斗争，述曾以父母年老，回到钱唐。直到明帝建武初（495），方出任永嘉太守。四五年后，又辞官回到故里。他似乎与萧衍亦为旧识。传文说萧衍践阼，述曾“轻舟出诣阙，仍辞还东。”梁武帝诏曰：“中散大夫范述曾，昔在齐世，忠直奉主，往莅永嘉，治身廉约，宜加礼秩，以厉清操。可太中大夫，赐绢二十匹。”范述曾经历齐梁二代，与二萧皇室皆颇有渊源，乃“近习”之属，却并无娇贵之气，当与其学业修养有关。又，萧齐文惠太子长懋、竟陵文宣王子良、梁武帝萧衍，皆颇奉释氏，述曾亦或好佛。传文说“述曾生平得奉禄，皆以分施。及老，遂壁立无所资”⑤，正合佛教信士所行。

范叔孙、范元琰、范述曾三人，虽同为钱唐人，但未必同出一族。三人皆当属当地富裕之家，却也未必是豪族。范元琰家或原本奉道，但总的说来，三家均以儒学为宗，亦或受佛教影响。这种倾向，反映出南朝时期，特别是齐梁以后，包括钱唐在内的江南地区，五斗米道等道教因素的影响已逐步衰退，儒、释之地位逐步提升。

《陈书·华皎传》附载有戴僧朔，谓为吴郡钱唐人，“有膂力，勇健善战。族兄右

---

①《梁书》卷51《处士传》，第826页。《南史》卷76《隐逸》下所记大致相同（第1903—1904页）。

②《梁书》卷53《良吏传》，第851页。

③《南齐书》卷21《文惠太子传》，第445页。

④《梁书》卷53《良吏传》，第852页。

⑤《梁书》卷53《良吏传》，第852页。

将军僧锡甚爱之。僧锡年老，征讨恒使僧朔领众。平王琳有功。僧锡卒，仍代为南丹阳太守，镇采石。从征留异，侯安都于岩下出战，为贼斫伤，僧朔单刀步援。以功除壮武将军，北江州刺史，领南陵太守。”戴僧锡、僧朔兄弟皆出自行伍，积功得领军，正属于梁陈之际崛起之方隅豪族。又记有鲁闲，亦吴郡钱唐人，原本是张彪的主帅，也是从战阵中脱颖而出的。[①]

钱唐本属越地，土著之民为越人。东汉中后期主持修筑海塘的华氏，以及汉末追随孙氏的全氏，当是钱唐土著豪姓。汉末反抗孙氏与钱氏的彭氏，应当是山越。两汉之际以及汉末三国，钱唐断续接受了一些从北方沛郡等地南迁的北人（如褚氏、范氏、王氏）和由吴地南迁的吴人（如吴氏）。孙吴之世，钱唐土著豪族全氏，以武力称雄，是武力豪族。晋宋之交，钱唐弥漫着诸种道法的气息，最重要、最有影响的家族是世传五斗米道的钱唐杜氏；钱唐朱氏以及与之相邻的盐官顾氏，均世奉米道；钱唐褚氏，虽以儒学传家，然亦受到道法的影响。至齐梁之世，世传或世奉道法的杜氏、朱氏渐次放弃其原本信仰的道法，逐步向注重儒学转变，从奉道世家转变为家世儒学，世风缓慢地发生着变化。在这一过程中，据称乃褚先生（少孙）之裔的钱唐褚氏，以其悠长的家学传统、朴实的家学学风，逐步发展壮大，成长为钱唐最重要的家族。而至梁陈之际，戴氏、鲁氏等村邑豪长复崛起于乱离，渐次成长为在当地颇有势力的方隅豪族。

四、王朝历史中的钱唐

钱唐第一次进入历史记载，应当是秦始皇三十七年（前210）南巡，从南郡浮江而下，“过丹阳，至钱唐”，“临浙江”，以钱唐境内的浙江“水波恶”，向上西行百二十里，从江面较为狭窄处（一般认为在余杭县境）渡过浙江。[②]秦始皇盖在钱唐境内进至浙江岸边，寻找渡口，故后世留下了秦望山的地名。《太平寰宇记》杭州钱塘县下记有秦望山，谓在县南一十里，并引《舆地志》云:“始皇东游，登此，欲渡会稽，故名。”[③]则钱唐秦望山，在南朝时已知名。又在秀州嘉兴县下也记有秦望山，并引《九州要记》曰:“始皇登此山望海，因以为名。”[④]这两处秦望山，说明秦始皇自丹阳东南行，确实在沿海寻找合适的渡口。

历史文献中第二次记载钱唐，与钱塘潮有关。《论衡·书虚篇》辨古来虚美之事，

---

①《陈书》卷20《华皎传》，第309页。

②《史记》卷6《秦始皇本纪》，第332页。

③《太平寰宇记》卷93，江南东道五，杭州钱塘县，第1865页。

④《太平寰宇记》卷95，江南东道五，秀州嘉兴县，第1915页。

以为多非真实。其中说到吴子胥被杀怀恨、驱水为涛之实与虚，云：

传书言：吴王夫差杀伍子胥，煮之于镬，乃以鸱夷橐投之于江。子胥恚恨，驱水为涛，以溺杀人。今时会稽丹徒大江，钱唐浙江，皆立子胥之庙。盖欲慰其恨心，止其猛涛也。[①]

会稽丹徒大江，当即今之长江下游入海口；钱唐浙江，则是指今杭州东南的钱塘江口。吴、会分治在东汉永建四年（129），王充时，丹徒、钱唐二县皆属会稽郡。据此，则知两汉之际，钱唐县浙江之滨，已立有伍子胥庙，将子胥作为潮神祭拜。

关于吴子胥驱水为潮的传说，东汉赵晔撰《吴越春秋》卷五《夫差内传》说：

吴王乃取子胥尸，盛以鸱夷之器，投之于江中……乃弃其躯，投之江中。子胥因随流扬波，依潮来往，荡激崩岸。[②]

《水经注·浙江水》说：钱塘江潮，《吴越春秋》认为是子胥、文种之神驱水而成的，“昔子胥亮于吴，而浮尸于江，吴人怜之，立祠于江上，名曰胥山。”并引《吴录》云：“胥山在太湖边，去江不百里，故曰江上。文种诚于越，而伏剑于山阴，越人哀之，葬于重山。文种既葬一年，子胥从海上，负种俱去，游夫江海。故潮水之前扬波者，伍子胥；后重水者，大夫种。是以枚乘曰：涛无记焉。然海水上潮，江水逆流，似神而非，于是处焉。”[③]据郦注所引《吴录》，知胥山本在太湖之滨，伍子胥弄潮之传说，本当起源于吴。子胥浮尸之“江”及立庙“江上”之“江”，当即《汉书·地理志》会稽郡“吴”县原注所见之“南江”（“南江在南，东入海，扬州川”）[④]，亦即今之吴淞江。《太平寰宇记》谓胥山在吴县西四十里，并引《吴录》云：“吴王杀子胥，投之于江，吴人立祠于江上，因名胥山。”同书卷谓吴县东南三十五里“大江”（当指松江）边有石头山，一名陌城，并引《吴地记》称：

夫差十二年，既杀子胥，后悔之，与君臣临江作塘，创设祭奠，百姓缘为立庙。[⑤]

① 黄晖：《论衡校释》卷4《书虚篇》，北京：中华书局，1990年，第180—181页。

② 赵晔撰，徐天祜音注：《吴越春秋》卷5《夫差内传》，南京：江苏古籍出版社，1999年，第77页。

③ 郦道元注，杨守敬、熊会贞疏：《水经注疏》卷40《渐江水》，第3299—3301页。

④《汉书》卷28上《地理志》上，第1590页。

⑤《太平寰宇记》卷91，江南东道五，苏州吴县，第1820、1827页。

则最初的胥山、子胥庙当即在吴县，而吴县子胥庙在吴县东南松江之畔，距松江入江之口（“沪渎”）甚远，故未与海潮相联系。按照上引王充的说法，两汉之际，钱唐已有子胥庙，并将伍子胥的传说与钱塘潮之起因联系起来。子胥传说由吴传播到钱唐，其背后当是有相当多的吴人移居到钱唐来。

西汉时期，钱唐曾是会稽西部都尉的治所。《汉书·地理志》原注谓钱唐为会稽西部都尉治，又谓回浦为会稽南部都尉治，是为西汉后期的情形。盖其时会稽郡治吴县，故以西部都尉治钱唐，南部都尉治回浦。《资治通鉴》卷六二《汉纪》建安元年（196）正月“虞翻追随营护朗，浮海至东冶”句下胡三省注引李宗谔《图经》曰：“文帝时，以山阴为都尉治；元狩中，徙治钱唐，为西部；元鼎中，又立东部都尉，治冶；光武改回浦为章安，以冶立东候官。”[①]或有所据。东汉前中期既省钱唐县，亦不再置立西部都尉。东汉后期，复置钱唐县，属吴郡。建安元年，孙策渡过浙江，进击会稽太守王朗。《三国志·吴书·宗室传》记孙静事迹，谓：

> 坚始举事，静纠合乡曲及宗室五六百人以为保障，众咸附焉。策破刘繇，定诸县，进攻会稽，遣人请静，静将家属与策会于钱唐。是时太守王朗拒策于固陵，策数度水战，不能克。静说策曰：“朗负阻城守，难可卒拔。查渎南去此数十里，而道之要径也，宜从彼据其内，所谓攻其无备、出其不意者也。吾当自帅众为军前队，破之必矣。”策曰：“善。”乃诈令军中曰：“顷连雨水浊，兵饮之多腹痛。令促具罂缶数百口澄水。”至昏暮，罗以然火诳朗，便分兵夜投查渎道，袭高迁屯。朗大惊，遣故丹杨太守周昕等帅兵前战，策破昕等，斩之，遂定会稽。表拜静为奋武校尉，欲授之重任。静恋坟墓宗族，不乐出仕，求留镇守。策从之。[②]

孙静所率孙氏家属，当从富阳来，与孙策所部会于钱唐。孙策军由钱唐渡过浙江，攻固陵（即后来的西陵，已见前），东定会稽。其时钱唐当为吴、会之间的重镇。根据《三国志·吴书·朱治传》所记，朱治在曲阿迎接孙氏家眷后，也当护送到钱唐。然后，朱治由钱唐率军北攻吴郡太守许贡。“治从钱唐，欲进到吴。吴郡太守许贡拒之于由拳，治与战，大破之。贡南就山贼严白虎，治遂入郡，领太守事。”[③]朱治虽击败许贡，领吴郡太守事，然未能全面控制吴郡。陈瑀自号吴郡太守，屯海西，严白虎据有吴郡乌

① 《资治通鉴》卷62，《汉纪》五四，建安元年正月，第2028页。

② 《三国志》卷56《吴书·宗室传》，第1205页。

③ 《三国志》卷46《朱治传》，第1303页。

程。孙策使吕范、徐逸等攻瑀于海西，大破之，获其吏士妻子四千余人。[①]《三国志·吴书·吕范传》说吕范在宛陵讨破丹杨贼后，“还吴，迁都督。是时下邳陈瑀，自号吴郡太守，住海西，与强族严白虎交通。策自将讨虎，别遣范与徐逸攻瑀于海西，枭其大将陈牧。又从攻祖郎于陵阳、太史慈于勇里。”[②]则海西当在吴郡，盖于会稽处海东相对而称。孙策取得会稽后，遂以程普为吴郡都尉，治钱唐。其时形势，孙策以会稽太守据有浙东，朱治领吴郡太守，程普为吴郡都尉，共同经略吴郡。《三国志·吴书·程普传》:“进破乌程、石木、波门、陵传、余杭，普功为多。”[③]乌程、余杭皆为吴郡属县，石木、波门、陵传三地不可考，但皆当在乌程、余杭一带。治于钱唐的吴郡都尉，所领当至少包括钱唐、余杭、乌程等三县，亦或包括富春。

程普不久即徙丹杨都尉，长期镇守石城。吴郡似未再置立都尉。盖钱唐已成为孙吴统治的核心区，无须再立都尉。钱唐位置遂亦不显。

百余年后，钱唐又一次进入历史的视野。咸和二年（327）十二月，苏峻乱起；三年正月，苏峻进据建康，兵锋东指，吴国内史庾冰东奔会稽。《世说新语·任诞》记庾冰逃亡过浙江事，云：

> 苏峻乱，诸庾逃散。庾冰时为吴郡，单身奔亡，民吏皆去，唯郡卒独以小船载冰出钱塘口，蘧篨覆之。时峻赏募觅冰，属所在搜检甚急。卒舍船市渚，因饮酒醉还，舞棹向船曰：“何处觅庾吴郡？此中便是。”冰大惶怖，然不敢动。监司见船小装狭，谓卒狂醉，都不复疑。自送过淛江，寄山阴魏家，得免。[④]

会稽内史王舒以行扬州刺史事移告属郡，起兵靖难，“率从一万，与庾冰俱渡浙江。”东军在无锡战败，庾冰，顾飏等退守钱唐。其时苏峻军占领吴郡，东军谢藻部守嘉兴，吴兴太守虞谭屯乌苞亭，顾众督吴、晋陵二郡兵残部，屯兵章埭。“时暴雨大水，贼管商乘船旁出，袭潭及众。潭等奔败。潭还保吴兴，众退守钱唐。舒更遣将军陈孺率精锐千人增戍海浦，所在筑垒。或劝舒宜还都，使谢藻守西陵，扶海立栅。舒不听，留藻守钱唐，使众、飏守紫壁。于是贼转攻吴兴，潭诸军复退。贼复掠东迁、余杭、武康诸县。舒遣子允之行扬烈将军，与将军徐逊、陈孺及扬烈司马朱焘，以精锐三千，

①《三国志》卷46《孙策传》，裴松之注引《江表传》，第1107页。

②《三国志》卷55《吴书·吕范传》，第1309—1310页。

③《三国志》卷56《吴书·程普传》，第1283页。

④ 刘义庆著，刘孝标注，余嘉锡笺疏：《世说新语笺疏》卷下之上，《任诞》，第821页。

轻邀贼于武康，出其不意，遂破之，斩首数百级，贼悉委舟步走。”[①]《晋书·顾众传》载：

> 时贼党方锐，义军沮退，人咸劝众过浙江。众曰：“不然。今保固紫壁，可得全钱唐以南五县。若越他境，便为寓军，控引无所，非长计也。”临平人范明亦谓众曰：“此地险要，可以制寇，不可委也。”众乃版明为参军。明率宗党五百人，合诸军，凡四千人，复进讨健。健退于曲阿，留钱弘为吴令。军次路丘，即斩弘首。众进住吴城，遣督护朱祈等九军，与兰陵太守李闳共守庱亭。健遣马流、陶阳等往攻之。闳与祈等逆击，大破之，斩首二千余级。[②]

顾众所领兵之主体，乃是吴郡兵，故顾众谓若渡过浙江，就成为寓军（浙江以南为会稽郡辖地）。紫壁，当在嘉兴以南，或即后世之赤岸或赭山（在明清余杭、盐官与仁和三县间）。所以，顾众所说“钱唐以南五县”，当指吴郡南境五县，即钱唐、余杭、富阳、盐官、海盐等县。“临平人范明”，晋时吴郡并无临平县，此处所言“临平”，当指临平湖。范明集合宗党，得卒五百人，则范氏宗党势力甚大。当其时，钱唐为众军所集，又是吴郡最后的据点，是吴郡仅次于吴县的政治军事中心。王舒任用其子王允之为钱唐令，领司盐校尉，也正表明其时钱唐的重要性。[③]

自汉代以来，钱唐作为普通南方县城，除了战时，一般是没有驻军的。《宋书·符瑞志》谓：“文帝元嘉中，谣言钱唐当出天子，乃于钱唐置戍军以防之。”[④]则钱唐置戍军似在元嘉中。然《宋书·褚叔度传》载：少帝景平初（423），富阳县孙氏“聚合门宗，谋为逆乱”，攻陷富阳、永兴二县，进军会稽首县山阴。另由“伪宁朔将军孙伦领五百人攻钱唐，与县戍军建武将军战于琦，伦败走，还富阳。”[⑤]因为富阳孙氏乃孙吴故族，“钱唐当出天子”之说，并非空谷来风，故钱唐置戍，或即在景平间。《宋书·沈庆之传》说庆之在元嘉七年（430）随到彦之北伐后，受命领队防东掖门，然后出戍钱唐新城，其时间当在元嘉十年（433）以后。[⑥]戍军所屯驻的钱唐新城，不当是咸和九年（334）复置的新城县，而当是在钱唐境内另筑了一座新城，作为戍军驻地。在沈庆之出戍钱唐新城时，担任钱唐令的，应当就是撰《钱唐记》的刘真道。《宋书》记刘真

①《晋书》卷76《王舒传》，第2000—2001页。

②《晋书》卷76《顾众传》，第2017页。

③《晋书》卷76《王舒传》，附子允之传，第2002页。

④《宋书》卷27《符瑞志》上，第859页。

⑤《宋书》卷52《褚叔度传》，第1638页。

⑥《宋书》卷77《沈庆之传》，第1268页。

道作钱唐令时，元嘉十三年（436），东土饥，受命巡行的沈演之上表称：“钱唐令刘真道、余杭令刘道锡，皆奉公恤民，恪勤匪懈，百姓称咏，讼诉希简。又翦荡凶非，屡能擒获。”[①]县令刘真道当治于钱唐旧城，沈庆之领戍军，当驻于钱唐新城。《南齐书·周山图传》记泰始中，周山图“出为钱唐新城戍”；五年，于历阳立镇，以山图为龙骧将军、历阳令。[②]也说明新城戍是钱唐境内的一所戍城。

钱唐立戍，说明其在南朝东土政治格局中的地位越来越重要。孝武帝死后，刘宋又一次陷入内乱。在刘彧（明帝）杀掉前废帝刘子业即位的同时，孝武帝第三子刘子勋亦在一些大臣的支持下，在浔阳称帝。会稽太守孔觊支持子勋，不受明帝征召，发兵拒命，吴、吴兴、晋陵、义兴等郡均响应。东军进至晋陵九里，明帝派巴陵王休若领台军拒战。台军在长塘湖口、晋陵等地击破东军，攻下义兴、晋陵，进军吴兴。吴兴太守王昙生与孔璪奔钱唐。台军将领吴喜进入吴兴，任农夫引兵向吴郡，吴郡太守顾琛弃军奔会稽。明帝以吴喜统沈怀明等诸将东击会稽。《资治通鉴》综记其事云：

> （二月）丁卯，吴喜军至钱唐，孔璪、王昙生奔浙东。喜遣强弩将军任农夫等引兵向黄山浦，东军据岸结寨，农夫等击破之。喜自柳浦渡，取西陵，击斩庾业。会稽人大惧，将士多奔亡，孔觊不能制。戊寅，上虞令王晏起兵攻郡，觊逃奔嵴山；车骑从事中郎张绥封府库以待吴喜。己卯，王晏入城，杀绥，执寻阳王子房于别署。纵兵大掠，府库皆空；获孔璪，杀之。[③]

显然，钱唐是吴喜经略浙东的根据地。

自景平以后，钱唐因为有戍军驻守，故钱唐令或带军号，即以武职出任县令。如萧赤斧，大明中，曾为沈庆之所统军主，积功渐升，出为建威将军、钱唐令，“治政为百姓所安，吏民请留之，时议见许，改除宁朔将军。”[④]《梁书·孙谦传》记孙谦在“齐初，为宁朔将军、钱唐令，治烦以简，狱无系囚。及去官，百姓以谦在职不受饷遗，进载缣帛以送之，谦却不受。”[⑤]武将出任钱唐令，也说明钱唐的军事地位逐步提升。

萧齐中期，钱唐甚至成为唐寓之吴国的都城。《南史·茹法亮传》说吕文度、吕文显等并以奸佞事齐武帝，专制兵权，大纳财贿，又启上“籍被却者，悉充远戍”，“百

---

①《宋书》卷47《刘怀肃传》附《真道传》，第1529页。

②《南齐书》卷29《周山图传》，第601页。

③《资治通鉴》卷131《宋纪》十三，明帝泰始二年二月，第4174页。

④《南齐书》卷38《萧赤斧传》，第738页。

⑤《梁书》卷53《良吏传》，第855页。

姓嗟怨，或逃亡避咎。”“富阳人唐寓之因此聚党为乱，鼓行而东，乃于钱唐县僭号，以新城戍为伪宫，以钱唐县为伪太子宫，置百官皆备。三吴却籍者奔之，众至三万。窃称吴国，伪年号兴平。”[①]（此段记载不见于《南齐书》）《南齐书·沈文季传》云：

> （永明）四年，迁会稽太守，（平东）将军如故。是时连年检籍，百姓怨望。富阳人唐寓之侨居桐庐，父祖相传图墓为业。寓之自云其家墓有王气，山中得金印，转相诳惑。三年冬，寓之聚党四百人，于新城水断商旅，党与分布近县。新城令陆赤奋、桐庐令王天愍弃县走。寓之向富阳，抄略人民，县令何洵告鱼浦子逻主从系公，发鱼浦村男丁防县。永兴遣西陵戍主夏侯昙羡率将吏及戍左右埭界人起兵赴救。寓之遂陷富阳。会稽郡丞张思祖遣台使孔矜、王万岁、张繇等配以器仗将吏白丁，防卫永兴等十属。文季亦遣器仗将吏救援钱〔唐〕（塘）。寓之至钱〔唐〕（塘），钱〔唐〕（塘）令刘彪、戍主聂僧贵遣队主张玕于小山拒之，力不敌，战败。寓之进〔柳〕（抑）浦登岸，焚郭邑，彪弃县走。文季又发吴、嘉兴、海盐、盐官民丁救之。贼分兵出诸县，盐官令萧元蔚、诸暨令陵琚之并逃走，余杭令乐琰战败乃奔。是春，寓之于钱〔唐〕（塘）僭号，置太子，以新城戍为天子宫，县廨为太子宫。弟绍之为扬州刺史。钱〔唐〕（塘）富人柯隆为尚书仆射、中书舍人，领太官令。献铤数千口为寓之作仗，加领尚方令……遣禁兵数千人，马数百匹东讨。贼众乌合，畏马。官军至钱〔唐〕（塘），一战便散，禽斩寓之，进兵平诸郡县。[②]

上引文中的“抑浦”，当为“柳浦”之误，盖唐寓之军自富阳沿浙江东下，进军钱唐，正当在钱唐城外的渡口。钱唐城外也不可能有另一处名为“抑浦”的渡口。[③]文中的“钱塘”则皆当作“钱唐”。据上文所记，当时钱唐县令刘彪与戍主聂僧贵分守县衙与新城戍。唐寓之进入钱唐后，以新城戍为天子宫，县廨为太子宫，说明其时钱唐县廨与新城戍相距甚近，二者规模皆较小。

萧梁末年，钱唐再一次成为诸方交争之地。太清三年（549）五月，梁武帝死后，东扬州（治山阴）刺史萧大连不奉侯景之命，侯景遣其将宋子仙经营东土。是年五月，宋子仙等率众东屯钱唐，新城戍主戴僧易拒之。其时萧梁方面，临成公萧大连为东扬

---

①《南史》卷77《恩倖传》，第1928页。

②《南齐书》卷44《沈文季传》，第862—864页。

③ 此处的“抑浦”当为“柳浦”之误，前人早已指出。请参阅阙维民：《六朝钱塘 治理柳浦——六朝钱塘县聚落的地理分布》，见周峰主编《南北朝前古杭州》（修订本），第371—374页。

州刺史，张嵊为吴兴太守，均拒命不从侯景。六月，侯景“遣其中军侯子鉴监行台刘神茂等军东讨，破吴兴，执太守张嵊父子送京师，景并杀之。”①《梁书·张嵊传》云：

> 贼行台刘神茂攻破义兴，遣使说嵊曰：“若早降附，当还以郡相处，复加爵赏。”嵊命斩其使，仍遣军主王雄等帅兵于鱧渎逆击之，破神茂，神茂退走。侯景闻神茂败，乃遣其中军侯子鉴帅精兵二万人，助神茂以击嵊。嵊遣军主范智朗出郡西拒战，为神茂所败，退归。贼骑乘胜焚栅，栅内众军皆土崩。嵊乃释戎服，坐于听事。贼临之以刃，终不为屈，乃执嵊以送景，景刑之于都市，子弟同遇害者十余人，时年六十二。②

在此之前，侯景军已据有吴郡。侯景军既克吴兴，十一月，宋子仙乃进攻钱唐，戴僧易降。侯景以钱唐为临江郡，富阳为富春郡。③此为钱唐置郡之始。

侯景军占领钱唐以后，乃以钱唐为基地，渡过浙江，进攻会稽。太清三年十二月，宋子仙、赵伯超、刘神茂等攻会稽，东扬州刺史临城公萧大连弃城走。侯景军遂稳定地控制东扬州地区。翌年（大宝元年，550）二月，侯景招回宋子仙；四月，侯景以元思虔为东道行台，镇钱唐。④行台之设，源自北朝。侯景用北朝制度，置行台以总方面军政。在此之前，太清三年六月，即见有监行台刘神茂，与侯子鉴一起东讨。刘神茂所监之行台，当即东道行台。换言之，东道行台初以刘神茂监，后改以元思虔实任，镇钱唐。东道行台镇钱唐，是汉代以来钱唐所置最高的军政机构。

侯景军对于东州的控制不足一年。大宝元年十二月，张彪起义于会稽，攻破上虞、诸暨、永兴等县，侯景遣仪同田迁、赵伯超、谢答仁等东伐张彪。大宝二年（551）正月，张彪遣别将进攻钱唐、富春，田迁进军与战，破之。《资治通鉴》卷一六四《梁纪》二十大宝二年正月辛亥书其事，作：“张彪遣其将赵稜围钱塘，孙凤围富春，侯景遣仪同三司田迁、赵伯超救之，稜、凤败走。”⑤张彪虽退回会稽，刘神茂却又于是年十月投附萧梁。十一月，侯景以赵伯超为东道行台，镇钱唐，遣仪同田迁、谢答仁等将兵东征刘神茂。

当赵伯超等据守钱唐，与张彪、刘祖茂隔江相峙之时，侯景已在建康失败。侯景

---

①《资治通鉴》卷162《梁纪》十八，太清三年五月，第5113—5114页；《梁书》卷56《侯景传》，第949页。

②《梁书》卷43《张嵊传》，第676页。

③《梁书》卷56《侯景传》，第949页。

④《梁书》卷56《侯景传》，第949—950页。

⑤《资治通鉴》卷164《梁纪》二十，大宝二年正月，第5157页。

二年（552）三月，侯景败，王僧辩遣侯瑱率军追景。侯景至晋陵，劫太守徐永东奔吴郡，进次嘉兴，赵伯超据钱唐拒之。景退还吴郡，达松江，自沪渎入海，至壶豆洲，被杀。[①]天正元年（552）三四月间，侯瑱在平定侯景之后，“进兵钱塘，景将谢答仁、吕子荣等皆降。”[②]萧梁重新控制钱唐。

萧梁重新控制钱唐后，废除了侯景所置东道行台、临江郡。可是，自刘宋初年钱唐置成以来，钱唐在吴郡南部的中心地位逐步确定，特别是在吴、会对立的格局下，钱唐处于二郡毗邻地带，具有特别重要的作用。侯景置东道行台于钱唐，总领东州军政，正反映出钱唐已逐步成为吴、会稽地区的另一个中心。在梁陈之际的一系列变乱中，钱唐也一直发挥着重要作用：陈文帝天嘉二年（561），左卫将军沈恪进讨割据东阳的留异，即以钱唐为根据地。至陈后主祯明元年（587）十一月，“割扬州吴郡置吴州，割钱塘县为郡，属焉。”[③]其时钱唐郡所领，当即隋余杭郡所领的钱唐、富阳、余杭、于潜、盐官、武康六县以及新城县，共七县。《隋书·地理志》余杭郡钱唐县下原注：“旧置钱唐郡。平陈，废郡，并所领新城县入。大业三年(607)置余杭郡。有粟山、不甑山、临平湖。”[④]钱唐正式置郡，是汉末以来其军政地位不断上升、区域经济持续发展的结果。

总之，秦至西汉时期，钱唐是会稽郡的属县之一；吴、会分治以后，钱唐属吴郡，位于吴郡南部边缘。东汉末年，在孙氏争夺吴会地区的过程中，曾在钱唐设立吴郡都尉，控制吴郡南部诸县。晋时，钱唐处于吴、会稽二郡分界，成为二郡往来的要津。刘宋初年钱唐置成以后，其军政地位渐次提升，梁末侯景曾短期在钱唐置临江郡，并以东道行台镇钱唐；到陈朝后期，钱唐正式置郡，虽然仍隶属于新立的吴州，但已成为郡级政区。钱唐政治经济地位的不断提升，反映出六朝时期吴会地区经济社会的整体发展，也说明钱唐在这一发展过程中处于领先地位。

五、中国古代早期的“地方社会”

钱唐置县，当在秦灭楚、据有江南地之后；其在西汉时，曾做过会稽都尉治所，地位较为重要；可是，东汉初年，钱唐又并入余杭县。这说明，秦汉时期，钱唐县的政区建置并不稳定。在修筑海塘之前，海盐、盐官、钱唐三县海岸并不稳定，沿海又有一系列湖泊相连，地势低洼；由吴县、由拳南来的道路，大抵在余杭大溪（南笸溪）

①《梁书》卷56《侯景传》，第952—958页。

②《陈书》卷9《侯瑱传》，第172页。

③《陈书》卷6《后主纪》，第127页。

④《隋书》卷31《地理志》下，第989页。

东岸一带，南渡浙江的渡口也在余杭境内。所以，秦汉时期，钱唐并没有能够形成为一个稳定的“地方”——没有明确的中心，也未能形成稳定的边界。东汉中后期以迄于南朝，首先在钱唐县治以东的海滨修筑了海塘，沿海地带的地理面貌渐次稳定下来；钱唐亭（柳浦）逐步成为浙江下游最重要的渡口，成为吴、会稽二郡（后来还有吴兴郡）间联系的重要节点；钱唐县城的地位也不断提升，到南朝后期，成为郡治；与盐官、余杭、富春、余暨诸县间的边界也逐步明确。同时，浙江潮、定山涛、明圣湖、临平湖以及灵隐山、海塘、钱唐城及其北郭、新城戍、钱唐亭、柳浦埭，构成了六朝时期钱唐的景观，使钱唐表现出鲜明的“地方性”。

刘宋元嘉十三年（436）前后，钱唐令刘真道（又作“刘道真”）撰《钱唐记》。[①]由上文所引《钱唐记》，涉及钱唐县复置之过程、防海塘之修筑、县治之所在与移动、钱唐亭之所在与功用，以及县境内临平湖的变化等等，当是典型的六朝地志。虽然不能再见其全帙，但由残存诸条仍可推知，《钱唐记》所记，对于钱唐县的地理疆域、山水湖泽、官府衙署、重要事件、人物行迹，皆当有所记载，从而对钱唐“地方”做出了一定程度的界定。在这个意义上，可以说，《钱唐记》的修撰，标志着钱唐“地方”的形成。

钱唐的土著人群，本当有浓郁的越人气息。汉武帝时期参加征伐东越之役的辕终古很可能是越人，两汉之际与南来的王氏交恶的当地豪家丁伯、汉末抗拒孙氏的钱唐彭氏也可能具有越人背景。两汉之际，王氏、范氏等先后从北方移居钱唐。东汉时期，吴氏从吴县迁至钱唐；起源于吴地的伍子胥传说也传播过来，并被用来解释钱塘潮的成因，其背后也应当是吴人与吴文化的南渐。全琮所接纳的中州士人，也当有相当一部分居住在钱唐（其中很可能包括褚氏）。因此，钱唐的人群构成有三个来源：一是土著的越人，二是南来的中原人，三是南来的吴人。东晋南朝时期，土著豪姓杜氏、朱氏，与中州背景的褚氏、范氏，共同生活、活动于钱唐地区，吴人背景的顾氏也居住在邻近钱唐的盐官南境，正反映出钱唐土著与南来之中州士人、吴人融会的图景。由于钱唐久隶吴郡，吴人、吴文化应不断向钱唐渗透，钱唐越来越被看作“吴地”，钱唐人也越来越被作为“吴人”。无论是土著的越人，还是南来的北人、吴人，在“吴人”的标识下，逐步趋于一致。

不仅如此，六朝时期，钱唐的文化面貌也渐趋于同质化。汉末三国，在钱唐占据主流地位的全氏和称兵致乱的彭氏，均以武力称雄当地。东晋时期，钱唐弥漫着诸种道法的气息。武力称雄和五斗米道可以说是钱唐土著文化的“底色”。至齐梁之世，

① 刘纬毅《汉唐方志辑佚》作《钱塘记》，谓作者为宋刘道真。其下辑录《钱唐记》十六条，虽非完备，然足可见出《钱唐记》之总概。请见刘纬毅:《汉唐方志辑佚》，北京：北京图书馆出版社，1997年，第199—201页。

世传或世奉道法的杜氏、朱氏逐步放弃原本信仰的道法，渐向儒学转变，从奉道世家转而为家世儒学，世风逐步发生着变化。在这一过程中，据称乃褚先生（少孙）之裔的钱唐褚氏，以其悠长的家学传统、朴实的家学学风，逐步发展壮大，成长为钱唐最重要的家族。由崇尚武力，信奉米道，向尊崇儒学转变，是六朝时期钱唐文化发展的总体趋势；而正是在儒学的旗帜下，钱唐文化逐步展现出"一致性"来。

六朝时期，钱唐地方的经济资源与社会权力主要控制在大族豪姓手中。两汉之际与南来居于钱唐的王氏交恶的豪家丁伯，在华信率领下共修海塘的"县诸豪姓"，汉末三国武力称雄的全氏和聚众抗拒的彭氏，以及世传五斗米道的杜氏，信奉五斗米道、与邻人仇杀、得到地方官长庇护的朱氏，恤贫救急、救护村民的范氏，都是当地大大小小的豪族大姓。他们或领头修治海塘，整顿陂堰，或聚众集兵，拥有武力，或传道收徒，奔走于豪门官场，或武断乡曲，称雄村邑，是地方经济资源与社会权力的实际控制者。虽然其相互间亦有着程度不同的矛盾冲突，但总的说来，他们通过联姻（如钱唐朱氏与盐官顾氏）、道法传承、儒学传播等方式，结成关系网络。他们也得到当地普通人群的认同。上引《江表传》说全琮经过钱唐，"请会邑人平生知旧、宗族六亲，施散惠与，千有余万，本土以为荣。"《宋书·孝义传》说范叔孙行善乡里，"乡曲贵其义行，莫有呼其名者。"实际控制地方经济资源与权力的豪族大姓联结成的关系网络，以及普通人群的信从与认同，说明具有某种凝聚性的地方社会已经形成。

中国古代文献与近代话语体系中使用的"社会"，都是指一些人基于某种共同性建立起较为密切的关联，从而表现出不同程度的一致性与凝聚性。凝聚性与一致性被认为是社会的基本特征，或必要的构成要素。所谓"地方社会"，也就是某一地方的人群，在权力关系、经济关联、社会交往等方面，均表现出程度不同的凝聚性，而在文化面貌上，则表现出较为鲜明的一致性或共同性。它所强调的，实际上是生存生活于这一"地方"的人群所结成的社会关系网络，以及在此种社会关系网络中显示出来的一致性。而所谓"地方性"或"地方特性"，强调的也主要是某一地方的社会关系网络的特点。如果一个"地方"的人群，具有程度不同的凝聚性与共同性（一致性），那么，就可以说，这一地方形成了"地方社会"。

综上，可以认知：六朝时期，特别是南朝时期，钱唐的人群构成及其文化面貌逐步同质化，并以豪姓大族为中心，形成社会关系网络，从而表现出较为鲜明的凝聚性。人群构成与文化面貌的一致性，以及表现出凝聚性的社会关系网络，标志着钱唐"地方社会"的形成。

六朝时期，钱唐还很普通，并不著名。在行政建置上，它在大部分时间里都隶属于吴郡，处于吴郡南部边缘，即使陈朝后期置立钱唐郡之后，也仍然在吴郡建置的吴州统领之下。在它的北面，是著名的吴郡；渡过浙江，是同样甚至更为著名的会稽郡及其治所山阴。吴郡、会稽都有很多著名的大族，顾、陆、朱、张、贺、虞、孔、魏、谢等，都是六朝时期第一等的大姓。相比之下，钱唐褚、杜、朱、范之族，只是一些地方豪族。同样，钱唐也不是政治、经济要地，虽然也发生过多次战事，但也并非影响大局的重要战事。所以，总的说来，六朝时期的钱唐，是一个很普通的地方。

正是因为钱唐只是一个普通的县，我们才得以廓清王朝历史叙述的雾障，窥见它的地方性、地方社会的形成过程。六朝时期，南方地区，有诸多“地方”及其“地方社会”，是以“县”为基础、渐次形成的。以政区建置的“县”为基础形成“地方社会”，是六朝时期南方地区社会发展的重要特点之一。

历史地理

府卫分属与犬牙相制：明至清初黔楚两省[1]的辖区争议及调整

吴春宏

内容提要： 明初洪武朝推行卫所制度，在湖广思州、思南二宣慰司境内安插平溪、清浪、镇远、偏桥、铜鼓、五开六卫。永乐朝改土归流，废除思州、思南二宣慰司，分设思州、石阡、新化、黎平、思南、乌罗、铜仁、镇远八府。为了使军事区与行政区犬牙相制，从而巩固统治，明朝以思州八府隶属贵州、平溪六卫隶属湖广，造成了府卫交错却又分属两省的局面。在实际运作中，这种格局带来了事权不一、互相掣肘等诸多弊端，引发了两省关于交界地区归属问题的长期纷争。但出于维护统治的需要，犬牙相制的策略终明一代未曾抛弃，所以两省交界地区的归属争议悬而未决。到了清初，随着经营的深入，朝廷最终将平溪六卫全部划入贵州、改并府县，从而明晰了疆界、结束了争议。

关键词： 府卫分属；犬牙相制；明至清初；黔楚两省；辖区争议

为了巩固统治，明初洪武朝在湖广思州、思南二宣慰司境内设置平溪、清浪、镇远、偏桥、铜鼓、五开六卫，实行军事管控。至永乐朝，乘思州、思南二宣慰司内讧之机将二者废除，在其基础上建立贵州布政司，分设思州、石阡、新化、黎平、思南、乌罗、铜仁、镇远八府，拉开了大规模改土归流的序幕。为了控制地方，明朝以平溪六卫隶属湖广都司、思州八府隶属贵州布政司，造成犬牙交错的局面。此后在历史发展进程中，这种格局引发了事权不一、互相掣肘等诸多问题，黔楚两省围绕交界地区的府卫归属而纷争多年。清初，随着西南经营的深入，朝廷将湖广都司插入贵州布政司境内的卫所全部裁并府县，划属贵州，从而结束了辖区重叠的状态。关于这些争议，已有不少学者注意到。郭红在《中国行政区划通史·明代卷》中分析了明代贵州都司

① 本文的“黔”指明代的贵州布政司及清代的贵州省，“楚”指明代的湖广布政司、湖广都司及清代的湖南省。康熙三年（1664）以后，湖广左布政使司分治湖北、右布政使司分治湖南，湖广分为湖北、湖南两部分，与贵州接壤者为湖南。但涉及贵州与湖南两省事务时，地方官员在习惯上仍然将湖南简称为“楚”。

与周边各省卫所及地方行政区划之间的矛盾[①]。韩昭庆论述了清初贵州政区的改制及影响[②]。周振鹤指出了“山川形便”和“犬牙相入”两大原则，注意到了明代贵州与湖广两省的疆界错壤问题[③]。吴春宏梳理了明清时期贵州东部的政区调整，尤其是黎平府与五开卫之间的纠纷[④]。郑宁则以思州府为个案，从另一方面审视了明代黔东南的府卫合作问题[⑤]。吴才茂在研究明代贵州卫所与地域社会的关系时，也注意到了黔楚两省的府卫隶属变化[⑥]。谢景连从插花地的视角考察了明代行政设置中的府卫分制现象[⑦]。罗权、杨斌探讨了明清时期川黔交界地区政区冲突及其调整[⑧]。颜丙震讨论了明朝在西南土司治理中的“犬牙相制”方略[⑨]。目前这些研究已经比较深入了，但是大多局限于明代，清代涉及较少，并没有涵盖这场政区调整的完整过程。本文拟对这一过程详加梳理，以深入揭示西南行政区划发展演变过程中的细微面貌。

一、黔楚交界地区府卫分属、犬牙相制局面的形成

为了稳定贵州、征服云南、巩固西南边疆，明初在继承土司制度的同时，大量设立卫所进行军事控制。到了永乐年间，随着卫所渗透的增强和贵州自身的发展，明朝又在贵州建省立府，使其成为独立政区。由此，黔楚交界地区出现了府卫分属、犬牙相制的局面。

（一）平溪六卫的设置

明初取得对内地的统治权后，开始关注西南地区。由于云南偏处边疆，残元势力负隅顽抗，稳定贵州、巩固后方成为当务之急，所以明朝在贵州遍设卫所，保障通滇国防大动脉的畅通。洪武元年（1368）前后，随着辰州、沅州、靖州三卫的设置，明

① 郭红、靳润成：《中国行政区划通史·明代卷》，上海：复旦大学出版社，2007年。

② 韩昭庆：《清初贵州政区的改制及影响(1644—1735年)》，《历史地理》第23辑，上海：上海人民出版社，2008年。

③ 周振鹤：《中国地方行政制度史》，上海：上海人民出版社，2005年；《中国行政区划通史·总论》，上海：复旦大学出版社，2009年。

④ 吴春宏：《明清时期黔楚边境的府卫纠纷——以黎平府与五开卫为例》，《中国历史地理论丛》2011年第2期；《明清时期黔东地区的府卫归属变迁》，《贵州文史丛刊》2022年第2期。

⑤ 郑宁：《明代黔东南的府卫设置与配合——以思州府为个案的研究》，《民族史研究》第12辑，北京：中央民族大学出版社，2013年。

⑥ 吴才茂：《明代卫所制度与贵州地域社会研究》，北京：中国社会科学出版社，2021年。

⑦ 谢景连：《府卫分制：明代行政设置中的一种特殊“插花地”——以明代贵州为研究个案》，《贵州民族研究》2021年第2期。

⑧ 罗权、杨斌：《明清时期川黔交界地区政区冲突及其调整》，《贵州社会科学》2022年第6期。

⑨ 颜丙震：《“犬牙相制”与明代西南土司治理》，《中国历史地理论丛》2022年第3期。

朝统治沿着沅江逐步推进；洪武四年（1371）设置贵州、永宁二卫，明朝势力深入贵州腹地，此后又沿着驿道密集设置了十几个卫。回顾这段历史，成化朝镇远知府周瑛说"国初开创西南境土，乃设平溪、清浪、偏桥、镇远四边卫，以控蛮夷，以通西南道路"①，明末人亦云"当圣祖时，天造草昧，西南夷无不畏法，故就中设建卫所，以通血脉，徒用牙错之意，殊少弹压之威"②，揭示了明初贵州设置卫所的主要动机。

洪武十一年（1378）六月，思州五开洞（今贵州黎平）上黄村兰洞寨吴勉起事反抗明朝统治③。起伏不断的战事迫使明朝于洪武十八年(1385)四月设置了五开卫(今贵州黎平德凤街道)④。由于思州地域辽阔、民族众多，此后又陆续增设卫所镇守。为了增强外围防卫力量，保障五开卫与湖广腹地的联系，洪武十九年(1386)十一月设置平茶所(今湖南靖州平茶镇)⑤，洪武二十一年(1388)九月增设黎平(今贵州黎平德凤街道黎平所村)、中潮(今贵州黎平中潮镇)、铜鼓(今贵州锦屏铜鼓镇)、新化亮寨(今贵州锦屏新化乡)四所⑥。

洪武二十二年（1389）二月，平越（今贵州福泉）、黄平（今贵州黄平）一带爆发苗民反抗活动，湘黔滇驿道受阻⑦。于是七月，明朝在㵲阳河中游要塞镇远州（今贵州镇远㵲阳镇)安插镇远卫以保护驿道⑧。次年三月又设立平溪卫(今贵州玉屏平溪镇)⑨，四月增加清浪（今贵州镇远清浪镇）、偏桥（今贵州施秉城关镇）二卫⑩。

洪武二十四年（1391）十一月，黎平一带爆发反抗运动⑪。明朝于次年五月平息叛乱后，设置了平茶屯（今湖南靖州新厂镇）、龙里（后为避讳改名隆里，今贵州锦屏隆里乡）、新化屯（今贵州黎平高屯街道）、武阳（今贵州黎平坝寨乡）、长春（今贵州黎平潮镇长春村）、平和（今贵州黎平德顺乡）、怀仁（今贵州黎平洪州镇）七所⑫。

洪武三十年（1397）三月，古州上婆洞（今贵州黎平罗里乡）林宽起事，明朝因此

① 嘉靖《贵州通志》卷10《经略》，《天一阁藏明代方志选刊续编》第69册，上海：上海书店，1990年，第500页。

②《明熹宗实录》卷39，天启四年二月丙午，台北："中央研究院"历史语言研究所，1962年，第2276—2277页。（以下《明实录》省略版本信息）

③《明太祖实录》卷119，洪武十一年六月己巳，第1937页。

④《明太祖实录》卷172，洪武十八年四月丙辰，第2634页。

⑤《明太祖实录》卷179，洪武十九年十一月己卯，第2713页。

⑥《明太祖实录》卷193，洪武二十一年九月庚子，第2908页。

⑦《明太祖实录》卷195，洪武二十二年二月丁卯，第2934页。

⑧《明太祖实录》卷196，洪武二十二年七月辛巳，第2951页。

⑨《明太祖实录》卷200，洪武二十三年三月癸巳，第3005页。

⑩《明太祖实录》卷201，洪武二十三年四月辛酉，第3010页。

⑪《明太祖实录》卷214，洪武二十四年十一月甲午，第3158页。

⑫ 弘治《贵州图经新志》卷7《黎平府》，《中国地方志集成·贵州府县志辑》第1册，成都：巴蜀书社，2006年，第78页；《明一统志》卷88《贵州布政司》，《文渊阁四库全书》史部第473册，台北：台湾商务印书馆，1983年，第862页。

在五开、靖州两卫之间增设铜鼓卫（今贵州锦屏铜鼓镇）[①]。至永乐二年（1404），铜鼓卫共设左、右、中、前、后、中左、中右、中中、中前、中后、左左、右右十二所[②]。

平溪、清浪、镇远、偏桥、铜鼓、五开六卫嵌入思州、思南二宣慰司内部，形成钳制和威慑，为日后思州八府及贵州布政司的建立奠定了基础，也由此埋下了黔楚两省辖区争议的伏笔。

（二）思州八府的设置

元代在历代羁縻制度的基础上创立了土司制度，在西南设置了众多土司，其中领有今贵州东部的思州田氏土司隶属湖广行省。虽然洪武十五年（1382）已经设立贵州都司（今贵州贵阳）管辖贵州中部，但是无法满足统治需要。明初建驿站、设卫所、兴屯田，使得贵州在各方面都有所发展；而稳定贵州、控制云南的战略，也迫切需要在贵州设置郡县。于是，永乐朝废除田氏土司，设立思州八府和贵州布政司。

元朝末年，田氏家族由于内部两大支系发展的失衡，最终在明夏政权的扶持下分裂为思州、思南两部分。朱元璋控制湖广后，承认了思州、思南二宣慰司分裂的事实并分而治之。永乐八年（1410）以后，两大土司为争夺朱砂矿脉互相仇杀。永乐十一年（1413）二月，明朝命镇远侯顾成出兵平息，顺势废除二司，以思州、思南、贵州三宣慰司及贵州都司为基础建立贵州布政司（今贵州贵阳），将思州宣慰司分为思州（今贵州岑巩）、石阡（今贵州石阡）、新化（今贵州锦屏）、黎平（今贵州黎平）四府，思南宣慰司分为思南（今贵州思南）、乌罗（今贵州松桃）、铜仁（今贵州铜仁）、镇远（今贵州镇远）四府[③]。由此，贵州从湖广、四川、云南三省边缘地带变成一个独立的行省，结束了三省分治的局面，极大改变了西南的地缘政治格局和历史发展进程。

（三）府卫分属的成因

随着平溪六卫、思州八府的设置，黔楚交界地区出现了府卫交错、分属两省的局面。这在根本上是中央王朝采取犬牙相制的策略以控制地方的结果，也是随着明廷战略重心的转移，基于国家话语体系下而形成的，是国家政治力量介入后的直接产物[④]。此外，贵州的地缘政治格局、建省的历史背景以及明初的财政情况、行政建制、民族分布等因素也发挥了作用。

---

① 嘉靖《湖广图经志书》卷19《靖州》，《日本藏中国罕见地方志丛刊》，北京：书目文献出版社，1991年，第1597页。

② 嘉靖《湖广图经志书》卷19《靖州》，《日本藏中国罕见地方志丛刊》，北京：书目文献出版社，1991年，第1570页。

③《明太宗实录》卷137，永乐十一年二月辛亥，第1661—1663页。

④ 谢景连：《府卫分制：明代行政设置中的一种特殊“插花地”——以明代贵州为研究个案》，《贵州民族研究》2021年第2期，第171页。

1. 中央王朝的犬牙相制策略

明朝建立后，对元代不合理的行政区划进行了调整，但并未放弃犬牙相制的策略，而是从另一个方向制造了新的犬牙相制局面[①]。明代把这种原则发挥得淋漓尽致，使得许多地方的边界出现了更为复杂的交错局面。为了巩固统治，明朝费尽心思，在中央以都、布、按三司分立，在地方则将某些敏感区域的府县和卫所分属两省，使其互不统属，互相牵制。

从管理的角度，在思州八府设立并隶属贵州布政司后，平溪六卫也应一起并入贵州都司。但是为了控制地方，明朝采取犬牙相制的策略，让平溪六卫留在湖广，而坐落四川永宁宣抚司、乌撒军民府境内的永宁、乌撒、赤水等卫却又划属贵州都司，形成“卫所遥辖”的现象[②]。这造成贵州、湖广、四川三省的都司与布政司的边界都不重合，三省交界地区形成复式政区。由于思州八府、平溪六卫分属两省，导致贵州布政司和湖广都司的辖区在局部地区重叠，形成共管状态。

从更小层面来看，卫所与府县、土司在空间上互相嵌入，形成复杂的插花布局。为了监视和防范少数民族，明代贵州的卫所屯堡与各族村寨相间，“务使屯堡相望，声势相倚，军民相参，犬牙相制”[③]。平溪、清浪、镇远、偏桥四卫与沅州、思州、镇远犬牙交错，屯田如天女散花，飞落各地；铜鼓、五开二卫与黎平府互相嵌入，所屯与土司鳞次栉比、如影随形。而且，明代的贵州还普遍存在府县与卫所同城而治的现象，如黎平府与五开卫同城，新化府与新化亮寨所共治，古州司与古州卫并立，永从县长期寄居五开卫城，隆庆年间思州、思南二府先后迁往平溪卫城，而镇远府、镇远州、镇远溪洞金容金达司及日后的镇远县则与镇远卫长相厮守。这种安排，“欲以文辖武，实借武卫文”[④]，既是为了寻找安全保障，也包含着相互制约的意图。

对于犬牙相制，明人早有深刻的认识。成化朝兵部曰：“清浪地方皆属贵州，而操戍军士则隶湖广，盖犬牙相制之法也。”[⑤]周瑛说：“夫分府卫以属两省者，是名犬牙相制；合府卫以归一省者，是名臂指相使。犬牙相制，互相犄角；臂指相使，互相运用，古人皆已行之。”[⑥]焦竑曰：“湖广五开卫、贵州黎平府同治一城，湖广镇远卫、贵州镇远府同治一城，似此者不可胜举，亦犬牙相制之意。”[⑦]王士性说：“晃州以西，贵州地

---

① 周振鹤:《中国地方行政制度史》，上海：上海书店出版社，2005年，第244页。

②（清）谈迁:《枣林杂俎·卫所遥辖》，北京：中华书局，2006年，第10页。

③（明）陈子龙:《明经世文编》卷285《萧同野集》一，北京：中华书局，1962年，第3011页。

④（明）徐弘祖:《徐霞客游记》卷4《黔游日记》，上海：上海古籍出版社，2007年，第649页。

⑤《明宪宗实录》卷280，成化二十二年七月己巳，第4728页。

⑥ 嘉靖《贵州通志》卷10《经略》，《天一阁藏明代方志选刊续编》第69册，上海：上海书店，1990年，第501页。

⑦（明）焦竑:《焦氏笔乘》续集卷6《犬牙相制》，北京：中华书局，2008年，第445页。

也，而清浪、偏桥以隶湖广，黄平以隶四川。五开，楚辖也，而黎平以隶贵州。此皆犬牙相制，祖宗建立自有深意。”[①]陶晋英亦云：“黎平府立于湖广五开卫之中，原为犬牙相制之意。”[②]府卫分属是让军事区与行政区互相掣肘，以控驭地方。但在客观上，这也是时局所需、形势使然。

2. 平溪六卫隶属湖广的地缘因素

思州、思南二宣慰司与湘西地理相邻、山水相连，曾长期隶属湖广，对当地的征服和开发也是由来自湖广的力量所完成的，与湖广有着千丝万缕的联系。朱元璋控制湖广西部后，思州、思南二宣慰司由明夏政权复归湖广。二司境内的土著变乱，是由湖广卫所平定的。在镇压叛乱后广设卫所的洪武朝，贵州还分属三省，尚未独立，所以平溪六卫自然划入湖广都司。贵州建省后实力弱、地位低，而思州与湖广的传统关系十分牢固，湖广的影响根深蒂固，所以平溪六卫依旧隶属湖广，犬牙相制的局面相沿未改。

3. 思州八府划入贵州的时代背景

贵州省的设置，直接源于思州、思南二宣慰司的内战。而平息内战、土司改流则是由贵州都指挥使顾成亲自操刀的，所以由思州、思南二宣慰司分设而来的思南、石阡、乌罗、铜仁、镇远、思州、新化、黎平八府，顺势划入了新设的贵州布政司。所谓“先有思州，后有贵州”，思州八府作为贵州最初的主体辖区和仅有的流官区域，是其不可分割的组成部分，如果没有思州及其改流，是难以建立贵州行省的。

4. 缓解贵州财政压力的经济考量

贵州地瘠民贫、经济落后，缺乏自立的基础，勉强设省主要是政治军事需要。在明代，以贵州建省最晚、版图最小、收入最少，实力位居倒数，各级机构的运转只能依靠外部财政投入才得以勉强维持。明代贵州遍设卫所，密度极大，屯守士兵连同军户群体，规模庞大，贵州自身无法满足如此巨大的军费需求。根据朝廷的安排，贵州的军饷官俸大都来自相邻的湖广和四川，仰仗外省协济。黔东卫所规模较大，五开、铜鼓二卫都是超大型卫所[③]，所以交由湖广都司负责，可分担贵州的养兵压力。

5. 减轻贵州管理压力的政治举措

贵州系平息土司内战后仓促建立，由三省边区拼凑而成，早期建制残缺，流官、汉人极少，管辖范围和治理能力非常有限；加之境内基本都是卫所和土司辖区，民族

① （明）王士性：《广志绎》卷1《方舆崖略》，北京：中华书局，2006年，第191—192页。

② （明）陶晋英：《楚书》，（清）曹溶辑，陶樾增订《学海类编》第10册，扬州：广陵书社，2007年，第5940页。

③ 按明代制度，通常每卫领左、右、前、后、中5个千户所，士兵连同各级长官共5600人。而五开卫辖16所，驻军33460名；铜鼓卫辖12所，领兵18036名，都大大超出常规编制。

众多，形势复杂，以四周成熟的省份叠加管理，才能有效安抚地方。在这里，行政管理让位于军事需要，生动反映了行政区划过程中的政治主导原则。可见，当政治控制和军事管理的需要超过社会发展动机时，政区的地理背景往往被忽视。

府卫分属，是朝廷犬牙相制策略的产物，也是特殊历史背景下的精心设计。这种卫所与府县交错布局、府县借卫所以为捍御的情形，是明代经营边疆的常用措施。犬牙相制固然有利于掌控地方，但这种格局是基于政治军事的考虑，忽视了地理和人文因素，不利于地方事务的处理，给行政管理带来了巨大的负面影响①。

二、明代的辖区争议与地方调适

犬牙相制的策略确实收到了一定的效果，但随着时间的推移，贵州治理能力有所加强，利益需求不断提高，需要营造更好的发展环境。而府卫分属既影响地方管理，也阻碍了贵州的扩张。贵州“军民衙门，大抵皆分属二省，以示犬牙相制之意，甚善计也。但百年之后，时异势殊，脉络阏隔，威信阂滞，于是贵州遂称难治矣。”②因为各怀心志、利益不同，府卫之间的矛盾冲突也越来越多。因此，不断有人提议调整贵州与周边各省交界地区的府卫归属，重划辖区边界。

（一）万历朝以前的政区调整努力

黔东与湘西山水相连，长期隶属湖广，对其存在一定的归属感和认同感。贵州建省，人为割裂了这种天然联系，打破了黔东与湖广的传统关系。自明初开始，黔东就形成了卫强府弱的局面：思州府境内有平溪、清浪二卫，镇远府境内有镇远、偏桥二卫，黎平府境内有五开、铜鼓二卫，卫所明显占优，而府县处处受制于人。其实在明代的贵州，卫强府弱是很普遍的，所以王士性才说“卫所为主，郡邑为客，缙绅拜表祝圣皆在卫所”③。如思州府本就地狭民稀、实力羸弱，又被平溪、清浪两卫“上下夹持，势皆抗衡，事多掣肘”④。再者，黔楚两省一贫一富反差很大，所以一度出现了思州六府回归湖广的呼声。

正统十四年（1449），西南各地官兵多被调往麓川前线，黔楚交界地区发生动乱，

---

① 吴春宏：《明清时期黔楚边境的府卫纠纷——以黎平府与五开卫为例》，《中国历史地理论丛》2011年第2期，第32—43页。

②（明）陈子龙：《明经世文编》卷286《萧同野集二》第4册，北京：中华书局，1962年，第3019页。

③（明）王士性：《广志绎》卷5《西南诸省》，北京：中华书局，2006年，第325页。

④ 康熙《思州府志》卷8《艺文志》，《中国地方志集成·贵州府县志辑》第15册，成都：巴蜀书社，2006年，第571—572页。

土兵无力应付，而湖广卫所畏战避敌，加之文书往来不便，以致多处遭受摧残[①]。官员们很清楚问题的症结所在："盖缘辖属各异，事体不一，各怀彼此之心，竞图利害之便，互相推托。"[②]这次动乱集中暴露了犬牙相制的弊端，于是景泰三年（1452）思南府蛮夷司长官安逸进京朝贡时，"乞敕吏兵二部、都察院考古再行计议，仍将思州六府官民归并拨还湖广布政司管辖"，如此方可"一水便利，以纾民困"[③]，这是谋求管理上的便利，并依靠相对富足的湖广而获得经济上的优待，但是兵部尚书于谦更加看重府卫分属、犬牙相制的意义，对此断然否决[④]。思州六府是贵州的主体辖区，划给湖广无异于将贵州肢解，也不可能付诸实践。

经过数十年的磨合，黔东各府不再呼吁回归湖广，转而要求平溪六卫划入贵州，以便改善管理，同时扩大辖区，增强实力。成化二十三年（1487），周瑛调任镇远知府，深感于府卫分属的不便，于是上呈《奏议地方事宜疏》，指出："夫分府卫以属两省者，是名犬牙相制；合府卫以归一省者，是名臂指相使。犬牙相制，互相犄角；臂指相使，互相运用，古人皆已行之。合无从长计议，查照洪武初年事例，将本府三司一县割属湖广。惟复照今日事体所宜，将平、清、镇、偏四边卫割属贵州。庶几父子兄弟相为一家，手足腹心相为一体，缓急调度，不致掣肘，地方便益。"[⑤]显然，以周瑛为代表的地方官员很清楚朝廷犬牙相制的用意，但正统末年的动乱又让他们心有余悸。周瑛认为应该以史为鉴，调整黔楚交界地区的辖属：为了府卫归一，可将镇远府划入湖广；但是根据现实情况，更应该将平溪、清浪、镇远、偏桥四卫划入贵州。这除了改善管理的目的，也是因为镇远府虽然是个重镇，却在实力比拼上完败于同城的镇远卫，如果获得卫所的补充，府县的实力将大有提升。但是彼时的朝廷尤其是兵部更加在乎犬牙相制的价值，所以必然否决这类提议。

由于隶属关系，平溪六卫军生参加科考需远赴武昌。贵州建省后，平溪等卫军生寄托府学，乡试可在贵州，科举仍附湖广。嘉靖二十二年（1543），平溪、清浪、镇远、偏桥四卫军生联名请求就近赴黔考试[⑥]。嘉靖二十五年（1546），平溪卫举人侯位请求将平溪四卫及卫学一并划入贵州[⑦]。朝廷同意卫学改属贵州，但四卫留在湖广，形成挂籍

---

①《明英宗实录》卷177，正统十四年四月壬子，第3409—3410页。

②（明）陈子龙：《明经世文编》卷286《萧同野集二》，第4册，北京：中华书局，1962年，第3019页。

③《明英宗实录》卷215，景泰三年四月己卯，第4625页。

④（明）于谦：《忠肃集》卷6《奏议》，《文渊阁四库全书》集部第1244册，台北：台湾商务印书馆，1983年，第205—206页。

⑤ 嘉靖《贵州通志》卷10《经略》，《天一阁藏明代方志选刊续编》第69册，上海：上海书店，1990年，第500—501页。

⑥《明世宗实录》卷274，嘉靖二十二年五月丙午，第5373页。

⑦ 康熙《思州府志》卷3《建设志》，《中国地方志集成·贵州府县志辑》第15册，成都：巴蜀书社，2006年，第499页。

湖广、附科贵州的现象。四卫要求并入贵州，既是为了方便，也是企图从中瓜分科第名额。但此例一开，周边各省边地纷纷步其后尘，要求附科贵州，催生冒籍现象，引起了贵州的不满[①]。

与此同时，平溪等卫却又企图淡化甚至摆脱贵州的管制。由于辖区太大，湖广鞭长莫及，所以黔东各府卫的监察从弘治五年（1492）开始全由贵州负责[②]。但是平溪等卫显然并不愿意接受这个改变。嘉靖二十六年（1547），镇远卫要求镇远府帮贴驿站夫价，并撤销贵州的兼制。时任镇远知府程爀立即予以驳斥，他说卫所只负责夫役，其余经费等项全由府县承担，再帮贴夫价实在过分；平溪等卫距离武昌和贵阳都很远，撤销贵州的兼制，是借用湖广管理的“名”摆脱贵州兼制的“实”，从而游离于约束之外。他还认为平溪四卫并不具备富有吸引力的经济价值，反倒严重依赖贵州：

> 岂贵州军士不足而借四卫以充实邪？贵州则有一十八卫三所官军也。岂贵州税粮不足而借四卫以征纳邪？贵州则川、湖二省有司之粮也。故贵州之屯田不资于四卫之耕，贵州之军器不资于四卫之造，贵州之岁用不资于四卫之输。贵州有总兵府，岁用纸札每卫白银八两，一十八卫三所用之有余，并无片纸分派四卫也。贵州修理百工、供给百物，用之数多，并无毫分派四卫也。平、清、偏、镇四卫生员则食贵州之廪粮，乡贡则分贵州之科第，岁贡则次贵州之宾兴。是四卫无益于贵州，贵州有益四卫也。[③]

这番话不无道理，但也是为了营造一种舆论，即平溪四卫对于贵州的依赖远远超过贵州对于四卫的依赖，于情于理都应划入贵州。事实上，黔东地瘠民贫，贵州最感兴趣的并不在其经济方面，而是此乃云贵门户，控制湘黔驿道，战略价值高，这就是贵州宣称四卫没有价值却又试图控制的原因。

早期的贵州面积小、人口少，还有多片化外“生界”[④]，东部又有湖广卫所，所以一直希望通过从邻省划拨土地来扩充版图、增强实力。随着时间的推移，贵州自身管理能力有所加强，对土地和人口等利益提出了新的要求。狭窄的㵲阳河拥挤着众多机

① 《明世宗实录》卷427，嘉靖三十四年十月己卯，第7388页。

② 《明孝宗实录》卷63，弘治五年五月丙申，第1226页。

③ 万历《黔记》卷40，《宦贤列传七》，《北京图书馆古籍珍本丛刊》史部第43册，北京：书目文献出版社，1988年，第809页。

④ 明代的贵州，除卫所、土司、府县辖区外，还有不少既无流官统治也无土司代管的“空白地带”，这些区域被视为化外“生界”。如黎平、都匀、镇远和广西庆远、柳州之间的里古州；铜仁、思南之间的武陵山区；贵阳、都匀和新添之间的苗岭山区；安顺、定番、广顺之间的大小麻山一带。

构，运转压力大；而卫所在田土和赋税等各方面都超过府县，却又隶属湖广，令贵州很不满。所以当平溪等卫挂籍湖广、附科贵州却又企图摆脱兼制时，程节才会如此愤怒。其实地方官员心里很清楚，卫强府弱早已成为定局，短期内无法逆转，但若是能够得到卫所的补充，无疑也能增强府县的实力。于是隆庆朝以后，以督抚为代表的地方大员也开始认真审视贵州的政区结构和管理体制，掀起了争夺平溪四卫等邻省土地的浪潮。

隆庆元年（1567），杜拯升任贵州巡抚后发现：湖广沅、靖二州，平溪、清浪、镇远、偏桥、铜鼓、五开六卫，四川酉阳、播州、永宁三司，虽紧邻贵州却遥属于湖广、四川，又兼制于贵州，“所谓十羊九牧，甚不便也”[①]。他认为这些地方“实贵州门庭之境土，乃皆拆为异属，以致夷情观望，民瘼因仍，多为法治之梗”，为了解决这些顽疾，杜拯会同御史王时举上呈《议以楚卫属贵州疏》：

> 查得沅、靖二州与平溪、清浪、偏桥、镇远、铜鼓、五开六卫之去湖广，酉阳、播州、永宁三土司之去四川，俱二千余里，遥属于二省而兼制于贵州，所谓十羊九牧之扰，服役者兴远道之嗟，莅事者无画一之轨，于民情政体甚不便也。诚如该司议，革数州县土司专畀之贵州，其便有十：齐民赋役，自远而移之近，劳费损于旧者数倍，一便也。郡县专其心志，以听一省之政令，无顾此失彼之虑，二便也。军民力役，彼此相济，无偏重之累，三便也。科贡悉隶本省，礼遇资遣有均平之规，四便也。司道政令，有所责成，郡县不敢以他属为辞，五便也。府卫互制，强悍之卒、豪猾之氓禁不敢逞，六便也。岁征缓急，可无失程，盗贼出没，易于诘捕，七便也。土酋之桀，各相牵制，不得肆其螯，八便也。僻远之区，监司岁至，吏弊民瘼，可以咨询而更置之，九便也。释兼督之虚名，修专属之实政，体统相安，事无阻废，十便也。[②]

杜拯等人从多个角度详细分析并强调了调整的意义和必要，有理有据。当然，其后还隐藏着贵州自建省以来就梦寐以求的扩充版图、提升实力的夙愿，所以贵州不仅垂涎四川播州和平溪六卫，甚至还觊觎沅州、靖州、酉阳、永宁等地。但这个提议胃口太大，牵涉太广，湖广、四川两省无法接受，所以随着次年杜拯的调走，最终“泥不果行”[③]。

---

①《明神宗实录》卷365，万历二十九年十月己酉，第6827页。

② 万历《贵州通志》卷19《经略志》，《日本藏中国罕见地方志丛刊》，北京：书目文献出版社，1991年，第419—420页。

③ 万历《黔记》卷37《宦贤列传四》，《北京图书馆古籍珍本丛刊》史部第43册，北京：书目文献出版社，1988年，第737页。

从景泰到隆庆，多次调整的原因和设想虽然不尽相同，但不管卫所、府县和学校如何处置，这些方案共同的目标都是划归一省，统一管理。然而，纵使地方官员如何费尽心机反复强调改革的重要性，朝廷依然迟迟不为所动，犬牙相制的局面依旧不变。

（二）万历朝昙花一现的政区调整风波

为了安全和方便，明代许多府县都把治所迁到卫所驻地内，同城而治、相依为命。黎平府于宣德十年（1435）迁入五开卫城内，思州府于隆庆三年（1569）迁往平溪卫城[①]，思南府也于隆庆四年（1570）紧随其后[②]。但府、卫毕竟是不同的系统，同城而治却又分属两省，难免互相猜忌，龃龉不断。因府卫矛盾、军民不和，思南府很快迁走，思州府也被迫于万历五年（1577）迁回[③]。五开卫“其心未尝一日有黎平”，连城隍庙都不愿与其共享[④]。万历八年（1580），五开卫民间自卫武装“款军”首领胡国瑞纠集官兵与土民，发动兵变[⑤]。鉴于五开兵变暴露的管理问题，万历十年（1582）七月，湖广巡抚陈省在《议处五开疏略》中提出了“兼郡辖以驭军民”“移参将以便弹压”“重事权以便制驭”等建议[⑥]。兵部经过讨论，决定将靖州参将移驻五开，黎平府升为军民府，节制五开卫，实行军民共管[⑦]。

多元体制容易给地方管理带来不便，因此削弱地方管理体系的军事色彩，强调行政系统在疆土管理方面的地位，是明朝中期以后政治改革的重要趋势。黎平升为军民府，节制五开卫，“于是府辖卫所，而黎平重矣”[⑧]，正是这种改革趋势下的结果。

与此同时，贵州也在为争取四川播州和平溪四卫而努力。万历十年（1582）二月，贵州巡抚马呈图提议将四川播州、平溪四卫改隶贵州[⑨]。但兵部认为平溪四卫“实系全楚藩翰”，改隶事多牵制，“况系国初建设旧制”，于次年八月否决了此议[⑩]。

---

① 万历《贵州通志》卷16《合署志》，《日本藏中国罕见地方志丛刊》，北京：书目文献出版社，1991年，第351页。

②《明穆宗实录》卷43，隆庆四年三月乙酉，第1091页。

③《明神宗实录》卷75，万历八年五月丁丑，第1624页。

④ 万历《贵州通志》卷15《合署志》，《日本藏中国罕见地方志丛刊》，北京：书目文献出版社，1991年，第336、345页。

⑤ 万历《贵州通志》卷15《合署志》，《日本藏中国罕见地方志丛刊》，北京：书目文献出版社，1991年，第345—346页。

⑥ 万历《贵州通志》卷20《经略志》，《日本藏中国罕见地方志丛刊》，北京：书目文献出版社，1991年，第473—474页。

⑦《明神宗实录》卷126，万历十年七月甲申，第2358页。

⑧ 万历《贵州通志》卷15《合署志》，《日本藏中国罕见地方志丛刊》，北京：书目文献出版社，1991年，第332页。

⑨《明神宗实录》卷121，万历十年二月壬寅，第2261页。

⑩《明神宗实录》卷140，万历十一年八月癸亥，第2614页。

强大的播州土司就像一把尖刀直插贵州腰部，令其如芒在背、寝食难安。万历二十四年（1596），羽翼渐丰的土酋杨应龙公开叛乱，引发播州之役，西南政区调整迎来了契机。万历二十七年（1599）闰四月，为了增强贵州的硬实力，对抗播州杨氏，直隶巡按御史肖重望提议湖广平溪、清浪、镇远、偏桥四卫及四川永宁、乌撒、镇雄三府划属贵州[①]。万历二十八年（1600）正月，李化龙出任川贵湖总督，大举征讨播州叛军。二月，因平播战争受到影响，兵部尚书田乐指出川贵湖三省交界地区“悉应分辖，庶画地而守，不致推诿误事”[②]。贵州巡抚郭子章重申了肖重望的提议，但兵部认为“裂土分疆，版图久定，不加会议，尤恐楚蜀别有窒疑。应通行三省总督抚按衙门，详加商榷，要见所议割地之事，如果安便可行，即酌定改正，不得刻意执拗。倘有未便，亦明白声言，俱奏定夺。”[③]。由于驿递艰苦，有人索性提出平溪等“四卫之邮并以属楚”，但湖广方面拒绝接受[④]。

同年六月，平定播州之乱，李化龙上《播州善后事宜疏》，提议重划政区：“查该州地邻三省，然楚止偏桥，路通一线，蜀与黔盖无所不接壤，夫蜀无藉于播、黔瘠壤也。若乘此时而割播地以附黔，则于蜀无损，于黔有裨。且臣等别疏，又请以楚之四卫并割附之。从此，黔省幅员得与十二省比长挈大，甚为长便。”[⑤]兵部经商议，将李化龙的意见厘为十款，为解决川贵湖三省交界地区设置府县、划分归属等问题作了准备[⑥]。十二月，郭子章在李化龙和兵部的基础上将意见厘为十二条，其中第五条“更易辖属”剖析了改属问题：

> 楚黔接壤，抚属错综，如黎平府、永从县近楚之沅州，去黔千五百里而反遥属于黔；平、清、偏、镇四卫近黔之镇远，去楚二千余里而反遥属于楚，即云犬牙相制，翻成彼此推诿。顷者，酋犯偏桥而楚不能救；比者，苗犯黎平而黔不能救，即黔有播患而黎平、永从无一夫一粒之助。非不欲救助也，鞭之长不及马腹势也。合无以黎平一府、永从一县改隶湖广，镇远、偏桥、平溪、清浪四卫改隶贵州？文武官军俸粮，岁费公用，悉仍其旧。则军民合

---

①《明神宗实录》卷334，万历二十七年闰四月己亥，第6197页。

②《明神宗实录》卷344，万历二十八年二月丙子，第6386页。

③（明）李化龙:《平播全书》卷1《奏议》，长沙：商务印书馆，1937年，第17页。

④ 万历《黔记》卷22《邮传志》，《北京图书馆古籍珍本丛刊》史部第43册，北京：书目文献出版社，1988年，第463页。

⑤（明）李化龙:《平播全书》卷6《奏议》，长沙：商务印书馆，1937年，第322页。

⑥《明神宗实录》卷349，万历二十八年七月甲辰，第6520页。

为一家，上下不相秦越，即有寇警，谁能诿之？[①]

郭子章、李化龙等人深知府卫分属、互相推诿的弊端，因此要求调整政区，以黎平府、永从县换取平溪四卫，但湖广方面因为得不偿失，极力反对。改革受阻的贵州巡抚郭子章非常气愤，于是再次上疏，强烈谴责：

其所不愿者，四卫之武弁，畏黔近则耳目难欺，利楚遥则法目疏阔。黎平之生儒利黔僻则科目易取，畏楚大则场屋难前……以道里论，黔人入黎平，必由楚四卫、沅、靖孔道，而后达黎平。楚人入偏桥，必由思州、镇远之境，而后达偏桥。辖土参差，军民交错，非经界之石画也。以人情论，楚中按臣二百年来无一入四卫，而黔中按臣每年由四卫出巡镇、铜，彼卫所官何乐于黔中之数？考黔中提学，三五年不到黎平，而场屋才乏，入彀容易，彼黎平诸生又何乐于楚中之就试？地方所称不便，不过官生私情，非国家之大计也。以钱粮论，黔中不毛，无赋可入，即贵阳、都匀、普安诸卫，非仰给于湖南，则糊口于川东。天下卫所，屯田在异境者亦多，即偏桥屯田，亦在思、石地方，未有屯田在楚而卫不可属黔也。以纷更论，国初都匀属四川，普安、普定属云南，其后始割属贵州。近日瓮安、余庆等县原属四川，今亦割属贵州，未闻地方一定，便不可割以他属也。以肥瘠论，黔以一府一县十二长官司易楚四卫，地亦相当，卫所何肥，府县何瘠？且非所以为市也。以得失论，有所得而无所失始名为荣，有所失而无所得始名为辱，楚中虽失四卫，而得一郡，黔中虽失一郡，而得四卫，又孰荣而孰辱也。[②]

郭子章分析了政区调整的缘由和困难，认为平溪四卫官员和黎平府儒生出于一己之私而不顾大局、反对改属是改革的最大障碍，可谓鞭辟入里、直戳要害。官兵因遥辖而钻了管理上的空子，考生因制度差异而投机取巧，这些人都是既得利益者，所以处处阻挠改革。

四月，因各方争执不下，兵部要求“川、广、贵、湖、沅诸臣会议，更辖具奏”[③]。十一月，川贵总督王象乾认为“通记道里赋税、人情土宜，大略相当，以改隶为便”[④]。

①（明）陈子龙：《明经世文编》卷419《郭青螺文集》一，北京：中华书局，1962年，第4550页。

②（明）陈子龙：《明经世文编》卷420《郭青螺文集》二，北京：中华书局，1962年，第4569—4571页。

③《明神宗实录》卷358，万历二十九年四月丁亥，第6688—6689页。

④《明神宗实录》卷365，万历二十九年十一月乙酉，第6827—6828页。

至此，在川贵总督的压制下，湖广抚按官被迫妥协，朝廷终于批准将平溪四卫划归贵州、黎平府并入湖广。这是有明一代，贵州与湖广交界地区发生的范围最广、影响最深、争议最大的一次边界变动。

郭子章对此感到非常满意，按捺不住内心的喜悦，感慨地说："今乘此平播之后而割地以益之，又以楚地之最远而近于黔者改隶之，则幅员渐扩，居然西南一大都会矣。"[①]随后，贵州巡按宋兴祖借鉴黎平军民府的经验，拟定改革方案：以思州府辖平溪、清浪二卫，改为思州军民府；以镇远府辖镇远、偏桥二卫，改为镇远军民府，"以卫属之府，以听其节制，使之惟所命而可以使各就其地之便，以相为联属"，"则各如臂之使指，相为依附而可以乘久远之利，黔封庶几其稍整乎"[②]。

然而，未及方案落实，湖广方面就提出强烈抗议。万历三十年（1602）正月，楚王朱华奎直言平溪四卫"系湖南爪牙"，要求归还湖广，"留通滇南边徼"[③]。其中也寄寓着朝廷犬牙相制的初衷，希望通过重申这一用意从而迫使朝廷收回成命。万历三十一年（1603）四月，迫于湖广方面的压力，兵部议定："黔抚兼督湖北思仁、思石两道，节制清平，则四卫固在统辖之中，而在楚获偏桥以卫黔，在黔援黎平以控楚，则湖贵又得辅车之势。与其纷更辖属，事体归一，宜如湖广抚臣议，将黎平府永从县并十二长官司仍旧属之贵州，平溪、清浪、偏桥、镇远四卫仍旧属之湖广。"[④]这样，黔楚交界地区又回到了当初的状态。

（三）万历朝风波所折射的地方利益博弈问题

很显然，万历朝力主改属的几乎全都是贵州方面的大员。因为改属可以为贵州带来很大的利益，所以他们十分积极；而持反对意见的湖广方面，虽然以犬牙相错有利于控制地方为借口，实际上是因为他们所代表的地域在这场变动中丧失了许多利益[⑤]。虽然贵州急切扩张，但与隆庆朝相比，万历朝以后的官员降低了土地要求，由割湖广六卫二州、四川三司，变成以贵州一府一县换取湖广四卫。此后除了播州南部和平溪四卫外，贵州暂时放弃了对其他地区的觊觎。这是因为贵州的扩张伤害了周边省份的利益，遇到的阻力太大，所以被迫稍微收敛。降低诉求、申明利害，是为了减小来自邻省尤其是湖广方面的反对力量。

---

① （明）李化龙:《平播全书》卷6《奏议》，长沙：商务印书馆，1937年，第346页。

② （明）王圻:《续文献通考》卷230《舆地考》，北京：现代出版社，1986年，第3469页。

③ 乾隆《玉屏县志》卷9《事纪志》，《中国地方志集成·贵州府县志辑》第47册，成都：巴蜀书社，2006年，第132页。

④ 《明神宗实录》卷383，万历三十一年四月庚戌，第7218页。

⑤ 郭红、靳润成:《中国行政区划通史·明代卷》，上海：复旦大学出版社，2007年，第503页。

有意思的是，在谈判中，黎平府与平溪四卫之间始终保持着一种平衡：若平溪四卫隶楚，则黎平府属黔；若平溪四卫归黔，则黎平府入楚。黎平府仿佛双方讨价还价的筹码，而铜鼓、五开二卫则近乎隐身。这种平衡其实是黔楚两省在利益争夺中矛盾选择的结果。贵州地狭民稀，希望扩充版图；为了保护驿道，又要争取平溪四卫。平溪四卫关系贵州的命脉，也是湖广的屏障；黎平虽属贵州，但依赖湖广，又隔着古州"生界"，处境尴尬："黔使曰是绝徼也，安能越楚而治？楚使亦曰彼直外藩，以虚声示要约耳。"[①]五开、铜鼓是实土卫所，湖广的影响根深蒂固，但二者被视为藩屏，也是边缘化的。当时两省都无法同时占有整个黔东地区，权衡利弊得失，只好放弃黎平府，力争平溪四卫。

贵州建省后碍于地瘠民贫，一直试图扩充辖区，但向周边索取土地又难免产生利益冲突。黔东的府卫归属争议正是贵州东扩过程中与湖广发生的利益冲突，不同于一般的边界纠纷，其性质要复杂得多，解决的过程也就艰难得多。

万历朝的政区调整终告失败，但贵州的努力并未放弃。天启元年（1621），贵州巡按沈珣指出"平溪、清浪、镇远、偏桥黔地也，而隶于楚；黎平、永从楚地也，而隶于黔，事事阻碍，宜易地以便统辖"，但朝廷认为"黔楚易地，事关两省，应行楚中抚按会议具奏"[②]。直到崇祯九年(1636)，贵州巡抚胡平运还在争取划地[③]。但在湖广方面的反对下，而朝廷又有意维持犬牙相制的局面，这些愿望都化作泡影。

由于犬牙交错相沿已久，又牵扯多方利益，所以尽管它带来了诸多弊端，但变革仍非易事。明朝中期以后，宦官专权、政局动荡、沿海倭患、后金崛起、农民起义、土司叛乱、朝廷党争等内忧外患不断，使朝廷疲于应付。在这种形势下，中央及地方对于西南犬牙交错的府县、卫所、土司相互间形成的固化利益格局无暇亦无力作出彻底调整。而总督巡抚几乎控制了所有地方大权，朝廷往往只有听从他们的意见，但他们又代表不同的地域利益，互不相让，所以犬牙相制的弊病只好一直存在下去[④]。于是终明一代，除播州南部划入贵州、改设平越府外，其他贵州与周边各省交界地区的交错问题都没有得到妥善解决。

在黔楚交界地区的辖区争议中，各种力量的博弈呈现出一种失衡的态势。朝廷所起的作用很小，这主要是因为卫所体制在偏远地区长期存在，具有了一定的顽固性，

---

① 万历《黔记》卷17《学校志下》，《北京图书馆古籍珍本丛刊》史部第43册，北京：书目文献出版社，1988年，第363页。

②《明熹宗实录》卷4，天启元年四月丙戌，第455—457页。

③ 康熙《贵州通志》卷5《大事记》，《中国地方志集成·省志辑·贵州》，南京：凤凰出版社，2010年，第94页。

④ 郭红、靳润成:《中国行政区划通史·明代卷》，上海：复旦大学出版社，2007年，第505页。

使得中央难以轻易变革[①]。而犬牙相制是明初就形成的统治策略，朝廷尤其是兵部不会轻易放弃。虽然府卫分属带来了诸多问题，但这种布局是中央控制地方的祖宗成法，所以尽管贵州极力陈词，也难以改变现状。更深层次的原因在于边界划分涉及利益问题，政区调整主要是地方之间的利益分配，不直接触动国家利益，所以朝廷宁愿听之任之或者居中调停。府和卫的呼声频频出现，但都碍于权势，只能夹在高层之间难以动弹。犬牙相制是中央王朝巩固统治的国家战略，寄寓其中的传统强势难以撼动。地方主义作祟，也使得中央无所适从。于是，府卫归属争议变成了地方大员就权属问题而展开的拉锯式角逐。这也是在中央式微时，地方争端很难得到妥善解决的重要原因。

三、清初的卫所裁并与政区改制

明中期以后，卫所军事职能日渐弱化，内部加速行政化，与府县的差别不断缩小。随着卫所制的衰落，营兵制逐渐成为主要兵制，而卫所制退居其次，处于辅助地位[②]。入清以后，绿营兵又取而代之，布政司官员跃居主导地位。清初在延续卫所制度的同时，也不断改革，主要表现为取消卫所的军事性质，取消都司卫所官世袭制、改为任命制，裁并都司，改军士为屯丁，官兵编入民籍等[③]。

（一）康熙朝以黎平府换取平溪四卫的调整基调

入清以后，贵州历任督抚相继为争取平溪六卫和府卫归一而不懈努力，黔楚府卫争端开始出现了解决的希望，并朝着有利于贵州的方向发展。

府卫交错、军民杂处，势必带来各种资源竞争和利益冲突。卫所屯地多分散各府境内，给田土审核带来了很多麻烦。清浪卫就屡因屯田与思州府产生纠纷，又往往“疆界无查”，难以审核[④]。而在竞争中多是卫所占优，以至“凡民间山场与军屯相临者，往往被其侵占”[⑤]。由于历史原因，平溪、清浪、镇远、偏桥四卫，地土、钱粮隶于湖南[⑥]，而驿站、夫马则属贵州，管理混乱，争议很大[⑦]。这种乱局长期困扰着黔楚两省尤

---

① 郭红：《明代贵州都司建置研究》，《军事历史研究》2004年第4期，第32页。

② 肖立军：《明代省镇营兵制与地方秩序》，天津：天津古籍出版社，2010年，第533页。

③ 李巨澜：《清代卫所制度述略》，《史学月刊》2002年第3期，第36页。

④ 康熙《清浪卫志略·田赋》，《中国地方志集成·贵州府县志辑》第22册，成都：巴蜀书社，2006年，第584—585页。

⑤ 康熙《思州府志》卷4《赋役》，《中国地方志集成·贵州府县志辑》第15册，成都：巴蜀书社，2006年，第515页。

⑥ 康熙三年（1664）以后，湖广左布政使司分治湖北、右布政使司分治湖南，湖广分为湖北、湖南两部分，与贵州接壤者为湖南。

⑦ 吴春宏：《一线路与四边卫：清初湘黔两省的驿务纠纷》，《贵州文史丛刊》2017年第2期，第43—49页。

其是思州府，为了革除积弊，贵州巡抚杨雍建于康熙二十二年（1683）正月上呈《划清楚黔地界疏》，指出："前来查平溪、清浪二卫，原系湖南地方，应将黔省驿马总归湖南驿道管辖。其镇远、偏桥二卫地土、钱粮割归黔省，并将镇远卫裁卫归府，每年夫粮、马料即在本省拨给。则奏销便而驿站之整饬能专，职守清而官弁之呼应自速，在楚无鞭长不及之虑，在黔免一切咨会之烦。归并之议，事属两便。"①四月，朝廷批准了该提议，将平溪、清浪二驿划入湖南，镇远、偏桥二卫改隶贵州②。十一月，裁撤镇远卫，并入镇远县。鉴于卫所早已混同于州县，云贵总督范承勋上《卫所归并改设州县疏》，请求裁撤偏桥卫，并入施秉县③。该提议于康熙二十六年（1687）六月获批④。贵州方面对于获得二卫感到高兴，认为这样"事权一而统制专，披图启篆，渐有可观矣"⑤。

在地方官员看来，黎平府孤悬一隅、多族杂居，又隔着古州"生界"，实在是疲难之地。康熙二十三年（1684），调任贵州巡抚兼理湖北川东地方提督军务的慕天颜指出，黎平府偏僻难治，既然同城的五开卫隶属湖南，那么索性将黎平府划入湖南，但湖南方面表示拒绝⑥。

当然，也不乏有识之士着眼长远。如著名文学家、藏书家田雯于康熙二十六（1687）担任贵州巡抚后，认为黎平府、五开卫分属两省弊端太多，必须统归一省。虽然黎平府划入湖南也能实现统一，但通盘考虑，以统属贵州最为合理。次年，他将自己的看法写成《黔府楚卫同城疏》：

> 窃照黔辖黎平一府，层峦密箐，设有副将、官兵驻防，而同城则楚南五开一卫附焉。按府卫军民，黔楚异籍，其实闾阎相接，或一户之内，父军而子民，或一人之身，黔徭而楚役，往往讼讦纷纭，难以调协。查黎平为苗多民少之地，最易藏奸，而一城之中，黔楚分辖，设有机宜，卫申之楚，府牒于黔，相距二千六百余里，文移期会，两地盼悬，呼吸未能灵应。前抚臣慕疏，乞将黎平府县改归楚辖，而楚省以隔越遥远辞。臣思府卫既在同城，可以辖卫者，无不可以辖府，自应仍请归楚。倘因府外永从一县，楚省兼制为

---

①（清）杨雍建：《抚黔奏疏》卷5，康熙二十二年正月十六日，《四库全书存目丛书》史部第67册，济南：齐鲁书社，1996年，第503—504页。

②《清圣祖实录》卷109，康熙二十二年四月乙亥，北京：中华书局，1985年，第106—107页。

③ 康熙《贵州通志》卷31《艺文志》，《中国地方志集成·省志辑·贵州》，南京：凤凰出版社，2010年，第518页。

④《清圣祖实录》卷130，康熙二十六年六月戊辰，第402页。

⑤ 康熙《贵州通志》卷1《舆图》，《中国地方志集成·省志辑·贵州》，南京：凤凰出版社，2010年，第36页。

⑥ 乾隆《开泰县志·艺文志》，《中国地方志集成·贵州府县志辑》，成都：巴蜀书社，2006年，第19册，第87页。

> 遥，或将同城之五开卫就近改隶黔辖，照例裁汰卫弁，设立知县、教谕、训导、典史，以黎平府领之。事权统率，疆界分明，边民耕凿相安，永沐圣泽于勿替矣。再照黎平城守官兵粮饷，因该府额征无几，率由贵阳等处崎岖输挽，今若将府卫统归一省，无彼此之分，则黎平、五开所征钱粮并就近粮饷，兵民两便。①

明代户口分为军、民、匠、灶等不同类型，军户有军黄册，由兵部管理，而民户黄册由户部管理。“布政司表里都司，而籍不存都司，纲维卫所，而册不合各所。”②像黎平府、五开卫这种府卫分属的情况，不利于户籍管理与赋役征派，给官员和民众都带来了许多麻烦。再者，卫所屯田与有司民田分属不同的系统，管理方式和负担水平也不同，制度上的漏洞会为赋役规避提供温床，引发各种问题。显然，田雯的认识比前人有进步，获得了贵州御史陈紫芝的支持。但是湖南既不愿意失去五开卫，又嫌弃黎平府，表示反对。

康熙二十八年（1689），田雯又请求将平溪、清浪二卫改隶贵州，但湖南在连续失去镇远、偏桥二卫之后不愿继续让步③。即便阻力很大，田雯依然眼光独到，他在自己的文集中这样写道：“若夫改卫为县，军则久已为民，裁屯弁而归之有司，事权遂一，积弊可清，国家之立制诚至当矣。”④

同年，五开卫守备陈正策请求将五开卫迁到平屯所，以避开府卫正面冲突，该建议到康熙三十年（1691）获得批准⑤。但湖南布政使施世纶、湖南巡抚郑有等认为平屯位置偏僻、基础太差，于是五开卫又于康熙四十一年（1702）迁回府城⑥。

康熙四十八年（1709），贵州提督李芳述认为黎平府“孤悬边徼，最易藏奸，距省穹远，呼应不及”，应划入湖南⑦。康熙五十二年（1713），继任提督的张文焕也持同样的观点⑧。但是，湖南方面也嫌弃黎平府，一再否决。最后，迫于湖广方面的压力，张

---

① 乾隆《开泰县志·艺文志》，《中国地方志集成·贵州府县志辑》第19册，成都：巴蜀书社，2006年，第87—88页。

② 乾隆《镇远府志》卷20《军制志》，《中国地方志集成·贵州府县志辑》第16册，成都：巴蜀书社，2006年，第173页。

③ 乾隆《玉屏县志》卷9《事纪志》，《中国地方志集成·贵州府县志辑》第47册，成都：巴蜀书社，2006年，第133页。

④（清）田雯：《古欢堂集》卷38《黔书上》，《文渊阁四库全书》集部第1324册，台北：台湾商务印书馆，1983年，第398页。

⑤ 光绪《黎平府志》卷2上《地理志》，《中国地方志集成·贵州府县志辑》第17册，成都：巴蜀书社，2006年，第56页。

⑥ 雍正《八旗通志》卷192《人物志》，长春：吉林文史出版社，2002年，第3391页。

⑦ 中国第一历史档案馆：《康熙朝汉文朱批奏折汇编》第5册第1460条，康熙五十二年十月二十八日，北京：中国档案出版社，1985年，第244—251页。

⑧ 光绪《顺天府志》卷101《人物志》，北京：北京古籍出版社，1987年，第4839页。

文焕甚至不得不表示“窃恐版图，难以纷更，不敢赘情”[①]。

不难发现，康熙朝的地方官员尤其是负责军事的武官，除了田雯外，都倾向于将平溪等卫划入贵州、黎平府划入湖南。这仍然是明代以府换卫模式的延续，还没有完全转变到明确要求府卫归一、统属贵州这个层面上来。这是因为平溪等卫实力更强，而黎平府实力较弱；且黎平府西临古州“生界”，往来需要绕道湖南，交通不便，管理困难。所以，不论是对于贵州还是湖南，平溪等卫都是值得争取的，而黎平府就是个包袱。

（二）雍正朝改卫归流、划清地界的大力改革

到了雍正年间，随着统治的巩固、经营西南的深入，朝廷掀起了地方改制的潮流。雍正二年（1724）闰四月，清廷下诏除漕运卫所外，其余卫所归并州县[②]。奉承朝廷旨意，云贵总督高其倬于十一月上《请改五开卫归黔疏略》：

> 黎平府与楚省五开卫同在一城，民苗杂处，分隶两省，事权不一。现今钦奉特旨，各省卫所，裁归附近州县。臣等恳请以五开卫改县，归于黔黎平府。查五开楚省，即或裁改，应归楚省。又黎平、五开同在一城，何不请以黎平归楚，必请以五开归黔？臣查贵州形势，都匀以西、黎平以东，中夹生苗一区，名曰古州八万，地大苗众，正须料理。若以五开归黔，则苗区包在黔内，一切办措，呼应即灵。若割黎平归楚，凡有调度，必俟咨移，往还迟缓，坐失事机。臣反复审酌，归黔为是。原从有益地方起见，决不敢存瘠楚肥黔之心也。[③]

经过仔细琢磨，高其倬主张五开卫改县，并入黎平府。与前人不同，高其倬强调的重点变为开辟古州苗疆，这与当时清朝积极经营西南、准备大规模改土归流有关。古州“生界”地处都匀、黎平之间，是贵州最大的化外之地，影响了贵州对于东南部的治理。黎平若划归湖南，古州就会继续游离化外，所以高其倬力主五开卫并入贵州，使得整个古州完全被包括在贵州境内，以便于放手经营。

雍正三年（1725）二月，云南布政使李卫指出湘黔等省交界地区“疆界不清，致滋

① 中国第一历史档案馆：《康熙朝汉文朱批奏折汇编》第6册第1769条，康熙五十四年四月十七日，北京：中国档案出版社，1985年，第151—155页。

② 雍正《世宗宪皇帝上谕内阁》卷19，雍正二年闰四月十一日，《文渊阁四库全书》史部第414册，台北：台湾商务印书馆，1986年，第166页。

③ 乾隆《开泰县志·艺文志》，《中国地方志集成·贵州府县志辑》第19册，成都：巴蜀书社，2006年，第88页。

多事……更可患者，其地既为可黔可楚之地，则民即为非黔非楚之民，保甲不得而编，汛兵不得而防，钱粮不得而征……”[①]。鉴于这类问题普遍存在，清廷于三月下诏各省划清地界[②]。当年四月，清廷同意将五开、铜鼓二卫改为一县[③]。雍正四年(1726)四月，铜仁府正大营同知冯光裕请求将平溪、清浪二卫以及天柱县改归贵州，也获得批准[④]。雍正五年（1727）二月，确定将平溪、清浪二卫划属思州府[⑤]。三月，云贵总督鄂尔泰经过调查认为，五开、铜鼓需分设二县，“始于地方有益”，得到吏部同意[⑥]。五开、铜鼓二卫所屯众多、辖境较大，地理、人文有所不同，合设一县不利于解决好田赋征收与户口管理问题。两地条件相对较好，经过长期的开发，都已经具备设县的条件，分县完全可行。闰三月，将五开卫改为开泰县、铜鼓卫改为锦屏县，并入黎平府；改平溪卫为玉屏县、清浪卫为清溪县，隶属思州府[⑦]。开泰、锦屏分县是为了加强治理，也是朝廷试图从中获取更多的赋税等现实利益。

落实卫所的归属后，湘黔两省继续协商，处理勘界问题，重点清理飞地和插花地。雍正六年（1728），将沅州西溪六里划属玉屏县，麻屯划归湖南麻阳县，沅屯划入湖南沅州[⑧]。雍正八年（1730），将五开卫中中所5屯，飞散湖南溆浦县境内的4屯、武冈州的2屯、邵阳县的3屯、新化县的16屯，以及石家、永坪2驿，一并划归湖南[⑨]。同年，又将沅州平三一里中之四八两甲划属玉屏县[⑩]，清浪卫在辰溪县的寄庄就近划属辰溪县[⑪]。雍正十二年（1734），考虑到地理因素，将天柱县由黎平府改属镇远府[⑫]。

这些勘界实践，打破了民田、屯地原有的管辖格局，基本保障了府县疆域的相对完整性，对土地和户口作了进一步的调整，长期存在的犬牙交错问题得到了较大程度的处理。当然，新县之间的边界大体上继承了原来各卫所之间的屯防边界，疆界错壤仍有一部分以新的形式遗留了下来，有些甚至直到今天都还没有得到厘正。

---

① 中国第一历史档案馆:《雍正朝汉文朱批奏折汇编》第4册第357条，雍正三年二月十二日，南京：江苏古籍出版社，1989年，第444页。

②《清世宗实录》卷30，雍正三年三月癸丑，第457页。

③《清世宗实录》卷31，雍正三年四月庚辰，第474页。

④《清世宗实录》卷43，雍正四年四月戊寅，第633页。

⑤《清世宗实录》卷53，雍正五年二月辛酉，第797页。

⑥《清世宗实录》卷54，雍正五年三月戊申，第824页。

⑦《清世宗实录》卷55，雍正五年闰三月丙戌，第849页。

⑧ 乾隆《玉屏县志》卷2《区域志》,《中国地方志集成·贵州府县志辑》第47册，成都：巴蜀书社，2006年，第33页。

⑨ 乾隆《开泰县志·所屯志》,《中国地方志集成·贵州府县志辑》第19册，成都：巴蜀书社，2006年，第38页。

⑩ 乾隆《玉屏县志》卷2《区域志》,《中国地方志集成·贵州府县志辑》第47册，成都：巴蜀书社，2006年，第33页。

⑪ 辰溪县志编纂委员会:《辰溪县志》，北京：三联书店，1994年，第36页。

⑫《清世宗实录》卷141，雍正十二年三月甲辰，第784页。

四、结　语

明代为了巩固统治，在中央以三司鼎立，在地方以府卫分属，构造彼此制约、互相制衡的格局。但这种策略是基于政治军事的考虑，忽视了地理和人文因素，不利于基层治理。犬牙相制在操作中产生了许多问题，引发了黔楚两省关于交界地区府卫辖属的长期纷争。随着王朝国家秩序在地方尤其是西南民族地区的展开和深入，中央策略在地方实践中也因时因地予以调适。在黔楚交界地区辖区争议及其解决的过程中，朝廷的决策、地方的便利以及各省实力、地位和官员能力，都发挥了影响作用。而制度生存具有顽固性，政区调整和边界划分涉及多方利益，也使得中央难以轻易变革。

随着卫所制度的衰败、卫所演变的加速，改卫归流成为国家谋求地方管理体制整齐划一的趋势。而大量明代卫所及军户的存在，对于清朝而言也是一个潜在的威胁，因而就近归并府县，化军士为平民，则是妥善处置的最佳选择。清初征服西南、平定三藩后，逐渐步入承平年代，民生的重要性凸显起来，军事统治让位于行政管理，取消卫所的军事性质，进而将其裁并府县，既是时代发展的需求，也是卫所体制的归宿。

总体而言，黔楚交界地区的政区调整，主要针对卫所防区和屯地，既有从湖南划入贵州者，也有从贵州划入湖南者，但以从湖南划入贵州为主。两省划界，秉持了就近原则，从便于管理的角度出发，基本上把坐落贵州的卫所辖区划属贵州，孤悬湖南的卫所飞地划属湖南。贯彻朝廷便利地方的精神，两省对这样的划分原则和结果大体上都能够接受，所以最后的调整进行得比较顺利。

政区的置废、调整，与经济的发展密不可分，但黔楚交界地区政区调整主要出于政治需要。这些调整，前后有一个较大的变化，即由以府换卫演变为府卫归一，说明全国行政区划体制整齐划一是必然趋势。政区调整最终以就近原则为主，将卫所辖地划属附近府县，结束了军事与行政分离的状态，解决了黔楚两省旷日持久的辖区争议。

政区调整对贵州的政治结构产生了重大影响。平溪六卫的来属，扩大了贵州的辖区，使其轮廓渐趋完整，政区构成更加合理。卫所改并府县，增加了行政单位，使得贵州的建置更加完善，成为完整的政治地理意义上的省级政区。

在州县与乡村之间
——清代广东新宁、新会佐贰辖区分析

朱翰麒、郭声波

内容提要：通过使用地方志、清末官修地图集等材料，可以考察广东的新会、新宁县佐贰统辖之地的实况，进而梳理新会、新宁县的佐杂分防的格局，并认为形成这种分防格局的原因，主要在于人口、财政以及“贼患”等方面。

关键词：清代；新会；新宁；佐贰辖区

在《中国历史地图集》①以及《中国行政区划通史》②出版之后，中国历史政区地理的研究内容和主题要有所转变，其中之一应该是纵向的县以下基层政区地理研究。

关于清代广东地区佐贰分防的研究，学界做了不少的研究。③但是似乎对于广州府中位于珠江口西岸的新宁和新会二县，学界研究比较少，前人的研究往往从整个广州府的角度出发，着重点也在番禺、南海等县。并且我们发现，新宁县在同治年间有一次比较大的政区变动，对清代新宁的佐贰分防产生了较大影响。我们希望通过对新

① 谭其骧等:《中国历史地图集》，北京：中国地图出版社，1982年。

② 周振鹤主编:《中国行政区划通史》，上海：复旦大学出版社，2014年。

③ 其中对整个广东地区的研究，有张研《对清代州县佐贰、典史与巡检辖属之地的考察》(《安徽史学》2009年第2期)，总结了广东地区诸多州县的佐贰分防和辖区，并且分析了他们的功能和性质。胡恒《皇权不下县？清代县辖政区与基层社会治理》(北京：北京师范大学出版社，2015年)中，在系统、全面收集清代档案、实录、政书文献的基础上，着力于探讨清代县辖政区的形成与发展过程，其中也有关于广东地区佐贰分防现象的阐述。而在广东省具体地区的研究中，郭声波、鲁延召《明清珠江口东岸海防部署中的巡检司》(谌小灵主编:《明清海防研究》第五辑，广州：广东人民出版社，2011年，第82—93页)，通过方志地图来进行珠江口东岸的佐杂辖区形态的复原。廖望《明清粤西州县佐杂的分布与辖区研究》(硕士论文，暨南大学历史学系，2020年)，对粤西地区即雷州府、高州府、肇庆府、廉州府、罗定直隶州、钦州直隶州、阳江直隶厅等四府二州一厅的佐杂分防辖区进行了还原，并对佐杂分防产生的影响进行了一定的讨论。黄忠鑫、黄潇《明清粤北的佐杂分防格局与水陆通道控制》(《暨南史学》第18辑，广州：暨南大学出版社，2019年，第156—182页)，对粤北地区的佐杂分防格局进行了详尽的还原，并且着重讨论了佐杂分防的地点，有益于加强对粤北繁忙的水陆交通控制的有效性。李克勤《清代广州府属巡检司研究》(《广东史志》1994年第3期)与韩虎泰《晚清广州府巡检司的地域分布特征初探——以〈宣统三年冬季职官录〉的记载为中心》(《地方文化研究》2014年第1期)都对广州府地区的佐杂中的巡检司进行阐述和分析。周伟峰、黄忠鑫《明清时期广东东路沿海巡检司的海防功能》(苏智良主编:《海洋文明研究》第1辑，上海：中西书局，2016年，第128—145页)对粤东地区的巡检海防进行了长时段的梳理。

会、新宁二县的佐贰分防辖区的整理以及探寻此地区派出佐贰分防的缘由，以期充实对于广东地区县以下行政区划的研究。不足之处，愿方家指正。

一、清代佐贰官分防概述

佐贰官是明清二朝州县正印官的辅助官员，他们与知县、知州等正印官构成了州县日常运行的辅助行政系统，在清代出现不少佐贰官分防分巡各地的现象，这种现象对清代县以下的政区构成产生较大的影响。

清代的巡检、典史以及具有分防职能的县丞、州判等在州县内划分管理区域。一般而言，这些巡检、典史、县丞和州判等佐贰，直接管理的对象是州县中的编民。主要负责所管辖地区的治安，有时还兼有司法、钱粮管理等职责。将州县之境最紧要的地区部分管理权交给佐杂官员，是减轻正印官职权之举。傅林祥和胡恒认为这是一种“次县级辖区”或者说“次县级管理区”。[①]广东地区县级佐贰统有自己辖区的做法，明代的时候就有之。如四会县南津巡检司署：

> 万历三十二年，知县彭名世悯其冲疲，详请以贺冈、向化、村尾、大沙、区地五铺益之，今署在村尾大沙墟。[②]

黄忠鑫、黄潇《明清粤北的佐杂分防格局与水陆通道控制》[③]一文表示，在广东省，在明代就有巡检这一类的佐贰派出弹压地方。不过这种做法在明代而言，比较不成熟，在万历《新会县志》中有一条记载：

> 按巡检司之设，各有分土，所以防寇而卫民，今诸司久废，乃各僦居城中，求听差委而已，于所司地方理乱，寂不相关，朝廷设官初意，应不如是。[④]

而清代将其推广到整个广东省，并且有了制度化的倾向，派出的佐贰官员也逐渐多样化，如在乾隆年间的阳春县：

① 胡恒与傅林祥的观点见：胡恒《皇权不下县？清代县辖政区与基层社会治理》，北京：北京师范大学出版社，2015年；傅林祥《清雍正年间的次县级行政机构及其职能探析》，《清史研究》2011年第2期。

② 道光《肇庆府志》卷5，《广东历代方志集成·肇庆府部（八）》，广州：岭南美术出版社，2009年，第187页。

③ 黄忠鑫、黄潇：《明清粤北的佐杂分防格局与水陆通道控制》，《暨南史学》第18辑，2019年。

④ 万历《新会县志》卷2，《广东历代方志集成·广州府部（三十七）》，广州：岭南美术出版社，2009年，第103页。

将境内村庄分拨佐贰捕巡就近巡缉，以佐牧令耳目所不逮。惟是村庄，必须分配得宜，斯繁简适均而巡缉易遍，其有管辖村庄过少者，将管辖较多之处就近酌议改隶，绘图造册，将原隶与现议改隶各村庄道里远近，分晰注明禀覆。①

根据上文所述，清代的佐贰分防的设定应该有几个要点，第一点是佐贰驻扎的位置与村庄的距离应该是适中的；第二点则是统辖村庄的数量，不宜过少也不宜过多；第三点则是在县中有绘图，说明各自应当管辖的区域。这样看来，清代的佐贰分防比明代的要详细，并有制度化趋势。

对于本文所讨论的区域，即新会县与新宁县佐贰分防的概要和辖区，在郭嵩焘、桂文灿等于同治年间修纂的《广东图说》中有一定的反映，我们希望在此基础上进一步还原清代新会县和新宁县的佐贰分防格局。

二、清代新宁县佐贰辖区

新宁县位于珠江口的西岸，比新会县更靠近南中国海。光绪《新宁县志》记载："在广州府西南三百六十里。东西距一百三十里，南北距一百三十里"②，同治《广东图说》中也有一幅新宁县图：可以看出新宁县的范围与今日之江门市台山市区域大体相似。东北接新会县，东接珠江口，南靠大海，西接阳江、恩平、开平三县。同治《广东图说》中也有关于新宁县派出佐杂的记载：

县丞一员，驻大澳埠，其属大乡一。海晏都，城西南一百八十里，内有小村三十六，属县丞者二十二……余属上川司。往来大道有大澳埠、深井墟、大门墟、小洛墟、陡门汛、寨门汛、那琴汛，南滨大海，西界阳江县。③

新宁县有派出县丞以弹压地方，光绪《新宁县志》中也有记载：

县丞旧署在五堡，乾隆二十年（1755）裁新会大瓦司巡检，添新宁县丞驻札那骨堡，地方动项建署，并建行署于大澳。每年七八月拖风渔船出海，

① 乾隆《阳春县志》卷1，《广东历代方志集成·肇庆府部（二十四）》，广州：岭南美术出版社，2009年，第23页。
② 光绪《新宁县志》卷7，《广东历代方志集成·广州府部（三十）》，广州：岭南美术出版社，2009年，第241页。
③ 同治《广东图说》卷11，《广东历代方志集成·省部（二十八）》，广州：岭南美术出版社，2009年，第136页。

即居行署为之镇抚，二三月渔船回澳，乃回正署。三十一年，题准移驻大澳，拆那骨堡……[①]

新宁县丞管有大概一个大乡，其下兼有一些墟市和营汛。范围大概是在新宁县的西南面，与阳江县接壤，南接大海的地方。

除了县丞之外，还有主簿分防：

主簿一员，驻广海寨城，其属大乡二。潮居都，城东南三十五里，内有小村四…… 有灵湖寺。

矬峝都，城东南五十里，内有小村三十一……地最险隘，往来大道有广海寨城、上泽墟、墩寨墟、曹冲汛、腰古汛、长沙汛、白蕉汛，东界香山县，南滨大海。[②]

新宁县的主簿也分有一定的辖区，驻地在广海寨城，也就是今天的台山市广海镇。下属两个大乡并有一些墟市和营汛。并且在同治《广东图说》中还提到“地最险隘”。范围大概在新宁县的东南边，南依旧是大海，东边与香山县交界。值得注意的有，根据光绪《新宁县志》：

同治七年（1868），总督瑞麟、巡抚蒋益澧奏将广海主簿改为赤溪同知司狱，将县丞移驻广海，改主簿署为县丞署。[③]

又有：

旧主簿署在广海城内，嘉庆二十二年（1817）巡抚董教增题请将广海寨司巡检署，改为新宁县主簿署，同治七年主簿裁，九年移县丞驻此。[④]

可以看到，新宁县的主簿在同治七年（1868）被裁撤，改为赤溪同知司狱，然后将县丞移到了广海地区。那么之前主簿管辖的地区如何处理？在光绪《广东舆地图说》

---

① 光绪《新宁县志》卷9，第260页。

② 同治《广东图说》卷11，第136页。

③ 光绪《新宁县志》卷9，第260页。

④ 光绪《新宁县志》卷16，第341—342页。

中有曰新宁县：

县丞属大乡三：曰海宴都，内小村三十六，属县丞者二十二，余属上川司，往来大道有太澳埠、深井墟、大门墟、小洛墟、陡门汛、寨门汛、那琴汛，南滨大海，西界阳江厅境。潮居都，内小村四，矬峒都，内小村三十一，地最险隘，往来大道有广海寨……有上泽墟、墩寨墟、上阁汛、鳌头汛、山背汛，东界赤溪厅，南滨大海。①

原来属主簿管辖的区域，除去分割出来的赤溪厅的区域外，即光绪《广东舆地图说》中所述的“同治七年分新宁县属东南境赤溪等五堡置”②的这块地区，剩下的一并列入了新宁县丞的管辖范围之中。③

新宁县除去上述所列的县丞和典史之外，和新会县一样还有巡检司：

上川司盐巡检一员，驻海晏街，其属大乡一：海晏都，城南一百四十里，内有小村三十六，属上川司者十四……余属县丞，往来大道有横江墟、沙栏墟、海晏墟汛、柳木迳汛、横山汛、大担汛，有盐田，南滨大海。④

上川司盐巡检的辖区大概在新宁县的南面，处于上述的主簿和县丞控制的区域的中间位置。除了上述佐杂之外，还有典史，同治《广东图说》中有：

典史一员，驻城内，其属大乡三：德行都，附郭，内有小村一百一……往来大道有西门墟、冲篓墟、白沙墟、五十墟、四九墟、宝兴墟、庙口墟、三合墟、潮境墟、都斛汛、圆山头汛、石板潭汛、洋坑汛、那西汛，有西岩寺、普陀岩寺、东郊寺、法笠寺，东界新会县。

平康都，城西北三十五里，内有小村八……地最险阻，往来大道有荻海埠，有宝国寺，北界开平县。

文章都，城北三十五里，内有小村二十六……往来大道有大江墟、滘口

① 光绪《广东舆地图说》卷1，《广东历代方志集成·省部（二十七）》，广州：岭南美术出版社，2009年，第728页。

② 光绪《广东舆地图说》卷1，《广东历代方志集成·省部（二十七）》，第732页。

③ 关于赤溪厅的详细情况，可以参考胡恒：《边缘地区的行政治理：清代厅制再研究》，北京：社会科学文献出版社，2022年，第275—283页。

④ 同治《广东图说》卷11，第136页。

汛、瓦窑汛，有白象寺，东界新会县，北界开平县。[①]

这样看来，在新宁县中，对比以上的县丞、主簿和巡检来说，典史统辖的村是比较多的，包括有德行都附郭的101个村以及另外两个都的村落，大概范围就在新宁县的北面和东北面一带。

根据光绪《新宁县志》中“都图”提及的“都六，德行都，文章都，平康都，矬峝都，海晏都，潮居都”，应该新宁县的佐杂辖区也是基本上覆盖全境了。至于上述同治《广东图说》中似乎并没有提及有大乡（都）是和西边的恩平交界，可能是由于与新宁与恩平交界的区域都是山区，聚落人口都比较少。

至此，我们基本上对清代新宁的佐杂分防辖区进行了梳理。

三、清代新会县佐贰辖区

新会县位于珠江口的西岸，“县治在府城西南二百三十里……”[②]，县城距离广州府城二百三十里。同治《广东图说》中有一幅新会县图，可以看出，其东靠西江与香山县隔海相望，北接顺德县与南海县，西接鹤山县和开平县，南面是新宁县：

同治《广东图说》中对新会县的佐杂分防有比较详细的记载：

县丞一名，驻江门墟。其属大乡一。归德都，城东北十五里，内有小村二十曰……往来大道有杜阮墟、礼乐墟、永康市、木葫市、井根墟、卖羊桥市、石湾庙市，江门墟汛，有海关有时雨亭……[③]

这里可看出清代的新会县是有县丞派出驻扎在江门墟的，《新会县志》中也有记载：“县丞署在县堂左，乾隆十九年题准部覆移驻江门，动项建造衙署”[④]，管理有“大乡一”，即归德都里的二十个小村落，并且管有往来大道上的一些墟市。清代新会县派出的县丞管辖的地区，大概与今日的江门市区的区域大致重合。顺带一提，在张研《对清代州县佐贰、典史与巡检辖属之地的考察》一文“表1清代广东县级佐贰官驻地、

① 同治《广东图说》卷11，第136—137页。

② 同治《广东图说》卷8，第100页。

③ 同治《广东图说》卷8，第104页。

④ 道光《新会县志》卷3，《广东历代方志集成·广州府部（三十九）》，广州：岭南美术出版社，2009年，第68页。

属地一览”中[①]，记有“新会县县丞驻江门墟，城东北15里杨梅等7都（大乡），下共辖小村20”，新会县中并不存在杨梅都，下一列又有“三水县县丞驻西南墟，城东15- 37里归德1都（大乡），下共辖小村68”，三水县又并无归德都，笔者查同治《广东图说》中有：“（三水）县丞一员，驻西南墟，其属大乡七：杨梅堡，城东十五里，内有小村五十二，属县丞者十九……”[②]，杨梅等七大都，应当在三水县而不在新会县。张研疑似是将“城东15- 37里归德1都（大乡）”与“城东北15里杨梅等7都（大乡）”弄反了。

> 沙村司，巡检一员，驻天亭墟，其属大乡四：
>
> 潮居都，城南四十里，内有小村八十……有沙塘墟、小冈墟、水口墟、古井墟……东南界香山县。
>
> 泷水都，城西南四十里，内有小村九十四……有天亭墟、蓢头墟……平冈汛、长林汛、长沙汛、古兜汛……。
>
> 潮阳都，城西南四十里，内有小村十五……有沙冈墟、南坑汛，有道北寺，西南界新宁县。
>
> 文章都，城西六十里，内有小村十二……有井冈墟汛，西界新宁县。[③]

除了县丞分驻外地之外，新会县也设有巡检司分巡划分辖地，其中的沙村巡检司，驻地在天亭墟，也就是今天江门市的天亭村。管理有“大乡四”即上文中的潮居都、泷水都、潮阳都以及文章都，大概的辖地是在新会县南边与香山县和新宁县交界的地区。

除了沙村巡检司之外，同治《广东图说》中记载新会县还有潮连巡检司和牛肚湾巡检司。

> 潮连司，巡检一员，驻潮连乡，其属大乡三：
>
> 归德都，城东北二十里，内有小村十二……有白石市、篁村市、外海墟汛、北街汛，有曝日台、临江台、遗爱亭、三教寺、清澜寺、茶菴，东界顺德县。
>
> 华萼都，城东北二十五里，内有小村二十……有大毒墟、豸尾墟、三丫市、巷头市、企石市、良村市、高边市、荷塘墟汛，有竹院寺、霞湾寺、万善菴，北界顺德县。
>
> 中乐都，城东北六十里，内有小村八十四，属潮连司者四十六……有横

① 张研：《对清代州县佐贰、典史与巡检辖属之地的考察》，《安徽史学》2009年第2期。

② 同治《广东图说》卷10，第127页。

③ 同治《广东图说》卷8，第104页。

江市、窦口墟、周郡汛，有宸翰楼、清华楼、舒啸亭、镇南阁、秀水文阁、齐兴寺，东界顺德县。①

潮连巡检司的驻地在潮连乡，也就是今天的江门市潮连街道，在珠江中的一个洲心岛上，下管有“三大乡”即上文中的归德都中除去县丞所统辖的部分，华萼都以及中乐都。主要分布在新会县的北边和东北边，与顺德县交界的地区。

牛肚湾司，巡检一员，驻牛肚湾，其属大乡五：

怀仁都，城西十五里，内有小村十四……

得行都，城西四十里，内有小村十一……有三益墟。

石牌都，城西五十里，内有小村二十七……有谈雅墟、田边墟、下石步墟、瓦冈墟，有月华寺，西界开平县。

遵名都，城西北三十里，内有小村四十……往来大道有司前墟、庙前墟、白庙墟，有九源寺，北界鹤山县。

新化都，城西北三十里，内有小村十三……有沿江墟，北界鹤山县。②

牛肚湾巡检司的驻地在牛肚湾，应当是现在的司前段江边，牛肚湾巡检司自明代就设有，管有五个大乡，即上文中的怀仁都、得行都、遵名都、新化都和石牌都。大概的辖地就是在新会县的西面和开平县交界，北面和鹤山县交界的地区。

还有比较特殊的是新会县的典史，他的驻所虽然在新会县城内，“典史署在县仪门左”③，但是也分有地区统辖。同治《广东图说》中记载：

典史一员，驻城内，其属大乡三：

礼义都，城南五里，内有小村十六……

宣化都，城南二十里，内有小村一，曰深簋。

中乐都，城东北三十里，内有小村八十四，属典史者三十八……有棠下墟、桐井墟、冲口市、坑尾市、三娘庙汛、银瓶嘴汛，东界顺德县，西界鹤山县，北界南海县。④

---

① 同治《广东图说》卷8，第105页。
② 同治《广东图说》卷8，第106页。
③ 道光《新会县志》卷3，第68页。
④ 同治《广东图说》卷8，第106页。

新会典史除了上述大乡之外，根据张研的观点，典史管辖的范围应当还包括有附郭在内[①]，即《新会县志》中提到的三坊，“新会县城内外，兼宣化、源清、礼义三坊之地”[②]。这样看来，新会典史的管理区域范围，大概就是附郭以及新会县西北和东北的地区。

新会县佐杂划分的主要方式还是依据大乡来划分的，这个大乡却与道光《新会县志》中提到的“乡四：昆仑……常德……寿宁……龙溪[③]”不同，这里说的大乡与县志中的“十二都”相吻合，除去“三坊之地”外，应该是县城中的坊也管辖有一些村落，所以《广东图说》也将坊与乡并列。于是，新会县的土地被佐杂官员分割完毕，基本上所有县辖土地都有佐杂官员出巡统辖。

四、佐杂派出领有辖区的缘由

佐杂派出分巡分守各地的做法，自明到清逐步成熟，是什么因素导致清政府在广东推行这种制度呢？笔者认为有以下几点：

（一）清代的财政限制

“摊丁入地改革，使清政府从此建立起定额化赋税制度。固定了的丁银总额摊入地亩之中，使丁银的征收得到保证，而地亩又具有稳定性的特点，其数量变动长期起伏不大，这就使得清政府的赋税收入长期处于相对稳定的水平，呈现出鲜明的定额化特点。”[④]清代的“定额化”赋税[⑤]，在很大程度上决定了清代的县级分防体制的形成。国家一年的正式税收基本固定（除去地方官员非法获取的收入或官方正税之外的额外收入，如“陋规”等），但是如果要增设官员与政区的话，必然会引起财政支出的增长，这和清代的“定额化”赋税是相悖的，从而导致了官员数量和政区设置上也基本上定额化下来。在《清实录》中也有相关的记载：“从前各省佐杂等官，各督抚有奏请添设、改隶，责任转无专属，请嗣后倘各省需用人员，止准于通省内随时改调，不得奏增糜

---

① 关于张研对典史管辖地区的判断，详见张研：《对清代州县佐贰、典史与巡检辖属之地的考察》，《安徽史学》2009年第2期。

② 道光《新会县志》卷1，第7页。

③ 道光《新会县志》卷2，第54页。

④ 何平：《论清代定额化赋税制度的建立》，《中国人民大学学报》1997年第1期。

⑤ 关于原额主义的问题，可参见（日本）岩井茂树著、付勇译：《中国近世财政史研究》，南京：江苏人民出版社，2020年，第16—17页。

费。”[①]并且，根据张泰苏的研究：“财政能力薄弱是清政府在整个18和19世纪中的首要特征之一”[②]，“到1840年左右，一个处于中国核心经济区域的农村家庭，可能每年只需要把收入的1%—2%上交国家，而这既包括了正式的赋税，也包括了非正式的、由地方政府未经中央授权收取的附加杂税”[③]，“清代的税收规模，相对于其经济总量来说，实在是小得异乎寻常；相比其他早期现代国家，如英国、日本、法国，乃至俄国，以及奥斯曼帝国是如此；比起其他的大一统中国朝代，如宋代或明代，也是如此。”[④]如此看来，在清代这样薄弱的财政能力之下，想要通过增设地方上的行政单位与行政人员，以达到对地方的控制，在实际上并不太可能，故而清政府需要通过这种派出佐杂官以弹压地方的方式，在不额外增加官僚队伍的数量和行政资金的支出的情况下，实现对地方控制。

（二）人口因素

清代是一个人口激增的时代，特别是广东地区的人口数量，在清代经历了一个爆发性的增长。康雍时期实行的人口、赋税政策改革，初衷是想摸清全国人口的底细，结果却是人口膨胀的催化剂。[⑤]在光绪《广州府志》中有关于新会县、新宁县的人丁记载，虽说人丁的数量并不能和人口数量划等号，不过在一定程度上也能以小见大反映人口概貌：

> 新会县，康熙元年至十一年，实在人丁一万六千六十六……雍正九年至嘉庆二十三年，丁三十三万二千八百七十六。[⑥]
>
> 新宁县，康熙元年至十一年，实在人丁七千八百八十五……雍正九年至嘉庆二十三年，丁一十二万七千三百二十三。[⑦]

上述两则记载我们可以清楚地看到，从康熙元年（1662）到嘉庆二十三年（1818），无论是新会县还是新宁县的人丁数都有非常激烈的增长。原有的县级单位在康熙初年或许还能有效地应对县内的人口数量，然而到清中期之后，在这种十几二十倍的人口

---

①《清高宗实录》卷143，乾隆六年五月癸未，北京：中华书局，1985年，第1056页。

② 张泰苏：《对清代财政的理性主义解释：论其适用与局限》，《中国经济史研究》2021年第1期。

③ 张泰苏：《对清代财政的理性主义解释：论其适用与局限》，《中国经济史研究》2021年第1期。

④ 张泰苏：《对清代财政的理性主义解释：论其适用与局限》，《中国经济史研究》2021年第1期。

⑤ 林有能：《专家纵论：清代广东人口膨胀原因及其影响》，《学术研究》1997年第9期。

⑥ 光绪《广州府志》卷70，《广东历代方志集成·广州府部（七）》，广州：岭南美术出版社，2009年，第1070页。

⑦ 光绪《广州府志》卷70，第1070页。

表1. 清代新会县、新宁县人丁数

县名	康熙元年人丁	嘉庆二十三年人丁	人丁增长率
新会	16066	332876	1997%
新宁	7885	127323	1614%

数据来源：光绪《广州府志》卷70，《广东历代方志集成·广州府部（七）》，广州：岭南美术出版社，2009年，第1070页。

增长率之下，县内一切的事务都要增加，例如诉讼、钱粮缴纳、盗逋等方面，如果要实现对县内人口的管理，必然需要增设行政机构。而派出佐杂官员，不失为一种有效的控制手段。同时我们也可以看到，新会县的人丁数是要比新宁县多的，新会的佐杂分防的数量也比新宁县多。但新会县和新宁县的面积并没有太大的差异。所以我们可以看出，佐杂分防的设置和县级面积大小的关系，并没有与人口数量的关系来得密切。一定程度上我们可以认为，县内的人口数量与佐杂分防的数量是成正比的。

（三）治安问题严重

自明清以来，广东盗匪现象十分突出，有“粤东之盗甲于天下”的谚语。有关广东匪患的记载，在明郭棐《粤大记》中就有记载云：

> 外史氏棐曰：五岭多崇山绝巘，深林丛箐。群不憓者，啸聚其间，时出流劫，累为民害。其山傜种类不一，曰生傜，曰熟傜，曰僮人，曰款人，曰伶人，曰僚人，皆以犷悍而为名。其所聚曰寨，曰团，曰巢，曰隘，曰峒，曰冚，皆依险峻而窃据。《诗》称“蛮荆为雠”。《楚记》云“蛮与罗子共败楚师，杀其将屈瑕。后逾岭，居溪峒中，时出狺吠为梗。周秦之疆里不能及，汉唐之经略不能威，所从来逖矣。”
>
> 国初自中国公邓镇讨平之后，辄出没以肆虔刘。征之则遁，去之复还，诛之则不可尽其党类，若秋叶然，随扫随有。[①]

这些所谓的土著，如“曰生傜，曰熟傜，曰僮人，曰款人，曰伶人，曰僚人”等构成了广东地区的部分贼寇，张之洞在其就任两广总督时也称，“粤东山海交错，民

① 郭棐：《粤大记》卷3，广州：广东人民出版社，2014年，第57页。

情犷悍，盗匪之炽，甲于他省”[①]“粤省盗匪之多，甲于各省”[②]，何文平认为，“粤东之盗甲于天下”的说法，并非建立在客观统计的比较基础之上，主要是社会各界对清代广东匪患的感官和社会形态的反应。[③]但是，即便是很难有数据统计说明是否“粤东盗甲天下”，出现这种谚语，在某种意义上来说，也是广东匪患比较严重的反映，并且在张瀚描绘中：

> 两广盗贼渊薮，大者啸聚山海，党类数千，攻城劫寨，负固亢敌。如曾一本、黎汝诚，及大罗山、古田、凤凰巢、八寨、十八山之类。虽调遣狼兵，招募浙福之兵，劳费不赀，未能即灭。其次千百为群，聚散倏忽……又其次一二十人，或三五十人，投间抵衅，突出焚劫，随时随处有之。[④]

广东地区确实存在比较严重的“贼患”，并且这些“贼患”，发生频率相当之高，令朝廷和地方的大小官员应接不暇。

在广东，新会、新宁地区的“贼患”更为突出，同样在《粤大记》中有记载云：“新宁在新会、恩平之交，久为盗区，弘治间剿平之，割二县之地立为县。林箐深密，依山负海，不数年，盗复丛起。”[⑤]可见，新宁县成立的原因就是此处贼患的问题严重，难以弹压。在屈大均的《广东新语》中，也有相关的记载云：“广州诸属县多盗，最凶悍者新会，然新会盗又以新宁盗为先锋。千人中得数十新宁人。”[⑥]并且，在新会、新宁地区的地方志中有相当多关于贼的记载，兹列举一些：

> 天顺六年（1462）壬午春，广西贼入寇，县丞陶鲁讨平之。时广西贼入寇，居民多被掳掠，鲁募邑子弟有恒产者，号敢勇兵，讨平之。自是鲁威名益著，寻擢知县。[⑦]
>
> 正德十五年（1520）庚辰，新宁、新会贼起，兵备副使王大用帅兵讨之。时广郡以西盗起，诸贼凭陵险阻，劫掠居民，勒金赎命，缓即杀之，大用至

① 张之洞著、苑书义主编：《张之洞全集》，石家庄：河北人民出版社，1998年，第372—374页。

② 张之洞著、苑书义主编：《张之洞全集》，第2457页。

③ 详见何文平：《被舆论化的历史：“粤东盗甲天下”说与近代广东匪患》，《中山大学学报（社会科学版）》2005年第2期。

④ 张瀚：《议复梧镇班军疏》，陈子龙编：《明经世文编》，北京：中华书局，1962年，第3160—3161页。

⑤ 郭棐：《粤大记》卷3，广州：广东人民出版社，2014年，第57页。

⑥ 屈大均：《广东新语》卷7，《清代史料笔记丛刊》，北京：中华书局，1985年，第248页。

⑦ 康熙《新会县志》卷3，《广东历代方志集成·广州府部（三十七）》，广州：岭南美术出版社，2009年，第415页。

县，分督官军扼其要害，令贼宗党自首，获巨魁诛之，群盗稍息。[①]

嘉靖十五年(1536)……海道副使叶照、兵备佥事朱道澜招海寇区圣祥等，降之。[②]

嘉靖三十三年（1554）……（陈）文伯不听，拥众海上肆行劫掠，杀官兵二百有奇。贼党日众，（汪）应奎亟召各都乡老，沿乡宣谕祸福，赈以钱谷，民皆改图，惟古镇囚其百户尚琼，应奎阴令百户吴相以计斩贼首恶二十八人，从乱者稍息。于是具战舰募运艘，命典史马卿造神机铳、螺蛳箭及诸战具，调选精卒千六百人，会诸邑兵五千有奇，授以方略击（陈）文伯于海上。（陈）文伯中铳死，追至黄洋罗洲湾，连破之，获（陈）文伯尸及其母妻，斩贼党百五十级有奇，伤堕溺者三百余人，余党奔溃，遂释胁从及自首者谢孔文、张仕龙百人，乃招谕良民复业。未几，余党复起，（汪）应奎又设策剿平之。[③]

由此可以看出，新会、新宁地区的贼患是相当的严重了。

新会、新宁二县处于珠江口的西岸，有着比较长的海（河）岸线，又存在山地和丘陵，并且有不少少数民族与汉人杂居，故有记载云：

广为岭南巨镇，瞰海负山，前控蕃夷，后带蛮獠，兵威镇遏，诚为重事，山林险隘之地，水道津要之冲。[④]

新会、新宁县志中对于其县内佐杂辖区的盗、山贼、海贼的记载。如：

华萼都四面皆水……诸村海旁，有琴镜山、禾冈二山。其中盗贼出没之处，如猪头山、篁湾冲口、良村冲口、海洲河口、蠕江渡头，防守不可疏虞焉。[⑤]

大岭山，在城东三十六里，蔚然耸秀，复越田涧，隆起为大岭城，昔乡人避寇于山巅，筑墉以卫，贼断其汲道，乡人患之，乃举网伪作捕鱼状，先撒米于网中，已而大呼得鱼，网举而米纷下，贼遥见，疑为水也，遂去，至

① 康熙《新会县志》卷3，第416页。
② 康熙《新会县志》卷3，第417页。
③ 康熙《新会县志》卷3，第419页。
④ 大德《南海志》卷10，《广东历代方志集成·广州府部（一）》，广州：岭南美术出版社，2009年，第34页。
⑤ 道光《新会县志》卷1，第12页。

今塘址尚在。[①]

其中华萼和大岭山都是潮连巡检司的辖区，虽然县志中并没有对设立潮连巡检司的缘由有明确的记载，但是在某种程度上，我们可以这样认为，潮连巡检司的设立与华萼都的盗贼出没，有很大的关系。

除了有关华萼都的记载外，关于江门地区的贼乱记载也有不少：

> 江门地处东偏，邑屏障也。远则高、廉、雷、琼之海舶，近则南、顺、香、宁、恩、开之乡船，往来杂沓，乾嘉时号繁盛，迨道光寖衰。咸丰四年（1854）六月，红贼陈松年等踞乱两月余……九月十二日，群贼攻陷外海，势大振。十五日，复犯江门，黄驹尹莘与营弁力御却之，嗣是戒严至十二月初，中间兵贼相持，或连日或间日，凡二十余战……[②]

上述同治《新会县续志》中附带的《咸丰四年西南团练御寇纪略》，描述的是新会天地会首领陈松年（潮连乡巷头人）、吕萃俊（江门范罗冈人）率红巾军于江门狗山起义事件。江门地处险要，为珠三角和粤西的连接要道，素有“小广州”的称号，由于地处交通要道，往来船只密集，除了农民起义外，贼匪也经常出没。而当时的新会县城距离江门墟却有一定的距离，不便对如此繁忙的地带和复杂的形势进行控制，派出县丞驻扎在江门墟是一个有利于弹压这一带的做法。

除了新会县的记载之外，新宁县也有相关的贼患记载：

> 隆庆六年（1572）李义壮记：予观于今日，而益知城池之不可已也，盖自嘉靖末年以迄于今，倭贼入寇，由建康、两浙入闽，以抵余广，沿海州县卫所内讧，外卫无何而广海一卫破矣。[③]

新宁县广海区域的贼况也是相当严重的，其设置有主簿后改县丞统辖很大程度上也有镇压贼乱的因素。

① 道光《新会县志》卷2，第39页。

② 江门狗山起义事件，详见《咸丰四年西南团练御寇纪略》，同治《新会县续志》卷10，《广东历代方志集成·省部（二十八）》，广州：岭南美术出版社，2009年，第533—534页。

③ 光绪《新宁县志》卷9，第258页。

据崔文超《明代广东倭寇、海盗时空分布特征》[1]考证，新宁县在整个明代有七次比较大规模的海盗之乱，而新会县也有两次。曾小全认为，“清代嘉庆时期的广东海盗最为强盛，这一时期的海盗不论是从规模上，还是从组织形式上都远远超过素有‘海盗之患明之倭最剧’的明代大倭寇”[2]，且不论清代广东的海盗是否远远超过明代的海盗，根据上述的研究，至少海盗在新会、新宁的活动也是相当频繁的。

明清两代新会县、新宁县“贼患”确实十分严重，而州县政府的防卫力量极其有限，要驻扎在县城中的知县来处理全县范围内的贼患，显然不太实际。“今之邑令即古百里侯，朝廷狭以驭广，于是以民人社稷之任付之，而又恐其寡助也，隶之以司属，佐之以师儒，可不谓重哉”[3]，所以清代会选择派出佐杂官员以弹压地方，平定贼患。由此可见，“贼患”多发是新会、新宁县派出佐杂分防的重要原因之一。

五、结语

至此我们梳理了关于清代广东新会县、新宁县的佐杂分防情况。新会县有县丞驻扎在江门墟，沙村巡检司驻天亭墟，潮连巡检司驻潮连乡和牛肚湾巡检司驻牛肚湾，以及典史驻新会县城内，他们都统有若干大乡并基本对县内地区分割完毕。新宁县的情况也类似，不过新宁县的佐杂分防的数量并没有新会县多，仅有县丞驻大澳埠，后驻扎广海城；主簿驻扎广海城，后在同治七年（1868）被裁撤；上川司盐巡检驻海晏街以及典史驻扎在新宁县城内，他们也统有若干辖区。

① 崔文超:《明代广东倭寇、海盗时空分布特征》，硕士论文，暨南大学历史学系，2015年。

② 曾小全:《清代前期的海防体系与广东海盗》,《社会科学》2006年第8期。

③ 嘉庆《海康县志》卷3,《广东历代方志集成·高州府部（三）》，广州：岭南美术出版社，2009年，第198页。

政治史

“制贼”与“防夷”：百龄“借师助剿”之策

王健

内容提要：清代嘉庆十四年（1809），新任两广总督百龄奉命整饬广东事务。百龄抵粤后，亟需收拾前几任总督遗留下的烂摊子，一方面是经年不减的粤洋海盗，另一方面则是日益骄横的来华西人。因此，百龄督粤既要“制贼”又要“防夷”。“海盗”与“夷人”之间又存在着不可调和的矛盾，当粤洋海盗迟迟未能剿灭之时，百龄便选择“借师助剿”之策，使用来华西人的武装力量协助清剿海盗。来华西人在百龄清剿海盗的行动中是一个较为特殊的群体，他们既能帮助广东官府剿灭海盗，但自身又对广东边防形成一定威胁。百龄“借师助剿”的施行，便是早期中西关系发展的一次尝试，双方在相互接触中分辨敌我、找寻共同利益。

关键词：嘉庆；广东海盗；百龄；早期中外关系；葡萄牙

清代嘉庆年间，东南沿海海盗猖獗，尤以广东海盗最盛。时值内地动乱不断、灾荒连年，底层人民生活困苦，而珠江口流域内河网密布、岛屿众多，又是中西商贸汇聚之地，吸引不少流民落草为寇，前来冒险“淘金”。随着广东海盗群体的壮大，嘉庆皇帝开始由平治内乱转移到缉捕洋匪的行动中，在此期间两广总督之职几经抽调，仍未能将沿海匪患彻底断绝。嘉庆十四年（1809），百龄补授两广总督筹办海务，他奉行“封港禁海”“坚壁清野”等政策，又通过“招抚”和“清剿”等手段，成功平息广东海患。

学界对于百龄剿灭海盗之事已有研究，此类研究多聚焦于百龄与海盗群体之间的较量，重点阐释嘉庆年间广东海盗的兴起、鼎盛与湮灭。[①]然而，百龄治海期间来华西人与官府、海盗的关系却鲜少有人研究。美国学者穆黛安曾出版《华南海盗，

① 参见李金明：《清嘉庆年间的海盗及其性质试析》，《南洋问题研究》1995年第2期；刘平：《清中叶广东海盗问题探索》，《清史研究》1998年第1期；刘平：《关于嘉庆年间广东海盗的几个问题》，《学术研究》1998年第9期；曾小全：《清代嘉庆时期的海盗与广东沿海社会》，《史林》2004年第2期；陈贤波：《百龄与嘉庆十四年（1809）广东筹办海盗方略》，《华南师范大学学报（社会科学版）》2017年第4期；陈贤波：《“平海纪事”：新见嘉庆十五年〈平海投赠集〉的史料价值》，《国家航海》2020年第2期。

1790—1810》[①]一书，用一小节介绍百龄促成“中外结盟”以应对海盗的事宜，但其中仍有许多细节值得继续加以深究。随后又有个别学者针对百龄“借师助剿”一事，展开了小范围讨论，而他们的研究均未能超出穆黛安的视野，皆是浅尝辄止般的探讨。[②]清代官员素来称西方人为“夷人”，对来华经商的西人多有戒备之心，是什么原因促成百龄联合外人之手共克海盗？在“制贼”的过程中，官府又是如何“防夷”？“海盗”的出现对早期来华西人又有什么影响？百龄“借师助剿”之策，其背后的历史因素丰富，是研究十九世纪初期中外关系变化的重要素材。本文将追溯来华西人抵御海盗的经历，结合嘉庆年间百龄治海的历史史实，致力于将联合御敌时期的中西关系作一番浅究，以此抛砖引玉，供学界指正。

一、嘉庆初年广东海防局势

清代广东地区的海防问题，一是“海盗”，二是“外夷”。道光年官修类书《广东海防汇览》，是一部极具史料价值的海防著作，它囊括了鸦片战争前广东地区沿海防卫的相关记载，对于古代的海防研究有着重大贡献。全书共分42卷，其中“缉捕”与“驭夷”专题各占3卷，分别概述历来广东沿海地区对“海盗”与“外夷”的控制，占据全书较大部分内容。[③]由此可见，清代统治者在海防领域，将“海盗”与“外夷”作为重点的关注群体，绝非一朝一夕之事。海盗经常劫掠过往商船，有时甚至会侵袭沿岸居民，对清廷的地方统治造成严重威胁，而来华西人除了寻求通商外，甚至会要求口岸进一步开放，这对原本自守的清廷亦十分不利。因此，清代广东督抚针对当地的海防问题，一直着眼于“制贼”与“防夷”之中。及至嘉庆年间，“海盗”与“外夷”产生的问题愈渐繁多，成为当时广东官员不得不直面的现实。

---

① （美）穆黛安（Dian H. Murray）*Pirates of the South China Coast*，*1790-1810*，由美国斯坦福大学出版社于1987年出版，其中译本《华南海盗，1790—1810》由刘平翻译，经中国社会科学出版社于1997年出版，2019年增订本由商务印书馆出版。穆书参照史料丰富，已征引一部分国外早期有关百龄借助外国人清剿海盗的研究，如（英）Dalrymple Alexander, *Further Statement of the Ladrones on the Coast of China: Intended as a Continuation of the Accounts*, Published by Mr. Dalrymple, London: Printed by Lane, Darling, 1812;（德）Charles Fried. Neumann, *History of the Pirates who Infested the China Sea from 1807-1810*, London: Oriental Translation Fund, 1831;（葡）José Ignacio de Andrade, *Memoria dos feitos macaenses contra os piratas da China e da entrada violenta dos inglezes na cidade de Macáo*, Lisboa: Na Typografia Lisbonense, 1835;（葡）Luís Gonzaga Gomes, *Páginas Da História De Macau*, Macao: Notícias de Macau, 1966等。本文有关内容参见（美）穆黛安著，刘平译：《华南海盗，1790—1810》，北京：商务印书馆，2019年。

② 参见林延清：《嘉庆朝借西方国家之力镇压广东“海盗”》，《南开学报（哲学社会科学版）》1989年第6期；谭世宝、刘冉冉：《张保仔海盗集团投诚原因新探》，《广东社会科学》2007年第2期；陈贤波：《史笔如何镕裁：嘉庆十五年温承志〈平海纪略〉的传布和影响》，《学术研究》2021年第6期。

③（清）卢坤、邓廷桢著，王宏斌点校：《广东海防汇览》，石家庄：河北人民出版社，2009年。

嘉庆元年（1796）两广总督朱珪因缉捕广东洋盗何玉理拖延逶迤，遭到嘉庆帝斥责："该犯等在海面肆劫几及四年，直至本年四月，始行拏获，可见该省洋盗并未敛戢。"[①]此番训斥后，朱珪及多名曾主理广东海防事务的督抚一起交由朝廷查办，显然嘉庆帝正着手肃清积弊已久的洋盗问题。随后在处理一些重大的海盗奏折中，嘉庆帝又不禁感慨："何以洋盗如此肆劫，戕害官兵至四十七员名之多""闽粤洋盗甚炽，而此次盗犯俱系粤省口音，可见广东尤为盗匪出没之地"[②]。从嘉庆帝的视角来看，日益突出的海盗问题已严重威胁地方治安，特别是在广东洋面逐渐形成的一股势力集团。回到实际情况下，东南海盗之所以在乾嘉之际如此活跃，除了沿海督抚治盗力不从心外，更大的因素则来源于外部。"自乾隆季年，安南内乱，招濒海亡命劫内洋，以济饷为患，粤东土盗凤尾、水澳两帮附之，遂益肆扰。"[③]十八世纪下半叶，越南爆发"西山起义"[④]，以阮惠为首的西山军为巩固新生的国内政权，广征流民海盗前来相助，其中以广东海盗征召最多。在越南西山政权的征召下，无数中国海盗相继加入西山军的行伍之中，他们接受有组织的军事化训练，并以越南为军事基地，时常出洋粤东进行掠夺。"迨安南阮光平父子有国，惯以豢贼为能。招集内地亡命，给与炮火、米粮、器械、船只，俾其至闽粤洋面，肆行劫掠。盗匪出有经年累月之粮，归有消赃窝顿之所。纠聚日多，声势遂甚。"[⑤]清廷面对的海盗，早已不再是单纯的掠船劫货之辈，而是依靠隐蔽越南受其庇护的法外之徒，这使得地方官员缉捕困难。

越南西山政权与中国海盗的联合，促成乾嘉之际的海盗更加军事化、集团化。中国本土海盗自古有之，他们时增时减本不足为患，然而随着越南时局的动荡，许多海盗得到越南当政者的帮助，拥有更加完备的火炮与船队。这些海盗不仅参与到越南的内乱当中，更被授意掠夺我国东南沿海地区，形成夷盗与洋盗并举的局面。譬如"（嘉庆）五年六月，夷艇三十余，水澳、凤尾各六七十艘，皆萃于浙，逼台州，将登岸"[⑥]，海盗集团联合威胁东南沿海。一些著名海盗因此受到西山政权的嘉奖，如广东海盗头目郑七曾被西山政权册封为"大司马"，有船二百艘，足以与清军水师

①《清仁宗实录》卷7，嘉庆元年七月壬戌，北京：中华书局，1986年，第136页。

②《清仁宗实录》卷7，嘉庆元年七月壬申，第139页。

③《清史稿》卷350，北京：中华书局，1977年，第11253页。

④"西山起义"为越南史上规模最大的农民起义。1771年以阮岳、阮侣、阮惠三兄弟为代表的农民军在西山邑起义，起义对越南国内造成重大影响，1788年阮惠建立西山政权推翻黎朝统治，直至1802年倾覆。参见梁志明：《越南西山农民起义》，《世界历史》1985年第3期，第52—58页。

⑤（清）魏源：《皇朝经世文编》卷85，《魏源全集》第17册，长沙：岳麓书社，2004年，第646页。

⑥（清）魏源：《圣武记》卷8，《魏源全集》第3册，第349页。

抗衡。[①]这些海盗之所以敢如此嚣张跋扈，与西山政权对他们的扶持脱不了干系，西山军所拥有的武器装备弥补了地方海盗的不足。清人阮亨在其《瀛舟笔谈》中既有谈及“（贼船）比兵船大至三四倍。兵船炮子重者不过斤许，匪船炮子重至十三四斤。”[②]这一阶段，海盗的船只装备比起正规官军已经丝毫不逊色，甚至达到压制正规军的地步。正当中国海盗继续荼毒百姓时，越南西山政权却遭遇内部分裂，嘉庆七年（1802）以阮福映为首的南方军借机推翻西山王朝，并肃清附庸于西山政权的中国海盗。此番打击，一部分中国海盗被剿灭，但“其余党则仍窜回内洋，复图纠结，出没为奸”[③]。原本臣服于西山政权的中国海盗，留有余力者皆返回粤东洋面，“其后海贼红、黄、青、蓝、黑、白诸旗蜂起”[④]，仍旧保持着凶猛的战斗力。“况近日粤省沿海地方盗匪，频有上岸劫掠之事，甚至石狮炮台，亦被抢夺。”[⑤]广东海盗失去盘踞越南的优势，他们便将主战场推至粤东近海。由于早先受到军事化的训练、优良武器装备的供应以及大量流民的加入，广东海盗规模已经迎来新的高峰，即便嘉庆帝严加整饬，在1796—1809年间连换八位两广总督[⑥]，仍未能将粤东洋面的海盗清除，直至最后百龄的到来。

“外夷”又较“海盗”的身份更为特殊，他们来华主要从事正当的商业贸易，故官府对外夷的敌意显然没有海盗那么多。但即便如此，外夷偶然的僭越之举，仍令地方官员时刻戒备。清初海防形势有“东防倭而西防夷”[⑦]一说，毫无疑问外夷仍同倭寇一般，成为沿海官吏严加防范的对象。乾隆二十四年（1759）“暎咭唎夷商洪任辉，妄控粤海关陋弊”[⑧]，因此擅自闯赴天津向皇帝告御状，这一做法不仅令乾隆帝坚定广州“一口通商”之策，也令广东督抚更加忌惮夷人鲁莽之举。是年，两广总督李侍尧颁布著名的“防范外夷规条”[⑨]，对西洋各国来华之人进行了规范，严防外人在华作奸犯科。然而，外夷在华的冲突屡禁不止，如1773年“斯科特”案件、1784年“休斯夫人号”事

① 宣统《东莞县志》卷33，台北：成文出版社，1967年，第1091页。

② 转引自刘平：《论嘉庆年间广东海盗的联合与演变》，《江苏教育学院学报（社会科学版）》1998年第3期。

③（清）魏源：《皇朝经世文编》卷85，第646页。

④ 宣统《东莞县志》卷33，第1091—1092页。

⑤《清仁宗实录》卷130，嘉庆九年六月癸未，第767页。

⑥ 八位两广总督依次为：朱珪（任期1796）、吉庆（1796—1802）、长麟（1802—1803）、瑚图礼（署任）、倭什布（1803—1805）、那彦成（1805）、吴熊光（1805—1809）、永保（1809）。

⑦（清）俞正燮：《清初海疆图说》，《台湾文献史料丛刊》第九辑第178册，台北：大通书局，1984年，第11页。

⑧（清）梁廷枏：《海国四说》，北京：中华书局，1993年，第233页。

⑨ 李国荣主编：《明清宫藏中西商贸档案（三）》，北京：中国档案出版社，2010年，第1445—1461页。

件等，皆是较为著名的华夷之间流血冲突事件。[①]乾隆五十八年（1793）英国马戛尔尼使团访华，使团向乾隆帝进一步提出各项外交、商贸权利的要求。乾隆帝对此并不感兴趣未加恩准，转而向两广总督长麟表示：来华英夷需要“先事防范”[②]。清廷已经注意到来华西人，特别是英国人在珠江口蠢蠢欲动的迹象，但地方官员只能严加盯防外国人的活动，以保障中外贸易产生的稳定税收。嘉庆七年（1802）“有英吉利大战船六只相近澳门停泊，其意叵测，恐有觊觎澳门情事”[③]，珠江口的海防局势因英国战船的到来而颇为紧张，澳门葡人忌惮英人抢夺澳门地盘便多次向广东督抚及清廷请援。所幸，此次英人舰队并未轻举妄动，他们护送完本国货物后便离开珠江口。险些酿成的英葡冲突事件，亦被认为“系属讹传”[④]。尽管英葡两国在珠江口尚未发生实质性冲突，但当时地方官府的海防之策显然过于单薄，才致使外国战船竟敢逼近澳门洋面，这次事件也为六年后更大的外夷冲突埋下伏笔。

嘉庆十三年（1808）由于欧洲局势动荡，英国借保护葡萄牙免受法国人侵害之名，“派海军少将度路利（Rear Admiral Drury）率领一支强大的分遣舰队，和一支武装部队”[⑤]强行武力登陆澳门。该事件发生时正值两广总督吴熊光治粤之时，然而他面对外夷如此强横的侵略行为，并没有及时做出强有力的回应。“（英夷）擅自带兵登岸，本部堂派员晓谕，尚不引罪。”[⑥]吴熊光对待英军的鲁莽行为仅是作以劝诫，期待英军能够主动及时撤退。但英军总司令度路利未听劝诫，执意要求面见两广总督，且又引一路孟加拉军队进驻澳门，此时广东沿海的海防局势岌岌可危。[⑦]两广总督吴熊光自受任以来，一直以整饬粤洋海盗为第一要务，此次突发的外夷事务令他十分棘手，他不得不采取中断贸易的老方法，方才逼退英军。吴熊光迟缓的做法使朝廷大为不满，嘉庆帝斥其“办理软弱错谬”，并认为“吴熊光先行准令开舱，该夷人始行退去之处”[⑧]。吴熊光被认为有向外夷妥协示好的倾向，有损天朝国威，遂将他革职查办。随后百龄接替永保之职补授两广总督，并针对吴熊光的案件进一步查办。嘉庆帝不忘“传谕百龄于本年

① 1773年“斯科特”案件，英国人斯科特因涉嫌在澳门谋杀一中国人，被中国地方官员处死。参见（瑞典）龙思泰（Anders Ljungstedt）著，吴义雄等译：《早期澳门史》，北京：东方出版社，1997年，第99页；1784年“休斯夫人号”事件，来华散商船“休斯夫人号”炮手因不当操作，致使广州当地的中国人死伤，后由中国地方官府判处绞刑。参见（美）马士（Morse）著，区宗华译：《东印度公司对华贸易编年史（1635—1834年）》卷2，广州：广东人民出版社，2016年，第116—123页。

②《清高宗实录》卷1435，乾隆五十八年八月己卯，第183页。

③《清代外交史料》（嘉庆朝 第1册），北京：故宫博物院，1932年，第11页上。

④《清代外交史料》（嘉庆朝 第1册），第13页下。

⑤（瑞典）龙思泰：《早期澳门史》，第91页。

⑥ 英国国家档案馆藏：英国外交部档案 F.O.233/189，第53页。

⑦《东印度公司对华贸易编年史（1635—1834年）》卷3，第99页。

⑧《清仁宗实录》卷203，嘉庆十三年十一月壬午，第715—716页。

该国（英国）货船到时，先期留心侦探。如再敢多带夷兵，欲图进口，即行调集官兵，相机堵剿”[①]，这说明“防夷”仍是百龄来粤后所需要承担的重任。除此之外，朝廷还认为“吴熊光平日废弛武备，以致盗匪无所忌惮，百龄等扼要巡防，杜绝匪艇偷进内港”[②]。嘉庆十四年（1809），新上任的两广总督百龄便继续整治前几任所遗留下来的问题，肩挑“制贼”与“防夷”的重任，这些问题也是嘉庆初年广东海防所面临的普遍形势。

“海盗”与“外夷”虽然都是清廷统治者所忌惮的对象，但外夷与海盗之间同样存在着巨大的矛盾。早期西方来华群体以商人为主，他们乘船越海携带众多资金、货物，于是便成为海盗们重点劫掠的对象。在打击海盗方面，此时的“外夷”真正与广东地方官府站在同一阵地，他们为了自保便会积极应对海盗，主动希望加强同官府的合作。在百龄担任两广总督之前，来华西人早已对沿海的海盗深恶痛绝，这也是百龄“借师助剿”政策能够形成的条件之一。

二、来华西人应对粤洋海盗

自来华西人开辟出通向中国的航道时，他们就已经面临着海盗的袭扰。1517年第一批西方人来到珠江口海域附近时，就曾遭到中国海盗的袭击，他们便开始有意识地保护己方商船免遭劫掠。几年后，珠江口海盗活动仍然盛行，甚至威胁到省城广州的安全，那时的澳门地区因地形复杂而发展为海盗的隐匿之处。因此，明代官府为了有效地减轻海盗对省城的威胁，便允许最先来华的葡萄牙人获得澳门的居住权，条件之一即是协助中国官府打击海盗。[③]澳门从此活跃起来，明清时期陆续有多起澳葡当局协助广东官府缉捕海盗的事迹。[④]澳门葡萄牙人在助剿中赢得广东官府的好感，使他们能够寄居广东一隅，广东官府则得益于葡萄牙人熟练的海战方法，“以此为天朝守海门而固外圉”[⑤]。随着西方商人越来越多地前往中国，他们与中国海盗之间的接触也变得更多，虽然双方偶尔也会联合进行走私活动，但彼此间的斗争从未停歇。

①《清仁宗实录》卷210，嘉庆十四年四月戊午，第823页。

②《清仁宗实录》卷214，嘉庆十四年六月己酉，第871页。

③（美）裨治文（Elijah Coleman Bridgman）：*The Chinese Repository*，日本复印版，东京：丸善株式会社，1941，Volume3，p.63；（瑞典）龙思泰：《早期澳门史》，第17页。

④ 汤开建：《澳门开埠初期史研究》，北京：中华书局，1999年，第110—113页。

⑤（清）印光任、赵汝霖著，赵春晨点校：《澳门记略》，广州：广东高等教育出版社，1988年，第62页。

1793年广东海盗“行劫澳夷斐哩嘶洋船，杀毙水手，并拒伤广海寨兵丁”[①]，海盗对外国人的船只十分凶狠，除抢劫外杀人亦是常事，甚至官府派来的兵丁都敢戕害。[②]1796年一艘葡萄牙船和一艘英国船在前往澳门的途中，相继被中国海盗所劫掠。海盗们登船劫货、杀人放火，造成外国人对当地猖獗的海盗十分恐惧。1804年海盗又逼近澳门，澳葡当局鉴于海盗肆虐的危险状况，决意从英国人手中购置武力更为强大的船艇以作防卫，再积极配合广东地方官艇的巡剿，遂才驱散凶猛的海盗群体。[③]1806年英国商人特纳和他的五名印度水手在前往澳门的途中被海盗绑架，经过几个月的谈判，海盗们收取满意的赎金后才将这位倒霉的英国人释放。[④]翌年，广东海盗主动出击，他们深夜登陆澳门，将攻击目标锁定为葡萄牙炮台。葡萄牙守军发现海盗来犯后及时进行还击，迫使海盗放弃进攻，从而避免了一场更大的战斗。[⑤]除上述外，诸多的海盗袭击外国商船事件时有发生，海盗们深知来华西人携带着大量的财富，而商人的武装抵抗远不及地方水师的力量，因此对付这些海商将显得更为轻松。尤其是在海洋上，海盗能够避免与官府的直接冲突，且他们进犯洋人又可自诩为打击“夷狄”，因此劫掠外国商船对他们而言是一笔好“买卖”。

来华西人针对嘉庆年间频出的海盗问题，展开更为主动的反击。1805年，一艘武装海盗船遭遇葡萄牙人的攻击，相当大的一部分海盗被葡萄牙人俘获并转交给中国当局，船上海盗得到了严厉的惩罚。然而，外国人打击海盗的举动并未减轻海盗对他们的侵袭，同年一艘搭载美国人的官艇在前往广州的途中仍被海盗洗劫，海盗抢劫外国人船只已成为高发事件。[⑥]“各国货船在外洋行走，恐遇盗劫，自设护卫”[⑦]，外国人针对中国沿海海盗肆虐的情形，加强了自身的防卫，他们在自己普通的商船上配备基础的武力设施。部分外国商船甚至专门寻求外国军舰协同进入珠江口，但事实上这些外国军舰不得随意进入清廷的控制范围内，他们大多只能护送到外洋洋面。又由于“澳门及其周围和通至虎门的河道已被为数众多的可怕的海盗船艇骚扰”[⑧]，没人敢在海盗流窜下的珠江航道工作，所以从广州或澳门出发的补给品运输便受到严重威胁，导致

① 香山知县许敦元为将抢劫澳蕃斐哩嘶船海盗枭示事下理事官谕，《葡萄牙东波塔档案馆藏清代澳门中文档案汇编》(上册)，澳门：澳门基金会，1999年，第446页。

②（美）马士:《东印度公司对华贸易编年史（1635—1834年）》卷2，第322页。

③（美）马士:《东印度公司对华贸易编年史（1635—1834年）》卷2，第465—466页。

④（美）马士:《东印度公司对华贸易编年史（1635—1834年）》卷3，第35—36、70页。

⑤（美）马士:《东印度公司对华贸易编年史（1635—1834年）》卷3，第35页。

⑥（美）马士:《东印度公司对华贸易编年史（1635—1834年）》卷3，第9页。

⑦（清）梁廷枏《海国四说》，第250—251页。

⑧（美）马士:《东印度公司对华贸易编年史（1635—1834年）》卷3，第23页。

停泊在外洋面上的外国军舰也不能及时得到物资补充，使长时间的护航效率变得低下。因此，在华的西方商人除了寻求本国政府派遣军舰护航外，只得多次将自己在澳门附近海域的商船武装起来进行巡航，以便对遭遇海盗的其他船只及时施救。[①]来华西人为了顾及自身的商业利益，极力驱赶进犯的海盗，但由于洋面凶险莫测，外来商船除了寻求本国战船的护航，到最后清代地方水师则成了他们主要的庇护人。

上文述及“澳夷斐哩嘶洋船”遭遇广东海盗劫掠之事，事后香山知县迅速调令水师出洋缉捕，在地方官府的大力追捕下，终将海盗贼众一并拿获，随即枭首示众。来华西人知晓地方官府对沿海海盗的痛恨，他们为此争相向官府示好，希望外国军事力量可以介入缉捕海盗。但地方官府针对外国人主动请缨之事多抱有疑虑，因为古往今来广东沿海海防不仅需要“制贼”而且又要“防夷”。地方官府对外国人的请缨多有戒备，“夷人出洋拿盗之处，须派俟有官兵，方可一同出洋”[②]，每次出洋缉捕时，严禁外国船只单独行事，并派遣地方水师进行组织管理。嘉庆十年（1805），两广总督倭什布上报朝廷，上年有澳门葡萄牙人“情愿自备资斧，配备洋船四只，协同师船缉捕”[③]，但在执行缉匪任务中，葡萄牙战船未能很好地响应广东水师的组织，在外洋失去踪迹。朝廷得知倭什布任用“外夷”帮衬剿匪，感到大失所望，即晓谕继任两广总督那彦成：“天朝缉匪之事与外夷何涉？其呈请出力，安知非伊等欲借此窥探虚实。”[④]同年“使臣多林文入贡。适海盗张保等猖獗，英兵船四，泊虎门，请代捕盗，故又表称有事喜欢效力语”[⑤]，英国使臣入朝所上呈的表文中流露出希望派遣战船协助广东水师剿灭海盗的想法，朝廷随即做出回应：“焉有借助外藩消除奸匪之理”，并嘱咐新任两广总督那彦成积极操练官兵“以慑外夷而靖海疆”[⑥]。从朝廷的多次传谕中，我们能看到清廷“防夷”之心甚重，对来华西人积极参与官府缉捕海盗的活动，认为是一件有辱天朝威严的事情，且对外国人的真实目的心存怀疑，自信地将“制贼”重任全盘交托给清廷地方官兵。

清廷中央的态度已然明确，既要“制贼”又要“防夷”。广东地方督抚因此在选择来华西人介入清剿海盗的行动中格外慎重，他们不愿再受到中央的责罚，但又要兼顾

① （美）马士：《东印度公司对华贸易编年史（1635—1834年）》卷3，第10页。

② 澳关委员王为奉宪谕捕盗蕃船须与官兵一同出洋事下理事官谕，《葡萄牙东波塔档案馆藏清代澳门中文档案汇编》（上册），第475页。

③ 中国第一历史档案馆、澳门基金会、暨南大学古籍研究所合编：《明清时期澳门问题档案文献汇编》（一），北京：人民出版社，1999年，第639—640页。

④《清代外交史料》（嘉庆朝 第1册），第23页上。

⑤ （清）梁廷枏：《夷氛闻记》，北京：中华书局，1959年，第4页。

⑥《清代外交史料》（嘉庆朝 第1册），第22页上。

海防的重任，从而有选择地“驭夷以制敌”。据悉，英国东印度公司主席剌佛一度向海关监督提出由皇家战船协助剿灭珠三角海盗的建议，而监督表示拒绝但可向总督转达，总督则更坚定地说道：“海盗竟强大到要联合清剿的想法是可笑的”[①]。虽然表面上广东官府借助西方人清剿海盗的事例在减少，但是具体实施过程中，外国人的战船依旧是官府清剿珠三角海盗不可忽视的力量。地方官员应对外国人的请缨时，常常“自应准其自行防护，仍小心防范，不得令其滋生事端”[②]，尽量允许外国人在自己的小范围内进行防卫，同时警惕他们的不法行为。“凡护送商船的战舰，早已限定碇泊伶仃和潭仔两处”[③]，外来战船严格受到清廷的管制，即便他们的到来能够有效清除珠三角海盗，但倘若涉及内河主权问题，地方官府也是严格遵照清廷指示，不敢轻举妄动。外国护卫战舰则依旧只能停泊在外洋，配合内洋的广东水师行动，而他们的补给供应继续成为关键问题，令战舰发挥不出应有的战斗水平，也使西人来华的航路安全问题迟迟得不到保证。海盗势力并没有随着清廷的大力清剿而衰退，1807年英国再次派遣武装战船向广东官府请缨，但依然遭到拒绝。英国战船只能照例巡视外洋，偶有几次因战略物资的补给问题，擅自闯入珠江内河航道，但立即遭到地方官员的反对与斥责。[④]由此可以看出，地方官府保持“制贼”与“防夷”之间的平衡，他们一方面需要西方战船的协防，但一方面又严格划清同西方人的界限，始终保持着天朝统驭者的地位。

嘉庆十三年（1808）英国人擅自将兵船驶进澳门水域，除了借口法国人意图进攻澳门外，打击海盗也是他们的托词之一。当时，广东地方督抚指出英国人的谎言：“若云现在洋匪未净，欲思效力天朝，尤属无谓。海洋盗匪屡经剿办，不过东窜西逃，现经兵船四路擒拿，不日即可歼尽余孽，又何借尔国兵力乎？”[⑤]广东当局自知现如今的海盗问题仍然棘手，不过此次英国兵船擅入内洋且借口助剿海盗，显然“醉翁之意不在酒”而是企图占据澳门一地。最后，此次英军擅入澳门事件虽然平息，但广东沿海的海盗问题依然突出，外国军舰仍继续停泊在外洋，实则上当地的局势没有较大的改变。然而，时任两广总督吴熊光却因此次处理“外夷”事件不力遭到嘉庆帝的罢免，这给继任的两广总督百龄留下很大压力。新任两广总督百龄继续前人未完成之事业，他不仅要加快肃清粤洋海盗，又要提高对外国军舰的注意力，以前车之鉴来掌控来华西人同海盗之间的斗争，为此重新肩挑“制贼”与“防夷”的重担。

---

① (美)马士：《东印度公司对华贸易编年史（1635—1834年）》卷2，第468—469页。

② 香山知县彭昭麟为饬令蕃船二艘在澳门洋面巡缉事下理事官谕，《葡萄牙东波塔档案馆藏清代澳门中文档案汇编》(上册)，第504页。

③ (美)马士：《东印度公司对华贸易编年史（1635—1834年）》卷3，第10页。

④ (美)马士：《东印度公司对华贸易编年史（1635—1834年）》卷3，第74—75页。

⑤ 英国国家档案馆藏：英国外交部档案F.O.233/189，第37页。

三、百龄督粤与筹办海盗

吴熊光调离两广总督之职后，广东海防亟需一位有魄力的大臣前来督办，基于此嘉庆帝最先选择以剿匪有力著称的云南巡抚永保递任两广总督。永保接任后曾奏："粤东为海疆要区，一切吏治边防，以及督缉洋匪各事宜，惟当即时整饬，以冀官常振作，海澨肃清。"[①]广东沿海的海寇问题，仍旧是粤东洋面一大患，永保深知问题所在及嘉庆帝的用意，他当然力图整饬边防，以肃清洋面。然而，永保在赴任两广总督途中便恶疾缠身最后死去，未能如期履行他的筹办海防之务。[②]嘉庆帝便转令山东巡抚百龄接任两广总督，着手整饬边防，严防外夷滋事，肃清粤东海贼，履永保未尽之责。百龄初到广东后，便作有一诗云："父老至今忧盗贼，将军几辈作干城。千金欲买昆吾铁，携向东溟斩巨鲸。"[③]从诗中可见，百龄面对广东百姓，有着清剿海盗的决心，以此为动力开展浩浩荡荡的剿匪事业。百龄在嘉庆十四年（1809）治理广东海盗的记载，可见于《清史稿》：

> （嘉庆）十四年，擢两广总督。粤洋久不靖，巨寇张保挟众数万，势甚张。百龄至，撤沿海商船，改盐运由陆，禁销赃、接济水米诸弊。筹饷练水师，惩贪去懦，水师提督孙全谋失机，劾逮治罪。每一檄下，耳目震新。巡哨周严，遇盗辄击之沉海，群魁夺气，始有投诚意。张保妻郑尤黠悍，遣朱尔赓额、温承志往谕以利害，遂劝保降，要制府亲临乃听命。百龄曰："粤人苦盗久矣！不坦怀待之，海氛何由息？"余遂单舸出虎门，从者十数人，保率舰数百，轰炮如雷，环船跪迓，立抚其众，许奏乞贷死。旬日解散二万余人，缴炮船四百余号，复令诱乌石二至雷州斩之，释其余党，粤洋肃清。帝愈嘉异之，复太子少保，赐双眼花翎，予轻车都尉世职。[④]

由上可知，百龄治理海盗，主要通过撤离沿海行走的商船、将以往通过海运转输的盐改由陆地转运，以此来断绝海盗在海上的财富来源。同时又严禁走私销赃，防止部分百姓为谋私利而接济海盗，最后筹办经费用于全面训练水师，严格杜绝贪腐和懦弱等行为。此番整治策略施行后，广东沿海的海盗形势有一定的缓和，但仍然未能得

①《清仁宗实录》卷205，嘉庆十三年十二月，第741页。

②《明清时期澳门问题档案文献汇编》(一)，第723页。

③（清）百龄:《守意龛诗集》卷26，《续修四库全书》第1474册，上海：上海古籍出版社，2002年，第289页。

④《清史稿》卷343，第11134页。

到根治。从《清史稿》的概述中可知晓百龄最后通过“招安”，遂才将一众海盗降服，利用部分海盗的投诚，将其余海盗一网打尽。但是，百龄在嘉庆十四年治理海盗过程中，从断绝财源到进行招抚期间数月的转变，其相关具体细节尚未展开，涉及的中外交涉也未曾提及。笔者因而重新回到百龄筹办海务的关键阶段，再进一步探讨。

百龄抵粤后，结合前几任两广总督的治盗策略，坚定认为“贼之逋薮在洋，贼之生计实在陆”①，于是严禁闲杂人等出海，杜绝内外私通海盗，企图断绝海盗的生计。然而，百龄未曾料到，当切断海盗的海上财源时，海盗们便疯狂地转向内陆地区索财。“贼外洋无可劫，乃冒死拨小船人掠内河”②，海盗们并不惧怕陆地上的军事力量，纷纷登陆沿岸进行劫掠，对广东沿岸乡镇造成了巨大的破坏。英国传教士马礼逊曾在信中写道：“海盗们登陆后，如果村民拒绝交给他们财物，他们就屠杀村民，今年夏天已有数千村民被海盗杀害。有一次海盗上岸劫掠，在广州城里的总督府都可以听到海盗放射土枪的巨响。到了秋收的时候，海盗成群结队地登陆强行收割已熟的稻谷，总共有700多艘海盗船。”③清人袁永纶所著《靖海氛记》中，对当时海盗袭扰内陆地区也有着较为详细的记载，其中一则：

> 贼人多诈。或作乡绅伪领官炮；或以官船伪巡村落，使人不备，则猝然肆夺；或伪为买卖风鉴以探听虚实。顷，乡人亦稍觉之，由是提防严切。间有往来不识之人，咸指为盗贼，群聚而屠之。官兵登陆买籴，亦疑其为贼而杀之。扰乱纷纷，不堪言矣。④

海盗们生性狡诈，在没有海上资源可以掠夺时，他们对沿岸村庄进行了骚扰。由于盗匪混入乡人之中难以区分，造成沿岸老百姓屡受其害，乡间大有一片混乱的态势。“香山、东莞、新会诸县滨海村落惨遭焚劫，而顺德、番禺尤甚”⑤，虽然百龄的“封港海禁”政策能够有效遏制海盗扩张，但穷途末路的海盗频频袭扰脆弱的沿海乡镇，使当地百姓在抵抗海盗的日子里苦不堪言。地方官府往往趁着海盗出动的时候，积极从海陆两面围剿海盗，但清廷水师的武装力量此时仍显薄弱。“中国官府的船和水师的战

① （清）郑梦玉等修，梁绍献等纂：同治《南海县志》卷14，清同治十一年（1872）刊本，台北：成文出版社，1967年，第263页。

② （清）魏源：《圣武记》卷8，第354页。

③ （英）马礼逊夫人编，顾长声译：《马礼逊回忆录》，桂林：广西师范大学出版社，2004，第59页。

④ （清）袁永纶：《靖海氛记》卷上，清道光十年（1830）碧萝山房藏板影印本，第17b—18a页。

⑤ （清）卢坤、邓起桢：《广东海防汇览》，第1039页。

斗力非常落后，无法抗衡大批海盗的劫掠和屠杀。”[①]六月，总兵许廷桂遭遇海盗后殊死对抗，奈何仍被残忍杀害，引起百龄治下的广东官府大为震撼。[②]百龄作为朝廷重任的官员，面对海盗肆无忌惮的进攻，自当多有自责。他首先呈请嘉庆帝治其未加严防海盗登岸之罪，虽朝廷收到奏报后未曾责罚百龄，但百龄心中多有顾虑，后又面对广东武备废弛现状而殚精竭虑。[③]多次同海盗的交锋之下，百龄不禁发出“办贼真须海尽枯”[④]的感叹，他似乎意识到切断海盗的海上供应仍不足以使海盗溃败，需要对盗匪进行彻底的武装进攻方可取得全面胜利。“贼船多而师船少，未免心生顾怯”，清廷也已意识到自身水师实力的不足，希望广东官府继续维持“坚壁清野”的态势，积极训练地方武装人员，同时招募一些精悍的水手，积蓄力量以备“一鼓歼除”海盗。[⑤]

上文笔者已述及嘉庆初年广东海防局势危急，存在“海盗”与“夷人”的双重威胁，以及两者间历来的相互纠葛和地方官府的介入，那么百龄在嘉庆十四年治理海盗的过程中，必然不会忽视来华西人的存在。由于官府对海盗的清剿有限，珠江航道上的外国商船得不到较好的安全保障。据悉美国船“阿塔瓦尔帕号”在当年遭到海盗袭击，“伊利侯爵号”的外国水手也被海盗绑架，险峻的形势令广州行商租赁了一艘外国船“伊丽莎白号”进行武装剿匪，更有甚者称“皇上已下令对海盗进行最有效的清剿，甚至授权请外国人加入帮助此事”。[⑥]嘉庆皇帝亲自下令由外国人协助广东官府清剿海盗，此事未有确证。因为在前一年嘉庆帝就因英国兵船借协助清剿海盗而图谋澳门一事震怒，不仅将时任两广总督吴熊光革职，更令继任者严查英国兵船进入澳门之事，对外国人参与广东剿匪极度排斥。百龄接任两广总督之职，必然了解嘉庆帝对外国人协助清剿海盗的排斥，所以他先颁布《酌筹华夷交易章程》，将来华西人于广东地区的行为作了限制，特别对日益繁多的外国兵船做了相关规定，此番针对“夷人”的防范出台后，方才继续进一步讨论“制贼”之策。[⑦]

清廷对待吴熊光是严厉的，而对待百龄则更为宽容。嘉庆帝曾在上谕中点名批评吴熊光“懈玩废弛”，转而褒奖百龄“诸事认真”，即便百龄在同海贼作战中有失方寸，依然能赢得嘉庆帝的信任，这便给予百龄后来更为大胆地“随时酌量机宜，尽力剿办”

---

① （英）马礼逊夫人编：《马礼逊回忆录》，第60页。

② （清）袁永纶：《靖海氛记》卷上，第12—13页；《广东海防汇览》，第1040—1041页；（清）戴肇辰等修，史澄等纂：光绪《广州府志》卷81，清光绪五年（1879）刊本，台北：成文出版社，1966年，第408页。

③ 中国第一历史档案馆编：《嘉庆道光两朝上谕档》第14册，桂林：广西师范大学出版社，2000年，第481、713页。

④ （清）百龄：《守意龛诗集》卷26，第289页。

⑤《嘉庆道光两朝上谕档》第14册，第481页。

⑥ （美）马士：《东印度公司对华贸易编年史（1635—1834年）》卷3，第130—131页。

⑦《清代外交史料》（嘉庆朝 第3册），第9—11、18—19页。

海盗的权限。[1]有了嘉庆帝的信任，百龄更敢于放手一搏，在棘手的外夷协助问题上，他选择下属县官与洋行商人居间联系夷人，希冀组成一支官府监管下的外国常备军。倘若夷人在对付海盗中屡立奇功，那么百龄便大可堂而皇之向嘉庆邀功，若是夷人在助剿海盗中不幸接连失利，那么百龄也可借口是下属与行商的擅作主张，将通夷之责全然抛开。正是得益于嘉庆帝的信任，百龄方才有恃无恐，敢于冒天下之大不韪，在“借师助剿”这一敏感行为上进行豪赌。目前关于百龄在嘉庆十四年治理海盗中“借师助剿”的官方记载，仅见于一份十月二十九日（1809年12月6日）的上呈奏折：

> 奴才百龄、奴才衡龄跪奏再，贼首张保仔、郑一嫂匪帮，因从前劫有西洋夷人大白底船二只驾驶，益为凶横，屡在外洋伺抢夷人货船，该夷人等深为愤恨。此次郑一嫂等即带前项夷舟，藏匿在新安赤沥角海港之内，香山县彭昭麟雇带僧船前往袭剿。时西洋夷目闻知，因赤沥角外洋距澳门数十里，可以朝发夕至，情愿带护货巡船五只，就近随往攻击泄忿，并冀夺回被抢白底大船，甚属急公奋勇。及至提臣孙全谋师船赶到围捕，该夷巡船仍复在彼遥相轰击，毙贼多名。据该县禀报前来。奴才等伏查嘉庆九年英吉利国夷人禀请备兵船二只，随同舟师常川剿贼，会经奏明停止，兹西洋夷人居住澳门二百余年，悉极恭谨，似与英吉利夷人有间，且因被该匪等劫其大船，欲仰仗天朝兵威泄忿。经现在师船壮盛，原无借区区夷兵之力，但该夷目等既志切同仇，自愿出力。奴才等当即捐资酌加犒赏，以示鼓励，合将西洋夷船跟同剿贼缘由，谨据实附片具奏，伏乞睿鉴。谨奏。嘉庆十四年十月二十九日。[2]

事实证明，百龄在“借师助剿”这一行为上的豪赌，虽未大获全胜，但起码有功可揽。上呈奏折中，百龄详细讲述了澳门葡萄牙人因商船被海盗掳去，所以愤懑不平主动希望派遣护卫船，参与到珠江口清剿海盗的行动中。百龄又进一步讲述葡萄牙人在海战中的努力以及他们对海盗进行的打击，并且指出葡萄牙人与英国人之间存在隔阂。此份奏折虽短短数百字，但无不极力透露出葡萄牙人积极恳求的态度，及广东官府怜悯般的应允。百龄显然受到嘉庆帝此前批驳广东官府寻求外国人帮助剿匪之事的影响，生怕担此重任的他丢了“天朝”的颜面，于是虽行“借师助剿”之实但不忘衬托官府的威严，顺便为自己的功绩辩解。此外，特意挑出葡萄牙人与英国人的矛盾，

①《嘉庆道光两朝上谕档》第14册，第414、713页。
②《清代外交史料》(嘉庆朝 第3册)，第27—28页。

则是希望清廷看到地方官府有驾驭双方的机会，彰显他们对“外夷”有着强大的掌控力，以达到“防夷”的目的。然而，百龄“借师助剿”之策的实际执行，并非如其所言那么简单。

四、“借师助剿”下的英、葡两国

1809年12月，百龄上呈有关外国人帮助广东水师清剿海盗的奏折，然而早在同年9月份其“借师助剿”之策便已施行。同年9月，香山知县“提议皇家战船‘倨傲号’可以随意巡逻清剿海盗，假如它在虎门内行动，当局将不加以反对”①，此刻广东地方官府的做法与此前朝廷严禁外洋兵船擅入内洋相斥，此举必然得到百龄的授意。百龄之所以敢于施行“借师助剿”之策，除了沿海海盗迟迟未能解决外，嘉庆帝迫切希望根除海盗也是一大推动力。随着海盗频繁登陆袭扰及官军对抗海盗中的失利，朝廷对地方上的匪患愈加重视，七月十四日（1809年8月24日）百龄便接到嘉庆帝的谕旨，“着百龄动支帑项多备战舰，调集水陆军兵悉心筹办，务将匪党刻日剿，以慰朕望”②。嘉庆帝希望百龄不惜动用国库经费，积极整顿水师兵船备战，大有不论什么方法迅速歼灭海盗为先的意思。百龄得旨后，知晓朝廷对广东海盗的关切，明白嘉庆帝的当务之急是“制贼”，所以深受信任的他便对借用外国兵力助剿海盗之事有了把握，“乃谋吝夷船，配夷兵，以遏其势”③。

当时来华西人中，能够提供较强武力保障的群体，一是葡萄牙人，二是英国人。葡萄牙人仰仗自明朝获得的澳门居住权，同广东地方官府保持密切的合作，百年来在澳门一隅有着稳定的贸易活动，培植了自己的军事力量。清中期随着英国人的到来，广东外洋船舶数量逐年增多，其中英国东印度公司规模最大，“至各国夷船，俱无兵船，惟暎咭唎国货船，有兵护送”④，英国海军最先派遣军舰护航商船，其武力冠绝其他来华西人。但是，英国人终究未能像葡萄牙人一样占据着澳门“未免心生歆羡”⑤，因此时常惦记澳门这块宝地。嘉庆初年，英国人两次觊觎澳门，不仅给广东官府留下深刻印象，更令在澳葡萄牙人忧心忡忡，因为英国人的武装力量明显胜于澳葡当局，若不是广东官府介于之间，葡萄牙很难保住澳门一地。近几年广东官府寻求外国兵力剿灭海盗时，也是希望武

---

①（美）马士：《东印度公司对华贸易编年史（1635—1834年）》卷3，第131页。

② 英国国家档案馆藏：英国外交部档案 F.O.1048/9/4。

③（清）强作生：《磨盾记》，《广东海防汇览》，第1050页。

④（清）梁廷枏：《海国四说》，第252页。

⑤（清）梁廷枏：《海国四说》，第243页。

力更为强大的英国派出兵船协助，但是葡萄牙则会极力反对英国兵船的介入，“不欲唊咭唎承办”[①]。澳葡当局曾经就认为：“狡诈的英国人以巡船的公开名义来掩饰某些不可告人的阴谋。”[②]葡萄牙人担心英国人抢占他们的地盘，由此产生的隔阂在协同助剿海盗的活动中便可看出。百龄治下的广东官府，同样深谙英、葡两国之间的矛盾，所以在“借师助剿”的行动下，百龄始终希望驾驭英、葡两国，既要“制贼”又要“防夷”。

由于去年英兵擅自进入澳门，所以百龄在本年度对英国进出口货物做了严格限制。但迫于朝廷决心剿灭海盗的压力，地方又亟需借助英国海军的帮助，百龄不得不提前结束对英商的限制。据悉，百龄通过行商传递信息，要求去年侵犯澳门的英军司令做出不再前来的承诺，且令东印度公司主席剌佛向北京方面做出相关保证，当然最重要的一点便是希望英国海军能够帮助清剿海盗。剌佛此刻非常明白总督的心思，英国的商人亦十分希望开舱贸易，所以剌佛提议总督应直接向英国海军官员交涉。[③]但最后百龄并未直接向英国海军提出请求，因他“希望以最不窘迫的方式得到援助”[④]，避免犯前任总督在面对“夷人”时表现软弱的错误。为此，较英国人更为温顺的葡萄牙人便成百龄“借师助剿”的首选，而邀英人协助之事则暂时搁置。由于此前葡萄牙人的船只被海盗掳去，且海盗将葡萄牙船和葡萄牙国旗在洋面上来回拖拽，激怒了澳门的葡萄牙人，广东官府正好有了绝佳理由派遣葡萄牙人随同缉捕海盗。[⑤]地方官府宣称“该夷等情愿将在澳洋船拨备出洋捕盗”“该夷目令其在兵船督率，自更得力”[⑥]，体现出葡萄牙人主动协助官府应对海盗的积极，向世人展现广东官府的控制力。然而，葡萄牙人同广东官府的协力清剿，并没有达到良好的效果。9月的战斗中，葡萄牙战舰奉命出战，但无奈海盗的舰艇更多，海盗们接二连三地袭击葡萄牙战船，葡萄牙人抵不住持久消耗的海战，便早早退出战场。[⑦]迫于糟糕的形势，广东官府甚至向美国人求助协剿海盗，但由于各种原因并未成行。[⑧]

---

① 署高州知府唐等为饬查蕃船能否随师船出洋捕盗事下理事官谕，《葡萄牙东波塔档案馆藏清代澳门中文档案汇编》（上册），第481页。

② （美）马士：《东印度公司对华贸易编年史（1635—1834年）》卷3，第36页。

③ （美）马士：《东印度公司对华贸易编年史（1635—1834年）》卷3，第131页。

④ （美）穆黛安：《华南海盗1790—1810》，第174页。

⑤ （葡）José Ignacio de Andrade, *Memoria dos feitos macaenses contra os piratas da China e da entrada violenta dos inglezes na cidade de Macáo*, Lisboa: Na Typografia Lisbonense, 1835, p. 35;《东印度公司对华贸易编年史（1635—1834年）》卷3，第130页；F.O.1048/9/8。

⑥ 署澳门同知朱为饬查报拨备捕盗蕃船事行理事官扎、香山知县彭昭麟为令晏多尼悖爹炉督率蕃船事行理事官扎，《葡萄牙东波塔档案馆藏清代澳门中文档案汇编》（上册），第509页。

⑦ （美）穆黛安：《华南海盗1790—1810》，第174页。

⑧ （英）Dalrymple Alexande, *Further Statement of the Ladrones on the Coast of China: Intended as a Continuation of the Accounts*, Published by Mr. Dalrymple, London : Printed by Lane, Darling, 1812, p. 76.

百龄治下的广东官府，不得不再次将目光投向了拥有完备战舰组织的英国人。据悉广东官府授意十三行商人，直接租赁英国散商船“水星号”配合广东水师出剿海盗，于是英船“水星号”便受到征召，配备20门大炮和50名美国志愿水手一同出战。①经过几番鏖战，此次“借师助剿”行动非常成功，原本气焰嚣张的海盗被逐出内河航道，中外合力发挥了应有的效果。“水星号”的英国舰长在击退海盗后，要求澳葡当局提供相应的军事援助以乘胜追击，但葡萄牙方面未予答应，海盗终究还是逃出外洋。②此后，百龄意识到英国兵船在对付海盗方面，有着巨大的帮助作用，于是为了彻底扫清洋面盗匪，他便将同英国海军的谈判提上了议程。10月29日，广州府亲自接见英国东印度公司主席剌佛，“先行叫全部随从退出房间，于是问主席能否帮助清剿海盗”③。剌佛同广州府会面后，再次明确说明：中方如果需要借助英国兵力则需两广总督亲自同海军司令谈判。11月2日，这一天英国海军舰长和剌佛一同入广州城，准备与总督百龄商讨协力清剿海盗一事，但是万万没想到原本安排好的会面却因总督临时有事而被迫取消。据悉，这场原本将如期达成会面的中英谈判之所以会取消，是因为葡萄牙人的从中作梗。“在这个时期，总督无疑会接受提供加强他的进剿海盗薄弱力量的任何帮助，但他本人则不能暴露他的软弱而去请求援助。”④英方代表入城之日，葡萄牙人已捷足先登，同总督建立最亲密的合作关系，表示将尽自己最大的军事力量帮助广东官府清剿海盗。⑤权衡之下，百龄选择同恭顺的葡萄牙人合作，双方于11月23日在澳门签订合作协议，具体内容大致可分为七项：

第一，将成立一支中外联合防卫舰队，其中葡萄牙兵船6艘（包含730名士兵），广东水师兵船1艘。联合舰队将在虎门与澳门之间巡航六个月，以抵抗海盗侵入内河；

第二，广东官府将捐赠八万两白银，用于援助葡萄牙兵船的武器装备；

第三，澳葡当局将立即投入两艘兵船行动，其余四艘将随后配备；

第四，两国政府必须在所有事项上相互帮助，以确保航行不会超出规定的时间点；

第五，此次合作的经费，将由两国政府共同承担；

第六，合作结束后，澳葡当局可以获得以前在澳门的特权；

第七，缔约各方承诺遵守上述条款中规定的所有条款，不作任何更改，并认为这

① *Further Statement of the Ladrones on the Coast of China: Intended as a Continuation of the Accounts*, Published by Mr. Dalrymple, p. 76;《东印度公司对华贸易编年史（1635—1834年）》卷3，第132页。

②（美）穆黛安:《华南海盗 1790—1810》，第175页。

③（美）马士:《东印度公司对华贸易编年史（1635—1834年）》卷3，第134页。

④（美）马士:《东印度公司对华贸易编年史（1635—1834年）》卷3，第135页。

⑤ *Further Statement of the Ladrones on the Coast of China: Intended as a Continuation of the Accounts*, Published by Mr. Dalrymple, pp. 77-78.

些条款已凭借其全部权力获得批准。[①]

从协议本身我们能看出，葡萄牙人对协同清剿海盗表示出极大的热情，但其中不乏葡方的私心。葡萄牙人在其中第六款明确表明，希望清剿完海盗后，能够获得此前在澳门拥有的特权，保障澳门掌控在葡萄牙人手中。由于英国两次派兵侵入澳门，所以葡萄牙人十分担心自己在澳门的居留权会被英国人夺取，他们对英国人与广东官府之间的合作多有阻拦，转而向广东官府表现出自己的诚恳，以此寻求地方官府对葡萄牙人在澳门的支持。百龄虽知英国人的武力比葡萄牙人要强，但是英国人桀骜不驯，远不如葡萄牙人温顺，倘若继续与英国人合作势必会遭到朝廷的追责。清人赵翼曾评价在澳葡萄牙人："大西洋人来……从无不轨之谋。盖其志在市易取利，无别意也。"[②]葡萄牙人相对英国人来说，来华已久且在澳相安无事已百年，百龄想必考虑至此。结合前任总督因对待英国人登陆澳门一事迟缓而被斥责为软弱无能，倘若百龄再向英国人借兵剿匪，恐怕会落人口实。百龄既要"制贼"又要"防夷"，于是选择葡萄牙人"借师助剿"便能较好兼顾，以此顺利开展中外间的联合剿匪行动。

11月初，广东地方官府已率先同葡萄牙人展开围捕海盗的联合行动。香山知县彭昭麟亲率百艘渔船会同葡萄牙兵船一道围剿郑一嫂海盗集团，在备战中官府积极动员葡萄牙人前来协助清剿海盗，照例发拨足够的资金供葡人进行武装。[③]但此次围剿的推进并不顺利，海盗凭借强大实力，将香山知县与葡萄牙人的联合行动破坏。葡萄牙人不甘心就此失利，多次派遣兵船出洋作战，水师提督孙全谋在后来的行动中亦是会同葡萄牙兵船一同清剿，只可惜双方合作始终未能彻底剿灭海盗。[④]随着中外联合行动的持续推进，提督孙全谋在一次海战中获得天赐良机，"时围贼于新安赤沥海港，拟以火舟焚之"[⑤]，他主张以火围攻蜷缩一团的海盗群体，中外双方联合包围必将其一网打尽。百龄得知前线即将迎来转机便亲赴战场督战，只可惜广东水师与葡萄牙人的合作并不牢固，随着风向的转变，海盗奋力突围，趁着空隙望风而逃。此次双方联合行动再次宣告失败，可葡萄牙人却在这场战役后沾沾自喜，他们声称对海盗造成的破坏是他们的功劳，且他们已经摧毁了至少三分之一的海盗船，不久将歼灭全部海盗。[⑥]

---

① *Memoria dos feitos macaenses contra os piratas da China e da entrada violenta dos inglezes na cidade de Macáo*, pp. 45-46；The Chinese Repository，Volume3，p.74.

②（清）赵翼:《外蕃借地互市》,《魏源全集》第17册，第509页。

③（清）袁永纶:《靖海氛记》卷下，第3页b；光绪《广州府志》卷81，第411页；署澳门同知朱为饬番船赴新安剿捕事下判事官谕,《葡萄牙东波塔档案馆藏清代澳门中文档案汇编》(上册)，第509页。

④（美）穆黛安:《华南海盗：1790—1810》，第178页。

⑤（清）百龄:《守意龛诗集》卷26，第290页。

⑥（英）Glasspoole, Richard,"A Brief Narrative of My Captivity and Treatment Amongst the Ladrones", *History of the Pirates who Infested the China Sea from 1807-1810*, London：Oriental Translation Fund, 1831, p. 122.

尽管葡萄牙人不认为这是一场失利，但从百龄的诗中，我们还是能看到地方官府的无奈。百龄在《督师海上忽闻贼遁不胜懊愤作此遣怀》谈及：

> 塞港焚舟莫更论，望洋惊叹哑无言。寇穷已是鱼游釜，将懦何期豕突藩。难得其时乖上策，不宣尔力负深恩。士民尚作擒渠想，舸舰旌旗蔽海门。沧溟东望郁烟霾，盼捷空将老眼揩。讨贼自惭张叔夜，治军谁似李临淮。渔盐海峤惊风鹤，卒伍山村御虎豺。何日尽教风燧息，早纾宸虑慰民怀。①

纵览全诗，百龄对此次海盗的逃脱十分懊悔，再一次表达出希望彻底剿灭海盗的决心，但他丝毫未曾提及葡萄牙人的帮助，反而大谈广东水师火攻海盗的一些情形，显然百龄不屑于葡方在此役中的作用，颇显其“防夷”之心。此外，中葡双方虽然达成合作，但广东官府始终坚守“防夷”之道，这是“借师助剿”的底线。合作期间，葡萄牙人曾需要购买大量军火以缉捕海盗，但有次采办军需前后申报数目不一，地方官府便大加诘问其中缘由，严格防范葡人的不法之举。②自从火海突围后，海盗集团已元气大伤，盗匪也注意到广东水师“借师助剿”的打压力度，尤其忌惮外国兵船的介入。此后，盗首张保仔向葡萄牙人请求借调兵船，希望能够扭转局面以反攻清廷水师，并借此破坏百龄“借师助剿”之策。张保仔甚至许诺葡方能够得到比在澳门更好的“特权”，以此引诱葡萄牙人倒戈，但是葡方知晓海盗已是苟延残喘之态，并未理会张保仔的邀请。③

此后，“借师助剿”之策仍稳步推行，海盗集团见广东水师日渐强大，且外国军事力量难以抵抗，便纷纷响应招抚前来投降。嘉庆十五年（1810）初，郭婆带、张保仔等海盗集团相继向百龄投诚，招降期间还曾发生一段小插曲。“适西洋番舶扬帆入虎门口，艨艟大舰，排空而至。贼大惊惧，疑官军阴合夷船以袭己也，拔锚而遁。”④正值双方议和之时，外国船只凑巧准备驶入虎门，来降海盗以为官府正借助外国兵船合围他们，所以匆匆四散而逃。广东官府见状，则以为海盗是来诈降，生怕洋匪趁乱要挟两广总督，因而官军也迅速撤离。事后双方才恍然大悟，不过误会一场。此事虽小，但可见海盗对广东

---

①（清）百龄：《守意龛诗集》卷26，第289页。

② 署澳门同知朱为判事官赴黄埔所购炮位火药与原开数目不符事下理事官谕；香山知县彭昭麟为判事官赴黄埔所购炮位火药与原开数目不符事下理事官谕，《葡萄牙东波塔档案馆藏清代澳门中文档案汇编》（上册），第510页。

③（美）穆黛安：《华南海盗1790—1810》，第180—181页。

④（清）袁永纶：《靖海氛记》卷下，第19页a。

官府“借师助剿”的惧怕，而官府对自身“制贼”的信心亦不足。至此，百龄将最为庞大的海盗集团逐一招致麾下，其余粤东洋面的海盗被各个击破，广东沿海遂重归安宁。

英国人在最后的收尾清剿环节上，眼看海防局势持续转好，于是不甘心葡萄牙人独享“借师助剿”的胜利成果，他们表示将派遣数艘重炮船前往广东洋面完成最后的协防。但是，以百龄为首的广东官员们表面上对英军的忠诚前来示以欢迎，实际上则开始慢慢淡化“借师助剿”在征剿海盗行动中的影响，最后选择拒绝外国军队提供的额外帮助。① 嘉庆十四年后海疆初定，不论是葡萄牙还是英国，有关外国军队协助清军剿灭海盗的记载逐渐减少甚至不见，因而可知“借师助剿”这一方略并未深得人心，当时的广东官府出此之策也是慎之又慎。回望嘉庆十四年，百龄“借师助剿”有近半年的中外合作之例，然而百龄仅在年底向嘉庆帝上奏唯一一份有关“借师助剿”的奏折，甚至奏折中尽是彰显地方官府的“驭夷”之功，未能将其全貌如实禀报。但即便如此，百龄客观上在“制贼”与“防夷”的兼顾是非常成功的，显然为其“借师助剿”之策奠定良好的基础。因此，百龄不仅维护了朝廷与地方的颜面，又可免遭嘉庆帝的降责，更是较好地“驾驭”外国人的力量，最终“以夷制敌”平治海盗，总的来说不失为精英官僚的为官之道。

余论

由上所述，来华西人于粤东海防局势是一把“双刃剑”。自西人来航，外洋船舶纷至沓来，他们往返于珠江航道经营中外贸易，海盗遂成为其航路上最大威胁之一。乾嘉年间，由于内外因素的影响，东南沿海的海盗势力达到一波高潮，沿岸百姓无不惨遭劫掠，中外海商更是受到最直接的摧残。待到清廷致力肃清海盗，来华西人便成为官府可以借用的一支力量，以西方的护航军舰弥补广东水师的不足。起初，广东官府对西方武装力量并未表现出积极的接纳，因为部分西人的武装力量会威胁到清廷自身的边防安全，英国人两次入侵澳门即是力证之一，“制贼”与“防夷”同样重要。但随着海盗势力的蓬勃生长，广东官府不得不以“制贼”为第一要务，总督百龄履任后便着手开展“借师助剿”之策，希冀“外夷”之力以克海盗。然而，“借师助剿”实际推行过程中，英、葡等在华西人却有着不同的利益取舍，同广东官府之间的关系亦是复杂。百龄权衡之下，选择恭顺的葡萄牙人继续践行其“借师助剿”方略，表明地方官府在“制贼”之中始终不忘“防夷”之务，在借用“外夷”这把利刃时，不忘刀背向内、刀锋向外。

魏源曾谈道：“当粤氛未靖，澳门西洋夷备兵舶二，英吉利备兵舶四，愿助剿海贼。广东大吏中朝无借助外洋之理，却之。夫不借外洋之战舰，可也；不师外洋之长技，

① （美）马士：《东印度公司对华贸易编年史（1635—1834年）》卷3，第160—161页。

使兵威远见轻岛夷，近见轻属国，不可也。”[①]由此可见，无论是中央还是地方，“借师助剿”实际上并不受欢迎，即便百龄在嘉庆十四年借用西人力量帮助广东水师清剿海盗，也不会被大肆宣扬，而来华西人的“长技”自不必加以学习。与此相同，在来华西人看来“中国官员极其傲慢、专横和喧嚷”[②]，与中国人打交道仿佛成为一道难以逾越的沟壑，这便是早期中西交往碰撞下最真实的反映。“制贼”过后，“防夷”又重新成为广东督抚海防事务的中心，而来华西人在扫除海盗的障碍后，依旧络绎不绝往返于珠江航道上，双方间的沟壑并未因“借师助剿”而填平。

当“借师助剿”停止施行后，中外之间的摩擦却进一步加大，其中以来华英人最为代表。百龄治粤期间，葡萄牙人在抗击海盗的联合行动中同广东官府建立的紧密联系，一直令英国人十分羡慕，而葡萄牙占据澳门的特权也得以巩固，这便使实力更为强大的英国人不满。在平定海盗后的几年里，英国人多次表现出更为强势的行事作风，如1813年来华英人集体反对清政府干预英国东印度公司广州商馆的人事任命，同年又有英国军舰“罢礂仁号”擅自盘桓于珠江口并攻击美船事件，进一步造成中英在清剿海盗后的海疆紧张局势。1814年双方在处理“罢礂仁号”事件时，又就“通事阿耀案”进行交涉，新任两广总督蒋攸铦采取停止贸易的方式，选择对英方进行制裁。1816年英国决定派遣阿美士德使团再次北上觐见，以求改变英国在广东遭遇的不利局面，然而事实却表明中英不仅在“借师助剿”层面未达成一致，就连双方的正常交涉也存在较大问题。[③]广东官府囿于百龄“借师助剿”期间较好地驾驭外夷之经验，在此后同英人的交涉中并未意识到外夷的难以控制，往往采取老办法“封关、封港”的措施打压势力渐长的西方群体，这也成为后几任两广总督的“治粤良方”。如此一来，1834年“律劳卑事件”的发生便不再意外，这是清廷“严立中外大防，固守‘华夷之辨’”的传统惯性，而这一惯性持续至鸦片战争的爆发。[④]

① （清）魏源：《圣武记》卷8，《魏源全集》第3册，第355页。

② （英）马礼逊夫人编：《马礼逊回忆录》，第65页。

③ 中英双方在1814年前后进行了一系列交涉，“罢礂仁号事件”“通事阿耀案”“阿美士德使团访华”等皆为互有关联的事件，体现了早期中英观念的剧烈冲突。参见吴义雄：《“国体”与“夷夏”：鸦片战争前中英观念冲突的历史考察》，《学术研究》2018年第6期。

④ 1834年英国商务监督律劳卑奉命来华监管商业事务，然而广东官府却拒绝同律劳卑进行平等对话，其间清政府以中断贸易、武力抗争等手段，致使律劳卑退居澳门并最终病死，该事件促成英国对华外交政策的转变。参见李少军、刘春明：《试论律劳卑事件的根源与中方的应对》，《江汉论坛》2004年第10期。

家风、京察与君主论：《明史·魏允贞传》的补正与研究

王骏光

内容提要：作为明万历前中期，先因言事外谪，后久任巡抚的名臣，魏允贞得到东林人士极口称颂。作为谏臣，允贞早年上疏言事，皆为纠正内阁专权之弊。谪迁后仕途虽几经辗转，幸得申时行两次相助。癸巳年京察，允贞因疏援吏部外调山西巡抚。仕途晚期，允贞"屡推不用"及"乞归疏留中"问题成为公论焦点。明代人所写传记，以东林人士的反内阁立场书写允贞生平，避免触及君主之裁断。《明史·魏允贞传》以奏疏贯穿全文，未提及癸巳京察，未触及阁部之争的核心问题。二者记载之差异，揭示出东林人士君主论对明代人物评价的影响，并未在《明史》编纂中延续。

关键词：魏允贞；万历朝；东林人士；阁部之争

一、前言

魏允贞为明万历朝名臣，以疏谏时政、久任巡抚尤著名，官至兵部右侍郎，《明史》有传。由于早岁任科道官，因言事外谪的经历，魏允贞与日后成为东林领袖的赵南星、顾宪成、李三才交谊笃好。顾宪成《祭中丞魏见泉先生》称允贞为"古之遗直"，有云："如其道也，如其义也，斧钺在前，弗避也，鼎镬在后，弗骇也。非其道也，非其义也，千驷万钟，弗视也，一介弗取也。"①与东林人士关系紧密的张鼐《魏见泉荣终录序》则谓："国家虽议论争逐，渐成藩篱门户，而清议一派，默默在天地间，故人皆惮严鲠，而亦知劲节。"②史家孟森有云："明之衰，衰于正、嘉以后，至万历朝则加甚

① (明)顾宪成:《祭中丞魏见泉先生》,《泾皋藏稿》卷20,《景印文渊阁四库全书》第1292册·集部第231册，台北：台湾商务印书馆，1986年，第221页。

②（明）张鼐:《魏见泉荣终录序》,《宝日堂初集》卷12,《四库禁毁书丛刊》集部第76册，北京：北京出版社，1997年，第333—334页。张鼐，字世调，松江华亭人，万历三十二年进士，是与无锡东林书院、常熟虞山书院有着非常密切关系的人物。参见（日）小野和子著，李庆、张荣湄译:《明季党社考》，上海：上海古籍出版社，2013年，第154页。

焉。明亡之征兆，至万历而定。”[①]作为万历朝前中期著名的清议之臣，魏允贞仕途几经辗转，前后近三十年，颇受同时代人瞩目。高春平撰《试论万历年间刚直晋抚魏允贞同矿监税使的斗争》，通过《明史·魏允贞传》研究魏允贞的政治生涯，认为允贞是一位刚直清廉、敢于斗争的官员。除高作外，有关的研究阙如[②]。

问题之厘清，需求助于允贞的文集。允贞所著《魏伯子集》四卷，《千顷堂书目》卷二五著录，今未见有传本[③]。《开府魏见泉先生诗》仅有孤本，且为仅存前二卷之残本，原为北平图书馆旧藏万历中刻本，今存台北故宫博物院[④]。想要厘清允贞与其他人物的关系，我们不得不求助其他史料。考明清之际时人所作魏允贞生平事迹之文，主要源头有四：其一为李维桢《少司马魏公祠碑》，载万历三十九（1611）年刻本《大泌山房集》卷一一一；其二为林之盛《皇明应谥名臣备考录》所载传，见万历四十三年（1615）钱塘林氏原刊本卷四；其三为过庭训《本朝分省人物考》所载传，天启中刊本卷一〇；其四为赵南星《明通议大夫兵部右侍郎见泉魏公碑》，载崇祯十一年（1638）范景文等刻本《赵忠毅公文集》卷一一[⑤]。以上四传相去不远，较可从信。其他如孙承泽《畿辅人物志》所载传记，撰于明末清初，载清初刻本卷一〇，文字本于赵南星碑记[⑥]。傅维麟《明书》卷一三五《魏允贞传》，撰于清初，本于孙承泽传文，仅略有补充[⑦]。清代光绪《南乐县志》卷五所载传记，亦抄录旧文，发明补充之处较少。

不同于以上诸传，《明史》本传谨守官书体例，可信度较高，亦有失载之处。传记与墓志的写作，重其品格，举其功绩。个人之通信，忆叙情谊，亦多论及时事。允贞有两位重要友人，赵南星与允贞同出大名府，交情笃好，在《祭魏中丞文》中称允贞为“仁兄”，自陈“以恩，则星之知己也”[⑧]。《赵忠毅公诗文集》中收有二人的往来书

---

① 孟森：《明史讲义》，北京：中华书局，2009年，第216页。

② 见中国明史协会编：《第十七届明史国际学术研讨会暨纪念明定陵发掘六十周年国际学术研讨会论文集》(上册)，北京：北京燕山出版社，2016年，第140—143页。

③（明）黄虞稷：《千顷堂书目》卷25，《景印文渊阁四库全书》第676册，史部第434册，台北：台湾商务印书馆，1986年，第611页。

④ 王重民：《中国善本书提要》，上海：上海古籍出版社，1983年，第647页。

⑤（明）李维桢：《大泌山房集》卷111，《四库全书存目丛书》集部第153册，济南：齐鲁书社，1997年，第249—251页；(明)林之盛：《皇明应谥名臣备考录》卷4，周骏富辑：《明代传记丛刊》第56册，台北：明文书局，1991年，第463—467页；（明）过庭训：《本朝分省人物考》卷10，《续修四库全书》第533册，上海：上海古籍出版社，1996年，第234页；（明）赵南星：《赵忠毅公文集》卷11，《四库禁毁书丛刊》集部第68册，北京：北京出版社，1997年，第290—294页。

⑥（明）孙承泽：《畿辅人物志》卷10，《续修四库全书》第540册，上海：上海古籍出版社，1996年，第678—681页。

⑦（明）傅维麟：《明书》卷135，王云五主编：《丛书集成初编》，上海：商务印书馆，1937年，第2698—2700页。

⑧（明）赵南星：《祭魏中丞文》，《赵忠毅公文集》卷11，《四库禁毁书丛刊》集部第68册，北京：北京出版社1997年，第384页。有关赵南星的研究主要有：（日）清水泰次：《趙南星と魏忠賢：東林派と宦官派》，《書苑》第4卷第3号（1940年）；何孝荣：《赵南星的政治思想》，《河北师范大学学报（社会科学版）》1995年第1期等。

牍与赠答诗歌。大名府长垣人李化龙曾自叙“吾与三人（南乐三魏，允贞、允中、允孚）者交也，爰自髫年，迄于白首，目成心许，比玉断金”，称得上是总角之交，《李于田诗集》中收录多首与三人的赠答诗[①]。1947年，南乐魏允贞墓中出土《魏允贞墓志铭》，李化龙撰文，杨时乔篆盖，李三才书丹，颇有史料价值。允贞卒于万历三十四年（1606）正月，李化龙于三个月后，应允贞之子广微之请撰《墓志铭》，亲闻往事于嗣君，记载的早年家世较为可信。明人文集与史籍提及魏允贞较多者，还有《大泌山房集》《弇州续稿》《淡然轩集》《来禽馆集》《玉介园存稿》《冯用韫先生北海集》《玉茗堂尺牍》《万历疏钞》《不愧堂刻奏疏》《国史唯疑》等等。本文立基于“知人论世”四字，以同时代人所作传记为线索，以文集、明清史籍互相发明考证，意在集合众说以补史传未备之处，并提出笔者认为关键的问题，予以讨论，为进一步研究奠定基础。

二、家世与学思启蒙

《明史》：“魏允贞，字懋忠，南乐人。万历五年（1577）进士。”[②]按，允贞别号见泉，时人多以此相称。据赵南星《见泉魏公碑》，其举乡试在万历丙子，即万历四年（1576）[③]。考《万历五年进士登科录》，允贞籍贯正作“直隶大名府南乐县”，秋闱列名十四名，登进士榜列名七十一名，时年三十四[④]。南乐县境，战国时属魏，因此李维桢《少司马魏公祠碑》称允贞为“魏人”。《登科录》又记允贞“民籍，县学生，治《书经》，字懋明”，则登进士榜时尚未改字“懋忠”。

允贞生卒年《明史》不载，诸传亦多从略。前引赵南星《见泉魏公碑》记作：“公生于嘉靖二十一年（1542）六月初七日，卒于万历三十四年正月十五日，享年六十有五。”[⑤]将之与李化龙《魏允贞墓志铭》及《明神宗实录》所载允贞卒年相互佐证，可知南星所记无疑问。

允贞之早年家世，《明史》不载。赵南星《见泉魏公碑》所载先世系谱较为完整：

> 魏公讳允贞，字懋忠，别号见泉，世为大名之南乐人。其先世可考者，

---

①（明）李化龙：《魏允贞墓志铭》，史国强主编：《南乐县文物志》，南乐县史志办公室，1984年，第296页。有关李化龙的研究主要有：（美）富路特（Luther Carrington Goodrich）、房兆楹：《明代名人传》第3册，北京：时代华文书局，2015年，第1120—1125页；彭鸿程：《李化龙与〈辽阳稿〉》，《吉林师范大学学报（人文社会科学版）》2010年第1期等。

②《明史》卷232《魏允贞传》，北京：中华书局，1974年，第6055页。

③（明）赵南星：《赵忠毅公文集》卷11，第291页。

④《万历五年进士登科录》，毛晓阳点校：《天一阁藏明代科举录选刊·登科录》下册，宁波：宁波出版社，2016年，第545—546页。

⑤（明）赵南星：《赵忠毅公文集》卷11，第294页。

> 自良兴始。良兴生刚，刚生昇，昇娶于黄，生泰。泰在母腹而父见背，黄贫苦守节，抚之成立。泰生经，以勤俭大其家，娶于王，生封巡抚，节斋公，魏公之父也。①

李化龙《魏允贞墓志铭》所载世系与上相同，但更突出魏怡曾祖母黄氏的贡献："泰盖遗腹子，母黄，守节甚坚，人曰天之报施善人也。有大苦必有甚甘，黄其遂大魏氏乎？"②于慎行《谷城山馆文集》卷二五有《明故封中宪大夫都察院右佥都御史前巩昌府通判节斋魏公合葬神道碑铭》，所载世系虽然较为简略，但却提到魏怡之父魏经"以勤俭成家，享有耆寿"，以及前后两次出仕经历，一为"青州别驾，治郡之颜神镇"，一为"陕之巩昌"。③至于南乐魏家的情况，王世贞《弇州续稿》卷三四《寿节斋魏太公序》有云：

> 余偶行部南乐，过太公，太公方谢巩昌事归。其门寠而籧篨，伛偻入，一室壁立，亡胡床可坐客。久之，荐茗，茗不能熟，而亦无茗色。与之语，恂恂如不能言者已。徐伸其理简而隽其貌，则望而征为钜人君子。窃怪太公之为倅，满九载当迁，而倏然致其事归。前后所莅青州及巩昌皆名郡，即不大润屋，何至不能具一茗？④

魏怡为人强毅正直，为政廉洁清正，闻名乡里。隆庆二年（1568），王世贞出任大名兵备副使，正值魏怡辞官归养，王世贞慕名前去拜访，对其居室之残破，以及其人清苦绝俗的作风印象深刻。代代相传的勤俭家风，为允贞树立了一个最好的榜样。

允贞早年之教育，《明史》不载。邢侗《贺魏公封大中丞暨九十春秋序》有谓"魏先生（魏怡）家世儒宗"⑤。父魏怡弃官归养南乐之后，亲自督教。母亲杨氏于隆庆四年（1570）去世，允贞哀伤过度。相关记载见于赵南星《见泉魏公碑》，谓允贞"庚午，遭母丧，过毁，病几殆"，以及李化龙《魏允贞墓志铭》，谓"记同学时，懋权与我言：愚兄弟为诗，本母杨教也。母通孝经、小学、大学、声律、发蒙、杜律、虞注诸书，

---

①（明）赵南星：《赵忠毅公文集》卷11，第291页。

②（明）李化龙：《魏允贞墓志铭》，第296页。

③（明）于慎行：《明故封中宪大夫都察院右佥都御史前巩昌府通判节斋魏公合葬神道碑铭》，《谷城山馆文集》卷25，《四库全书存目丛书》集部第148册，济南：齐鲁书社，1997年，第26页。

④（明）王世贞：《寿节斋魏太公序》，《弇州续稿》卷34，《景印文渊阁四库全书》第1282册，史部第221册，台北：台湾商务印书馆，1986年，第443—444页。

⑤（明）邢侗：《来禽馆集》卷9，《四库全书存目丛书》集部第161册，济南：齐鲁书社，1997年，第477页。

盖不忝女师云。"[①]可知杨氏学问出众，从允贞、允中与允孚幼时开始，教以文字与音韵，奠定了家庭教育的基础。允贞毅然以诗为志，走上仕途后不废诗书，从中我们能看到母亲的影响。

允贞、允中二人与李化龙，早年均师从王叔杲（字德阳，号旸谷，永嘉人）。隆庆年间，王叔杲出任大名知府，增建元城书院，"谆谆复以正志砥操迪诸生，而人材、宦业视昔倍盛"[②]。明代中期，书院逐渐兴起，官学教育日益衰弱。元城书院由官方创办，通过划拨学田、募集资金、聘请名师来补充官学教育。允贞认同老师的做法，在日后巡抚山西期间注重书院建设，创办官办性质的书院。

允贞走上仕途后，继续与老师书信往来，并且记得老师寿辰。王叔杲著有《玉介园存稿》十八卷，允贞序之，有云："先生庚午、辛未间（隆庆四年、五年）守吾郡，其治行如汉良二千石，载在口碑，今二十余年矣……贞兄弟从先生久，即智不足以知先生，亦不至阿其所好，因序而传之。"[③]本节通过文集考史，展示出允贞与父母手足情深，与老师友谊长存，与友人幼年相交的形象。

三、从地方到朝堂：早期的奋斗

《明史·魏允贞传》谓"授荆州推官，大学士张居正归葬，群吏趋事恐后，允贞独不赴，且抶其奴"[④]。允贞甫一上任，就有不俗表现。荆州为内阁首辅张居正故里，官此地者难以施展拳脚。万历五年(1577)，正值张居正丁父忧，却"夺情"留京守制。"居正自夺情后，益偏恣，其所黜陟，多由爱憎"，引起许多士人不满。[⑤]允贞在荆州期间，体会到张家的煊赫权势，这对他政治观点的形成产生了重要影响。在之后的政治生涯中，允贞始终在思考如何约束内阁权力。

诸传记均聚焦于允贞与张相的关系：比如过庭训《本朝分省人物考》所载传记，谓"正值江陵柄政，欲收之以为用，允贞兀然自立，不少诡随，重惩其一二家奴，江陵啣之，密伺其短，卒无所得"；又如李维桢《少司马魏公祠碑》，记载"时江陵当国，有震主威，又值父丧。上自两宫，下薄四海，辐辏其门。子弟亲戚，乡里知交，借力

① （明）赵南星：《赵忠毅公文集》卷11，第291页；李化龙：《魏允贞墓志铭》，第297页。

② （明）王叔杲：《重修白鹿书院记》，金柏东主编：《温州历代碑刻集》，上海：上海社会科学院出版社，2002年，第219页。

③ （明）魏允贞：《玉介园存稿序》，（明）王叔杲撰、张宪文校注：《王叔杲集》，上海：上海社会科学院出版社，2005年，第408页。

④ 《明史》卷232《魏允贞传》，第6055页。

⑤ 孟森：《明史讲义》，北京：中华书局，2009年，第224页。

势驾人，众无如之何。公危行言逊，以廉知。自将夸毗之夫，望之色沮。即江陵，于公不可得亲疎，用治行高等召入京”；赵南星《见泉魏公碑》，记载“未尝不见容，而更取重焉”；而孙承泽《畿辅人物志》所载传记，作“相君闻之，亟为赞服，致谕诸子，毋轻举动，以挠其法也”之语[①]。要之，诸传均称赞允贞耿烈之操守，对张相的品评各有不同，以《本朝分省人物考》对张相的态度最为严苛。

万历十年（1582）六月戊戌，允贞由荆州推官转任山西道御史，成为科道官[②]。赵南星《见泉魏公碑》：“会江陵物故，遗表荐其私人潘宗伯晟，胤己而相，为身后之利。御史雷公士桢疏论潘软猾，不可相，上竟相之。公疏极言潘品下齿衰，众必不服彼，必不止所谓苟患失之，无所不至，其为圣治之累甚大。疏入不报，然亦竟不复用。”[③]其时交章上疏者，还有王国、雷士桢、王继光、孙炜、牛惟炳与张鼎思。《明史》载其时“吏部尚书梁梦龙罢”，并节录允贞所上奏疏。是疏见于《万历疏钞》卷二一，题为《恳乞圣明慎简大臣以重铨衡疏》，有曰：

> 往者会推之先，吏部皆密受意于阁臣，或司礼监太监。名氏已定，然后会推。九卿科道，徒取充数。未推不闻咨访，既推不闻参驳。[④]

李化龙指出，是疏“大指谓吏、兵二部，用人宜协公评，无关白政府。”[⑤]吏部尚书梁梦龙与礼部尚书潘晟，均为张居正与司礼监冯保的亲信。《明史·魏允贞传》，谓“俄劾兵部尚书吴兑，兑引去”[⑥]。考之《实录》，事系于万历十一年（1583）正月，上疏原因乃是吴兑附于高拱、张居正。可知允贞此一时期作谏臣上疏言事，皆针对张居正政治的流弊——内阁专权。

万历十一年三月，允贞“疏论四事”。赵南星《见泉魏公碑》，谓“公在台中，曾不逾岁，时江陵初没，执政席余威，蒙遗事，未能遽偕大道，公所纠正甚多”，并归纳四事为“公文武之用，严科举之防，慎台谏之选，务战守之实”，指出“所言科举之防，犹执政所恨”，林之盛《皇明应谥名臣备考录》沿用了赵南星“疏论四事”的说法，

---

①（明）过庭训:《本朝分省人物考》卷10，第234页;（明）李维桢:《大泌山房集》卷111，第249页;（明）赵南星:《赵忠毅公文集》卷11，第291页;（明）孙承泽:《畿辅人物志》卷10，第678页。

②《明神宗实录》卷125，万历十年六月戊戌，台北：台湾“中研院”史语所校勘本，1962年，第2331页。

③（明）赵南星:《赵忠毅公文集》卷11，第291页。

④（明）吴亮辑:《万历疏钞》卷21,《四库禁毁书丛刊》史部第59册，北京：北京出版社，1997年，第182页。

⑤（明）李化龙:《魏允贞墓志铭》，第298页。

⑥《明史》卷232《魏允贞传》，第6055页。

摘引了“论科举条”[①]。是疏亦见于《万历疏钞》卷一及《明经世文编》卷三百八十七，题为《条陈救弊四事乞赐采纳以弘治道疏》，以及《不愧堂刻奏疏》卷一[②]。允贞此疏被不同文献收录，可知在当时颇有影响。

事情的经过是：内阁辅臣之子将要廷试时，允贞疏劾辅臣私其子，指其扰乱科举公平，张四维、申时行上疏自辩，随后神宗手谕慰留二辅臣，令即出任事。允贞上疏后，“奉旨参看，尚未处分”，这时李三才上疏论科举，二人奉旨谪外，允贞外调许州，三才外调东昌府。[③]允贞感激于李三才的出手相助，有诗《李修吾户部约游天宁寺既病不果》云：

> 绨袍人去已千年，载酒频来问左迁。事定故人多覆雨，时危烈士尚回天。拾遗我媿汲长孺，排难君如鲁仲连。此去风波浑未定，一生输却白云禅。[④]

临出发时，允贞又有诗《别李修吾之东昌》云：

> 已恨相知君不早，那堪今日重离君。清风东郡三春树，白日长安一片云。酒尽歌声寒易水，天遥剑气拂星文。丈夫宠辱寻常事，杜左千秋有令闻。[⑤]

允贞此二首诗，除了表现宠辱不惊的心态外，所称“故人多覆雨”，指的应该是言路意见不一、热心不足的情况。李维桢《少司马魏公祠碑》交代当时的政治气氛，文曰：“上夙忌江陵专擅，身死，而言者攻击之，取幸于是。拾唾余，箠毙虎，纷然竞作。”[⑥]当时，“诸劾江陵者，多取显官去，犹而效之，争以建言自见”[⑦]。而允贞却疏劾二位在阁辅臣，这体现了他上疏言事的原则立基于政治理念。对于允贞上疏的后续影

① （明）赵南星：《赵忠毅公文集》卷11，第291页；（明）林之盛：《皇明应谥名臣备考录》卷4，第463、464页。

② （明）吴亮辑：《万历疏钞》卷1，《四库禁毁书丛刊》史部第58册，北京：北京出版社，1997年，第41页；（明）陈子龙等编：《明经世文编》卷387，北京：中华书局，1962年，第4194页；(明）吴道行辑：《不愧堂刻奏疏》卷1，金陵唐氏明万历三十五年（1607）刻本，第13页。

③ 《明神宗实录》卷135，万历十一年三月壬辰，第2517页。

④ （明）魏允贞：《开府魏见泉先生诗》卷1《西台稿》，国家图书馆据台北故宫博物院附属文献处明万历中刻本胶卷复制，第108页。（原书无页码，故标注复制本新编制页码）

⑤ （明）魏允贞：《开府魏见泉先生诗》卷1《西台稿》，第109页。

⑥ （明）李维桢：《大泌山房集》卷111，第249页。

⑦ （明）沈德符：《万历野获编》卷12，上海：上海古籍出版社，2012年，第261页。

响，朱国桢《皇明史概》认为“科场事，自魏允贞发明后，揆地之子连擢高第，人遂益致疑，不可解”，《明史》则记载“自是辅臣居位，其子无复登第者”[①]。可见此后众人益发致疑，形成公论，辅臣遂不敢大行其私。仅有的一例，万历二十九年（1601），前内阁首辅王锡爵之子王衡考中进士，此时已是王锡爵去位七年之后。

综观《明史》及允贞疏文，我们看到的是一位勇于疏谏，志行高洁，不惜忤逆朝中重臣，不可得亲疏的科道官的形象。此外，为纠正内阁专权之流弊，允贞上疏论科举，以此为契机与李三才结交。时政之考证与人际交往之考察，二者相辅相成，文集对明史研究的重要性由此可见。

四、从谪迁许州至卷入癸巳京察

《明史·魏允贞传》谓允贞谪迁许州后，“久之，累迁右通政”，其间经历俱阙载[②]。对此，林之盛《皇明应谥名臣备考录》所载传记，谓“升彰德府推官，升南京吏部主事，历通政，进都御史”，李维桢《少司马魏公祠碑》记作“寻擢理邺郡，南吏部郎，光禄丞，已为少卿，为京兆纳言。”[③]邺郡即彰德府，允贞曾经短暂仕宦于此地，后人写允贞生平经历，大多将之遗漏。不久，允贞升任南京吏部主事，此事与申时行关系密切。前次允贞疏劾辅臣子嗣不宜参加会试，遭到外谪，顾宪成为此向座主申时行进言，见于《泾皋藏稿》卷九：

> 当江陵擅国，诸言事者无不被罪去，以是台谏缄口结舌，靡靡不立，天下伤之。至于今，稍稍能以直言振矣，顾亦往往有所揣摩缘饰而然，其真痛真痒处，亦逡巡观望，莫之敢及。则科场一事是也，独魏侍御不忌而抗疏言之，李民部不忌而抗疏救之，是为真能直言。执政于此两人，能优容之，是为真能优容。[④]

观此书信可知，顾宪成认为，若言路无法畅通，就会导致政治的腐化。顾宪成于万历八年会试合格，为吏部主事，当时李三才也在吏部，二人一起批评时政。改变张

① (明)朱国桢:《皇明史概》卷39，台北：文海出版社，1984年，第6137—6138页;《明史》卷232《魏允贞传》，第6056页。

② 《明史》卷232《魏允贞传》，第6056页。（清）万斯同《明史列传稿》：“允贞累迁光禄丞，进右通政。”（清）万斯同著，方祖猷编:《万斯同全集》第6册，宁波：宁波出版社，2013年，第138页。

③ （明）林之盛:《皇明应谥名臣备考录》卷4，第465页;（明）李维桢:《大泌山房集》卷111，第249页。

④ （明）顾宪成:《再上相国瑶翁申老师书》，《泾皋藏稿》卷2，《景印文渊阁四库全书》第1292册，集部第231册，台北：台湾商务印书馆，1986年，第16页。

居正辅政以来台谏缄口结舌的状况，这是允贞与上述二人之间的共识。允贞稍后转调南吏部，得益于顾宪成、孙珑请于申时行，后者“占物情，稍稍擢三人（允贞、李三才、邹元标）官，三人得毋废”[①]。王世贞认为，这说明“大臣亦心愧长君”，李化龙认为申时行的目的是安抚人心，“时江陵相新败，执政者欲以包荒收人望”[②]。二人的说法均表明，若无申相协调士论，对议论激切之士网开一面，允贞仕途或许更加坎坷。

允贞于南吏部任上之事，或因并非时政焦点，《明史》与《明神宗实录》俱不载。值得一提的是，万历十三年（1585）海瑞复出，出任南吏部右侍郎，时年七十二岁，允贞得以与他短暂共事。赵南星《见泉魏公碑》：“南吏部事简，独胥吏有贴班银，以佐四司仆马之费。太宰丘公橓、少宰海公瑞，皆名臣，公请如此类悉革之，省署顿清。”[③]按照旧规，贴班银由胥吏承担，充作四司官员的仆马之费。允贞请于丘橓、海瑞，将之免去。著名的经世官员冯琦认为，允贞古人中似汲黯，今人中似海瑞[④]。除性格之外，对革除时弊与整顿吏治的关心，亦是允贞与海瑞的相似点。

南都政治风气宽松，生活安逸。允贞交游结纳，以诗会友。赵南星《明少傅兼太子太傅兵部尚书李公碑》：

> （李化龙）为南吏部，时魏懋贞（允贞）、邹尔瞻（元标）诸君子皆在南都，结期联骑，游于采石、雨花、燕子矶之间，称诗裁赋，藻山川而贲草木，迄今传之，以为金陵之胜事。[⑤]

彼时与允贞并官南都者，还有李化龙、邹元标、李三才、汤显祖与王国。李化龙南工部寓所名为“如兰阁”，允贞与李化龙、李三才、张献翼[⑥]（字幼于，长洲人）曾雅集于此。[⑦]允贞诗风粗犷，不做提炼，反对华丽辞藻。

---

①《明史》卷218《申时行传》，北京：中华书局，1974年，第5749页。

②（明）王世贞：《弇州续稿》卷34，第444页；（明）李化龙：《魏允贞墓志铭》，第298页。

③（明）赵南星：《赵忠毅公文集》卷11，第291页。

④（明）冯琦：《魏中丞奏议序》，《冯用韫先生北海集》卷10，国家图书馆藏明万历林有麟刻本，第5、6页。冯琦的成就包括撰写经筵讲章、编著《经济类编》及编订《典故纪闻》。详见朱炳旭：《冯琦与利玛窦的一段友好交往》，《中国天主教》2000年第4期，第45页；解扬：《治政与事君：吕坤〈实证录〉及其经世思想研究》，北京：三联书店，2011年，第286页。

⑤（明）赵南星：《明少傅兼太子太傅兵部尚书李公碑》，《赵忠毅公文集》卷11，《四库禁毁书丛刊》集部第68册，北京：北京出版社，1997年，第288页。

⑥ 宋石男指出张献翼是明中叶以降狷狂士人的代表人物，见宋石男：《张献翼：狂颓于万历年间——兼论明中叶以降士人任诞习气》，《贵州社会科学》2013年第1期，第131页。

⑦（明）李化龙：《李于田诗集》南中稿下，《四库全书存目丛书》集部第163册，上海：上海古籍出版社，1996年，第502页。

汤显祖《玉茗堂诗》卷十《答太傅于田李公河上四十三韵》诗序：

> 公家长垣，起嵩县令，迁南吏部郎，与魏懋忠、李道父（三才）三公，予南奉常时晤言风雅之契。①

当时的南都，讲学活动盛行。适逢“李公（三才）南礼部主事，与澄海唐公伯元同舍”②。王阳明与湛若水都曾讲学南都，唐伯元即为湛门后学。李化龙《魏允贞墓志铭》：

> 时当路者颇右理学，南都士大夫遂约会讲学，公不往第，与议部李公、时时过我，暨比部邹公元标、学使王公国，杯酒笑□恬如也。③

允贞反对阳明学，提倡朴实的治学功夫，轻义理而重践履，故未曾参与理学家讲学。允贞日后在山西兴办书院，乃是不具有王学色彩的官办书院。赵南星《见泉魏公碑》：“又修文中子诸贤之祠及书院，陶化人才。”④

万历十三年（1585），允贞接到弟允中讣告，遂有归意，两年的“称诗裁赋”经历告一段落。允贞有诗《哭仲弟懋权》六首，回忆手足之情⑤。魏允中与顾宪成于万历八年（1580）并举进士，故申时行亦为允中之座主。允贞疏请回乡，申相挽留之。李化龙《魏允贞墓志铭》谓“执政者难其去，移丞光禄，便归省”，将允贞由南都转迁光禄寺丞⑥。由此亦见申相之仁厚，考虑南都官员的处境，做出妥善安排。次年，顾宪成前往南乐凭吊允中，在那里见到了允中父怡、兄允贞、弟允孚。顾宪成《哭魏懋权》有云：

> 今者，予且登足下之堂，凭足下之几，吊足下之灵。进而谒于太公，穆穆落落，嗟足下之所以为子。坐对伯氏，侃侃之气，隐见眉睫，嗟足下之所

① （明）汤显祖：《玉茗堂诗》卷10，徐朔方笺校《汤显祖全集》，北京：北京古籍出版社，1999年，第640页。

② （明）赵南星：《赵忠毅公文集》卷11，第291页。

③ （明）李化龙：《魏允贞墓志铭》，第298页。

④ （明）赵南星：《赵忠毅公文集》卷11，第292页。又，（明）李维桢《少司马魏公祠碑》：“又为复书院，表章唐虞以来立德立功立言之贤。为宫，陈俎豆，骏奔走，风劝后进，而督课士之秀者，人文蔚兴。”（明）李化龙《魏允贞墓志铭》：“筹边之暇，登楼清啸，辟书院，群青衿士，其中授经讲业。庚子，公所课士登贤书者五十二人。”见（明）李维桢：《大泌山房集》卷111，第250页；（明）李化龙：《魏允贞墓志铭》，第300页。

⑤ （明）魏允贞：《开府魏见泉先生诗》卷2《南铨稿》，第157页。

⑥ （明）李化龙：《魏允贞墓志铭》，第298页。

以为弟。[①]

允贞回到南乐，既为殡葬允中，又为探望老父。据赵南星《见泉魏公碑》，允贞“不胜痛念老亲，其何能堪”，又据《魏允贞墓志铭》，事毕返京后，“抵都数月，念封公不已”，数月之后允贞“请得充谕祭秦藩正使，以行过里，称觞为寿，始驱车西”，即作为使节前往秦藩王府[②]。可知此次出使，乃是允贞为了顺道“过里”为父祝寿而主动请求。对遭遇谪迁的允贞而言，文学和家庭比朝政更加重要。冯琦于秋天在北京送别允贞，赋诗《送懋忠年丈使秦》，见《北海集》卷二，冯琦为允贞光禄寺丞任上所结识之友人[③]。允贞成为光禄寺少卿后，疏请归家，临别之时，李化龙赠诗，题为《别魏光禄》，有“客情无去住，忍使绿尊空。官况浮云外，乡思暮两中”之语[④]。具体时间，考之《实录》，允贞于万历十六年（1588）八月成为光禄寺少卿，次年“疏请归家”，万历二十年（1592）六月升顺天府府尹，同年十二月升通政司右通政[⑤]。

万历二十一年（1593），在通政司供职的允贞参与癸巳京察，此事《明神宗实录》阙载，《明史》本传亦未表。是年，都察院左都御史李世达、吏部考功司郎中赵南星协助吏部尚书孙珑裁汰官员，事态演变为激烈的阁部之争，神宗诏罚孙珑俸两月，贬赵南星，之后孙珑被迫致仕。[⑥]以癸巳京察为导火索，内阁与吏部形同水火。赵南星被贬后，允贞上疏声援吏部，维护吏部的铨选权。

除了政治观点和仕途经历，人际关系亦促使允贞在京察中支持吏部。允贞弟允中与顾宪成、刘廷兰同为万历八年进士，三人慷慨论列，互相引为同道。万历十年（1582），允贞与顾宪成同在京城任职，时有来往。一年之后，允贞由许州转调南吏部，虽归功于申时行“占物情”，却也得益于顾宪成与孙珑的进言。在吏部诸君子中，赵南星是允贞的至交。日后，赵南星回忆往事，有云：“忆昔仁兄理荆州，星理汝南，未相识也。仁兄贻我以书，示我以诗，油然接引之意。厥后遇于长安，情好日隆，癸巳内察之役，助我实多。”[⑦]因此，允贞的上疏其实有“投桃报李”与援助好友之意。

---

①（明）顾宪成：《再哭魏懋权文》，《泾皋藏稿》卷20，《景印文渊阁四库全书》第1292册，集部第231册，台北：台湾商务印书馆，1986年，第220页。

②（明）赵南星：《赵忠毅公文集》卷11，第292页；（明）李化龙：《魏允贞墓志铭》，第298—299页。

③（明）冯琦：《送懋忠年丈使秦三首》，《冯用韫先生北海集》卷2，第9页。

④（明）李化龙：《李于田诗集》中州稿，《四库全书存目丛书》集部第163册，上海：上海古籍出版社，1996年，第397页。

⑤《明神宗实录》卷202，万历十六年八月丁亥，第3782页；《明神宗实录》卷249，万历二十年六月辛丑，第4636页；《明神宗实录》卷255，万历二十年十二月戊戌，4741页。

⑥ 时亮：《明代内阁与吏部铨选权之争》，《故宫学刊》2019年第1期，第115—128页。

⑦（明）赵南星：《祭魏中丞文》，《赵忠毅公文集》卷13，第384页。

《明史·魏允贞传》:“二十一年以右佥都御史巡抚山西。”[1]允贞外调巡抚，盖为事出有因，起因即为癸巳京察。《明史·魏允贞传》并未提及癸巳京察，允贞在阁部之争中的角色因此隐而不彰。

癸巳京察之后，反内阁士人放弃在朝抗争，转向在野蕴籍。以该年为分界，朝中门户之分由隐而显。吴应萁《熹朝忠节死臣列传》:“当是时，朝士无不愤惋，而魏允贞、顾宪成等数十人共疏争，咸遭放逐，后遂有党人之祸。”[2]赵南星、虞淳熙、杨于廷被贬为民，李世达连疏致仕，得以辞官归里。又如于孔兼被贬为安吉判官，弃官回乡。再如万历二十一年(1593)，顾允成被贬为光州判官，弃官回乡，次年顾宪成亦被削籍。吴应箕有一句著名论断，谓“自顾泾阳削归，而朝空林实，东林之门户始成”[3]。允贞虽未参与万历朝后期之党争，但其所经历的癸巳京察实为一重要转折点，士人间的藩篱门户由此逐渐形成。直谏之士在京察之后纷遭斥退，形成日后的东林党争。这一以吏部为中心、在癸巳京察中得到允贞支持、以获得人事控制权为政治目标的士人集团，逐渐发展成为日后的东林党人。

五、“屡推不用”背后的君臣关系

万历二十一年，允贞接替吕坤出任山西巡抚。离开朝堂转任地方后，他能否坚持政治理想，这是我们必须思考的问题。山西巡抚之职责，包括边务与民政。吴士奇(字无奇，徽州歙县人)《送大中丞魏公进兵部右侍郎叙》有曰:“窃惟国家设抚臣，以填诸重地，有专备□[夷]而不与内员者，有专阜民而不与边陲者，惟秦晋两中丞，得兼总内外，并提□[夷]夏。”[4]余继登《魏懋忠开府晋中》有云“当年直谏几人存，此日偏承明主恩”，一方面隐露人事凋零的伤感，一方面赞许允贞得到神宗知遇[5]。

在治国理政方面，明神宗十分关心军事建设与边关安全。学者解扬认为，张居正担任首辅时，培养和引导了神宗在军事问题上的兴趣。“万历三大征”虽然消耗国家财用，却展示了明朝强大的军事实力。[6]神宗不视朝，不补缺官，却照常批阅边务奏折。

---

①《明史》卷232《魏允贞传》，第6056页。

②(明)吴应箕:《熹朝忠节死臣列传》，李季辑录:《东林始末》，上海：神州国光社，1946年，第60页。

③(明)吴应箕:《东林本末》，李季辑录:《东林始末》，上海：神州国光社，1946年，第18页。

④(明)吴士奇:《送大中丞魏公进兵部右侍郎叙》，《绿滋馆稿》卷2，《四库全书存目丛书》集部第173册，济南：齐鲁书社，1997年，第652页。

⑤(明)余继登:《魏懋忠开府晋中》，《淡然轩集》卷8，《景印文渊阁四库全书》第1291册，集部第230册，台北：台湾商务印书馆，1986年，第967页。

⑥ 解扬:《治政与事君：吕坤〈实证录〉及其经世思想研究》，北京：三联书店，2011年，第212页。

出抚山西初期，允贞数次上疏，神宗均及时批示。赵南星《见泉魏公碑》称允贞“至则条上五事，曰选授得宜则吏治修，支放足数则军情悦，屯盐不虚则国计实，宗室不犯则国体尊，禁林不伐则边防固”，皆得神宗批准[①]。《明史》于此失载。冯琦认为，这体现了君臣间的互信关系，“中朝知懋忠才，而信其品，诸所经画措注，朝入夕报可，无复以奇议挠之者”[②]。万历十一年“疏论四事”中的“务战守之实”得以落实。对于吏治、武备与军事的重视，是允贞与神宗在政治观点上的共识。

但是，万历二十四年（1596），君臣之间的政治分歧开始浮现。《明史·魏允贞传》记载，中使张忠采矿山西，允贞疏请停矿役[③]。《明史》卷八一《食货志》摘引允贞疏文，源于《明神宗实录》“万历二十四年九月己亥”条。接着，《明史·魏允贞传》谓“三殿灾，诏求直言，允贞言咎在辅臣，历数赵志皋、张位罪”，神宗慰留张位，“责允贞边臣不当言朝事，因屡推不用，遂肆狂言，夺俸五月”[④]，有未尽之处：

其一，允贞借三殿灾历数辅臣之罪，提起四年前的癸巳京察，实欲作彼时遭贬斥的诸君子之奥援。孙承泽《畿辅人物志》所载传记：“公上疏言执政丧其私人，非至尊之意，执政恨之。”[⑤]考之《明神宗实录》，万历二十五年（1597）七月壬寅，辅臣张位上辨疏，有云：“其谓臣昔以覆留遗之故，而恨考功赵南星，又以申救考功之故，而处部臣六员。不知部官专权结党之旨乃天语，非阁票也。陈泰来等降级调外之旨乃御批，亦非阁票也。况此时，臣尝随同官揭救，存阁可证明。”[⑥]《明史》谓“夺俸五月”，本于赵南星《见泉魏公碑》，《明神宗实录》万历二十五年九月记载“夺俸半年”。

其二，癸巳京察后，参与大计的吏部官员尽遭贬谪。围绕诸君子之进退，阁部之争余波荡漾。允贞与东林人士关系笃好，反内阁的政治观点是他们一致的认识。赵南星《祭魏中丞文》：“仁兄抚晋，复以灾异陈言，荐星可用，语侵执政，执政益怒。”[⑦]神宗自然领会允贞用意，斥责以“边臣干预朝政”。几日后，允贞“疏举遗贤”，以“中国之所为制胜夷狄者不独边才”回击神宗批评，并请召回顾宪成、赵南星、邹元标等十二人，疏留中[⑧]。日后，允贞请得归养，路经赵南星之东园，南星赠诗《魏懋忠中丞得请归养枉驾东园赠别》，有云：

---

①（明）赵南星：《赵忠毅公文集》卷11，第292页。

②（明）冯琦：《寿封君御史魏太翁序》，《冯用韫先生北海集》卷9，第21页。

③（清）张廷玉等：《明史》卷232《魏允贞传》，第6057页。

④（清）张廷玉等：《明史》卷232《魏允贞传》，第6057页。

⑤（明）孙承泽：《畿辅人物志》卷10，第680页。

⑥《明神宗实录》卷312，万历二十五年七月壬寅，第5838页。

⑦（明）赵南星：《祭魏中丞文》，《赵忠毅公文集》卷13，第384页。

⑧《明神宗实录》卷312，万历二十五年七月乙巳，第5843页。

宿昔不饮酒，为我频满瓯。慈父正倚闾，不得絷骅骝。海内日以骚，惠泽偏西陬。屡荐不升朝，竟茧遂夷犹。[①]

对于允贞的职责与才干，神宗与南星的观点不同。神宗关注边防安全，认为允贞作为边臣，不应介入朝堂的人事安排。南星认为国事不独是边务，为好友“茧遂夷犹”抱不平，切望他能够回朝。至于允贞本人，认为巩固边防是国家急务，同时希望神宗召回吏部诸君子。

其三，冯琦《魏中丞奏议序》：“廷中推毂为少司寇、司空、大理卿，皆不报。”[②]因守边有所建树，允贞颇有时望，内外官员数次举荐其回朝。允贞“屡推不用”，原因何在，《明史》未及阐明。余继登《六载考绩序》：

或遂谓公素直道，屡抗章言事。上心恚公，故以此羁公。予曰：非也。公自西台蹶而复起，屡迁，而至今官，此上知公也。知而用之，用而羁之，必不其然。盖所为中，格而不报，自有羁公者，非上意也……今司功氏列公治状，必且褒劳加秩，以驿书召公无疑。[③]

李维桢《少司马魏公祠碑》：

公又上书言朝政得失，讥刺宰臣，不能辅导挽回，使刑余之人，播恶天下。上切责公憨，而严惮者至，设为大不道语中公。犹赖九庙之灵阴骘，不为动。以故，廷推公入佐九卿，不报。[④]

赵南星《见泉魏公碑》：

却虑癸巳，余筦京察被逐，冢宰余姚孙公夺俸三月。公上疏直言：“执政丧其私人，非至尊之意。”执政恨入骨髓，一时同救余者，如李公世达、王公汝训、曾公乾亨辈皆去。而公留，以为能容矣。抚晋，又数刺讥之，故必不令其入朝。[⑤]

---

①（明）赵南星：《赵忠毅公文集》卷2，第60页。

②（明）冯琦：《魏中丞奏议序》，《冯用韫先生北海集》卷10，第4页。

③（明）余继登：《赠大中丞见泉魏老先生六载考绩序》，《淡然轩集》卷3，第827—828页。

④（明）李维桢：《大泌山房集》卷111，第250页。

⑤（明）赵南星：《赵忠毅公文集》卷11，第294页。

可见，余继登认为，允贞抚晋多年，可以证明神宗“知公也”。李维桢认为，允贞前次疏劾辅臣，因“九庙之灵阴骘”而不去位，暗示神宗有意庇护。二人虽未提及癸巳京察，但都认为“羁公者”并非神宗，而是内阁。作为癸巳年的亲历者，赵南星明确指出，“屡推不用”的根源在于癸巳京察。时人因允贞“屡推不用”咎罪内阁，以及士人的反内阁活动，背景都是明代阁部之争的发展。在神宗看来，允贞巡抚任上，守边有功，此时疏劾辅臣，欲插手朝中人事安排，乃“屡推不用，遂肆狂言”。神宗期望允贞倾力于边防与吏治，允贞念念不忘于内阁专权之弊，不惜数次疏劾辅臣。总之，三人皆认为“屡推不用”无碍于“神君行道”，将矛头指向内阁的同时，避免提及允贞已因数次抗章言事见疑于神宗。

六、公论昭宣：“乞归疏留中”事件前后

《明史·魏允贞传》：“以久次，进右副都御史。”[①]是为允贞出抚以来经历的第二次大计，时值万历二十六年（1598）九月。万历二十八年（1600）正月，允贞“疏陈时政缺失”，《明史》摘引并修饰疏文，是疏亦见于《万历疏钞》卷三三，题为《遇灾思惧直陈时政之缺恳乞圣明省览以回天心疏》，以及《不愧堂刻奏疏》卷二[②]。《明史·魏允贞传》：“先是，张忠以开矿至，后孙朝复至榷税，诛求百万，允贞每事裁抑。”[③]允贞如何裁抑中使，史传未表。冯琦《魏中丞奏议序》，谓“言者请于山右采木抽税如畿内，懋忠疏争之，虽留中，然皆以其故而止。采金之役即不止，然中贵人不得龁有司，民不甚病也”，可知允贞严令中止“采木”，并抑制“采金”规模[④]。《明神宗实录》“万历三十一年（1603）八月戊申”条，记载山西巡抚汪可受疏奏孙朝“擅于石岭关等处抽税课及薪米”，提及“前抚臣魏允贞与之定议”，“该监即行渝约悖旨”，可知允贞曾与中使立下规约[⑤]。

万历二十八年三月，事件继续发酵。允贞再次上疏：“举劾之权，在内则科道，在外则抚按……前孙朝举太原知府周诗，张忠又参夏县知县韩熏……抚臣重在举劾，今

---

①《明史》卷232《魏允贞传》，第6057页。

②《明史》卷232《魏允贞传》，第6057页；(明)吴亮辑：《万历疏钞》卷33，《四库禁毁书丛刊》史部第59册，北京：北京出版社，1997年，第456页；(明)吴道行辑：《不愧堂刻奏疏》卷2，金陵唐氏明万历三十五年刻本，第75页。

③《明史》卷232《魏允贞传》，第6058页；《明神宗实录》卷344，万历二十八年二月丁亥，第6403页。

④（明）冯琦：《冯用韫先生北海集》卷10，第4页。

⑤《明神宗实录》卷387，万历三十一年八月戊申，第7283—7284页。

朝与忠夺之，则举劾失职矣。”[①]孙朝被激怒，于四月底反奏允贞抗旨阻税，“毁烬大木，并赃税三十余万”，允贞于五月疏辨孙朝诬讦。据赵南星《见泉魏公碑》，孙朝“奏公沮格矿税，而诬以八年公费酒税等金数十万皆入己”[②]。

《明史·魏允贞传》：“允贞父已九十余，允贞岁岁乞侍养，章二十上。廷议以敕使害民，非允贞不能制，固留之。其年五月请益力，始听归。”[③]允贞乞归养疏，为何竟至“章二十上”，为何这个时间始得许可，《明史》未表，值得探究原因。其一，考之《明神宗实录》，允贞获准回籍侍养，时值万历二十九年（1601）五月。赵南星《见泉魏公碑》及李化龙《魏允贞墓志铭》均作“二十余疏”。考之《明神宗实录》，至万历二十八年（1600）四月“疏十五上”，次年累至二十余疏无可疑。其二，《明神宗实录》万历二十七年（1599）八月魏允贞奏：“臣自乙未以来，无岁不以亲老独子，乞归侍养，未蒙俞允。”[④]可知允贞“岁岁乞侍养”，始于万历二十三年（1595）。频繁疏请归养，亦有施压之意，逼迫神宗在准许其回京或归养之间做出选择。其三，值得注意的观点，出自黄景昉《国史唯疑》卷十：

> 魏允贞疏乞终养，初已传旨准放，命阁拟票，阁臣谓不繇部覆，非制也。仍拟下吏部，遂留中，屡请不报。盖非有意留贤，直视等赘瘤，听其穷蹙，无复之焉已矣。[⑤]

考之《明神宗实录》，“万历二十六年十二月乙亥”条，记载允贞“十疏恳求终养，下吏部”，“万历二十七年正月丁未”条，记载“命山西巡抚魏允贞照旧供职，允贞以父老乞终养，疏至十上，部覆留之”[⑥]。这样看来，神宗准许“传旨准放”，阁臣“下吏部”，之后神宗改变主意，将吏部“部覆”留中，的确可能。

纵使时人大多以为，允贞在癸巳之后继续得到神宗知遇，只因为忤逆内阁而“屡推不用”，无法回朝，“乞归疏留中”是神宗有意“留贤”的结果。但究其实，万历二十五年（1597）允贞疏劾辅臣，见疑于神宗。面对朝臣“廷推”与允贞本人“乞归养”，神宗不得不做出选择。依据《国史唯疑》的论点，稍加考证，可知神宗先是传旨准许

①《明神宗实录》卷345，万历二十八年三月癸巳，第6426页。

②（明）赵南星：《赵忠毅公文集》卷11，第293页。

③《明史》卷232《魏允贞传》，第6058页。

④《明神宗实录》卷359，万历二十九年五月壬子，第6712页；《明神宗实录》卷346，万历二十八年四月甲戌，第6443页；《明神宗实录》卷338，万历二十七年八月己亥，第6272页。

⑤（明）黄景昉：《国史唯疑》卷10，《续修四库全书》第432册，上海：上海古籍出版社，1996年，第162页。

⑥《明神宗实录》卷329，万历二十六年十二月乙亥，第6090页；《明神宗实录》卷330，万历二十七年正月丁未，第6109页。

归养，之后决定将事情搁置，仅仅“听其穷蹙”。至万历二十八年四月，允贞与中使孙朝对劾，神宗极为不满，将允贞辨疏留中，仅下孙朝疏于部院。一年后，神宗准许允贞回乡终养。要之，出抚山西后期，允贞所遇到的“屡推不用”与“乞归疏留中”，实出自神宗本人有意之“怠政”，而非内阁之专权。

孙朝与允贞对劾一事，实另有内情，而《明史》不载。据李维桢《少司马魏公祠碑》，谓“又有公乡人，同事于晋，以私智小惠干一时之誉，而得与公并祠”，又引述同僚刘鲁（字希曾，安阳人）与赵南星之言“夫己氏私以平陆、蒲州税媚珰，至今不入少府”，“其人行不齿于乡，珰之诬公也，实彼嗾之”，《明神宗实录》中亦有线索，“四乡人同官者从中嗾之，遂上章讦允贞”①。其实，早在万历二十六年“六载考绩”之时，允贞就已遭同官者怨恨。余继登《六载考绩序》：“公刚肠疾恶，见司饷之臣有以出纳干公议者，不难按踪迹纪奏之。怨有所独归，而无所避；势有所反噬，而无所辞。”②对于“文武吏有不奉法者”，允贞绝不姑息，以至于“每偶月，晋中劣转者半天下矣”③。两年之后，正是在乡人同官之“夫己氏”的怂恿下，孙朝上疏反劾允贞。

当是时，允贞就此事修书致与赵南星。南星答曰：“肘腋患生，益可知人心，然公论自明，人心非尽丧也，且老丈借此有归里之日，正当感之耳。”④允贞亦曾与汤显祖通信，后者回信：“部院覆疏，公论昭宣。虽俞旨未行，而辨疏终当简在。大奏云一念为皇上保宗社之心，甚于为家，维系天下之心，甚于为身。三晋河山，与闻斯语。”⑤南星所言“肘腋患生”，即指向允贞之乡人同官者。赵南星与汤显祖均认为，孰是孰非不在于暂时的结果，而在于士大夫群体之公论。

在君臣关系方面，张居正的影响不容忽视。张居正死后，言官势力大增，内廷与外廷发生对立。但是，神宗在治国理政时，注重倾听内阁辅臣的意见，疏离于其他官员。万历十八年（1590）之后，吏部开始对抗内阁。因为神宗的态度，亲吏部的官员无法实现“得君行道”，不得不诉诸公论。在明季党争之中，士人出于对官僚内部革新的要求，往往诉诸被士大夫群体视为连带意识的公论。“公论”成为士人热议的话题，间接表明君臣关系陷入危机。而在“乞归疏留中”这件事上，“公论”并未追究神宗之“怠政”，仅将矛头指向内阁之专权。

---

①（明）李维桢：《大泌山房集》卷111，第250页；《明神宗实录》卷359，万历二十九年五月壬子，第6712页。

②（明）余继登：《赠大中丞见泉魏老先生六载考绩序》，《淡然轩集》卷3，第827页。

③（明）赵南星：《寿大中丞见泉魏公序》，《赵忠毅公文集》卷10，第246页。

④（明）赵南星：《答魏见泉》，《赵忠毅公文集》卷16，（清）潘锡恩辑：《乾坤正气集》卷279，清道光二十八年戊申袁江节署求是斋刊，第22页。

⑤（明）汤显祖：《答巡抚魏见泉》，《玉茗堂尺牍》卷2，徐朔方笺校：《汤显祖全集》，北京：北京古籍出版社，1999年，第1374页。

允贞出任巡抚时的生活，史传不载。冯琦《寿封君御史魏太翁序》：

> 懋忠家大名，去晋阳数百里，属塞上无事，迎太翁之官舍，关吏负弩，传呼甚宠。居久之，太翁思诸孙，则复奉板舆以归。[①]

李化龙《魏允贞墓志铭》："迎封公就养数月，送归往来，舆服食饮之费，皆以俸金给之。"[②]陈懿典《跋魏太翁寿言册》"行年八十九，驾板舆，往视中丞晋邸，旋反邺中，其得天可谓全矣。"[③]据此可知，允贞父怡前往"晋邸"时，年八十九岁，时值万历二十三年。允贞提督边务，塞上少有无事之时日，因此大多时候独身处官。李维桢《少司马魏公祠碑》："公取予，严一介。入其室，萧然如素士。"[④]冯琦《魏中丞奏议序》有云："懋忠为人廉直独立，其处官如寄也，妻子皆留侍养，独身之官，携二三童仆，与书帙为伍。"[⑤]以李化龙《魏允贞墓志铭》"布衣蔬食，不携妻子，但饮晋中一杯水耳"等记载考之，李冯二人之说大抵符合实情[⑥]。与前引王世贞对南乐魏家的记载对照，允贞生活作风清苦绝俗，与父魏怡极为相似。

允贞返乡，侍父一年，以尽孝子之心。赵南星《祭魏中丞文》：

> 仁兄之自晋而归，过我东园，其时颇有衰相，非复入晋之时，然神气自健。抵里之后，渐闻多病。[⑦]

李化龙在墓志铭中提到归里侍父之事：

> 公抵里，侍封公杖□可一岁，所会封公疾，公祷于天，请以身代。既卒，哀毁骨立，杖而后起。[⑧]

---

① (明) 冯琦:《冯用韫先生北海集》卷9，第21页。

② (明) 李化龙:《魏允贞墓志铭》，第299页。

③ (明) 陈懿典:《跋魏太翁寿言册》,《陈学士先生初集》卷29,《四库禁毁书丛刊》集部第79册，北京：北京出版社，1997年，第531页。

④ (明) 李维桢:《大泌山房集》卷111，第250页。

⑤ (明) 冯琦:《冯用韫先生北海集》卷10，第4页。

⑥ (明) 李化龙:《魏允贞墓志铭》，第302页。

⑦ (明) 赵南星:《祭魏中丞文》,《赵忠毅公文集》卷13，第383页。

⑧ (明) 李化龙:《魏允贞墓志铭》，第303页。

《明史·魏允贞传》:“阅视者奏允贞守边劳，即家进兵部右侍郎，寻卒。”[①]考之《明神宗实录》，事系于万历三十三年（1605）十一月。万历三十年（1602）六月十二日，允贞归养之次年，父魏怡去世，得年九十六岁[②]。魏怡卒后仅三年，允贞去世。赵南星《见泉魏公碑》:“公之殁也，余贻书当道者，谓宜被例优恤，不言及谥。以公之名德骏业，能闻雷霆、见日月者举知之耳。而恤拘于例，竟未有谥也，夫亦何足，为公损哉!”[③]李化龙《魏允贞墓志铭》提及允贞有七子，分别是广德、广微、广从、广衡、广履、广修、广行，又云“有诗文疏草三十卷，藏于家，将以丁未（万历三十五年，1607）四月十七日附葬于封公之兆”[④]。七子之中，广微于万历三十二年（1604）考中进士。

七、明人传记与《明史》本传的立场差异

综上所述，明代人所写允贞传记，带有强烈的批评色彩，批评的对象就是内阁。明代阁部之争发展的时代背景，对于我们理解允贞政治生涯具有重要意义。本文考证发现，“廷推不报”与“乞归疏留中”的主要原因，与其说是内阁之专权，更可能是神宗之裁断。但是，在明人传记的反内阁书写中，明神宗作为政治权力的根源，享有免于批评的地位。对于允贞与内阁的恩怨，以及“廷推不报”与“乞归疏留中”的情形，赵南星、李维桢、冯琦等人均了然于心。在他们看来，允贞在万历朝阁部之争中始终贯彻反内阁的政治立场，在观点与行动两方面与东林人士同气相求。他们从反内阁立场书写允贞生平，批评内阁独揽大权，避免触及君主之裁断。明人传记一方面肯定君权的尊严，认为允贞自始至终未尝失去神宗的信任，一方面质疑官僚体系内的职掌问题，认为“廷推不报”的根源在于内阁辅臣。

清朝于顺治二年（1645）诏修《明史》，康熙四年（1665）下诏重修。此后，修史工作时有中断，徐乾学、王鸿绪、张廷玉先后出任总裁，最终在雍正十三年（1735）定稿。宁波天一阁藏有十二册《明史稿》(以下简称阁藏本)，方祖猷先生认为应该是万斯同独立所撰的手稿本与修改稿。[⑤]

虽然哪位纂修官首先负责编纂魏允贞传记，已不可考。但是，较早参与修订《明史·魏允贞传》的学者，乃是康熙十八年（1679）以“布衣”身份入史局的著名学者万

---

①《明史》卷232《魏允贞传》，第6058页。

②（明）于慎行:《谷城山馆文集》卷25《明故封中宪大夫都察院右佥都御史前巩昌府通判节斋魏公合葬神道碑铭》，第27页。

③（明）赵南星:《赵忠毅公文集》卷13，第294页。

④（明）李化龙:《魏允贞墓志铭》，第304、305页。

⑤ 方祖猷:《天一阁藏万斯同〈明史稿〉考述》，《清史研究》1993年第2期，第99—105页。

斯同。万斯同，字季野，号石园，浙江鄞县人。在康熙十八年至康熙四十一年（1702）间参与《明史》编纂工作，不受官职俸禄，不署总裁之名，却为《明史》成书竭心尽力，作出了最大的贡献。借此《明史·魏允贞传》的细致研究，我们除了能更多地了解传主的生平，还能根据阁藏本中的修改痕迹，判定明代人所写允贞传记与《明史》立场的差异，思考这篇传记在《明史》编纂过程中的演变。

阁藏本第4册中之《魏允贞传》，包括附传在内共10页，每页10行，每行27字左右。该传在标题《魏允贞》之下写有附传标题《弟允中》。传文以允贞的五篇奏疏为核心，以很大篇幅摘录奏疏文字，同时简要介绍上疏事由，展现传主的人格风采。冯琦《魏中丞奏议序》："魏懋忠论奏累百牍，直声震中外。"[①]过庭训《本朝分省人物考》："其奏议，洞中石书，人人脍炙。"[②]允贞的奏疏在晚明士人之间广为流传，传记作者想必知晓这一点。这种以言论为中心的书写方式，展现出允贞因疏谏时政，忤于内阁而外谪，以及因与中使互劾，触怒神宗而屡推不用的政治经历。不同于明人传说的反内阁书写，借由强调诸多因言获罪的政治要素，《明史·魏允贞传》较好地展现了允贞与神宗之间的冲突。

允贞的传记，无论在徐乾学本《明史列传》中，还是在王鸿绪本《明史稿列传》与张廷玉的《明史》中，均以五篇奏疏为核心。因此，在阁藏本之后，该传的基本框架并未改动。改动处多属于文字调整，力求精炼简洁、语气顺畅，与传文的框架无关。比如，徐氏本"且抶其奴"一语，反映允贞在荆州推官任上的事迹。阁藏本允贞传此处记作："张氏奴干儿，执而抶之。居正面戒子弟，令谨避焉。""执而抶"三字，乃是"立惩"二字的删改。[③]

癸巳京察之阙载于《明史·魏允贞传》，可以上溯到阁藏本。阁藏本《魏允贞传》原有"二十一年吏部尚书孙珑"一句，被删改为"二十一年以右佥都御史巡抚山西"。从写作的严谨性来看，唯有介绍癸巳京察，才能说明其任山西巡抚的原因，才能呼应其在三年后疏劾辅臣与疏举遗贤的举动。删去"吏部尚书孙珑"，意味着在行文中跳过癸巳京察。或许是易代之后，阁部之争的语境不复存在。或许是嘉、万年间的传记涉及边务、党争等敏感问题，传记作者选择展现传主的人格风采，表彰传主的功绩，不谈及其与以吏部为中心的士人集团之间的人际关系，回避作为上疏背景的党争。

传记的编纂，可以引出人物评价问题。在评价允贞时，明代人以东林人士的君主论为参照，故未触及阁部之争的核心问题。学者林丽月认为："东林人士这种宋学色彩

---

①（明）冯琦：《魏中丞奏议序》，《冯用韫先生北海集》卷10，第6页。

②（明）过庭训：《本朝分省人物考》卷10，第234页。

③（清）万斯同著，方祖猷编：《万斯同全集》第6册，宁波：宁波出版社，2013年，第134页。

相当浓厚的君主论，就其对阁部之争的认识与反响而言，由于彼等并未触及问题核心的君权，所以这些被指为'阿吏部'的清流士大夫寻求自主的方式还是消极的意味居多。"[①]反内阁的士人期待获得人事控制权，希望借助君主的裁断来实现官僚体制的革新。明代人所写传记与《明史·魏允贞传》记载之差异，揭示出东林人士君主论对明代人物评价的影响，并未在《明史》编纂中延续。若阁藏本确是万斯同的手稿，则删去癸巳京察的决定，极可能出自万氏对前朝的深厚感情，希望将传主塑造为一位刚直清廉、敢于进谏、直声震中外的士人，而非仅仅是一位在阁部之争中支持吏部的官员。

① 林丽月:《阁部冲突与明万历朝的党争》,《台湾师范大学历史学报》1982年第10期，第134页。

袁世凯与辛亥鼎革之际的政局变迁

丁健

摘要：武昌起义后，袁世凯力排众议，应诏即起，并积极进行诸多军事、政治和社会谋划，对辛亥政局产生了深远的影响。清廷希望袁世凯像曾李镇压太平天国一样削平南方革命，革命派则渴望其能成为中国的拿破仑、华盛顿，并不惜以大总统位置相戴。袁世凯既没有愚忠，也没有苛责革命党，而是遵从社会舆论渴望统一之导向，逼清帝退位，赞同民主共和，实现一所谓圆满之段落。从武昌起义至辛亥鼎革之际的表现和作为来看，袁世凯能够顺应历史潮流，着眼南北统一大局，完成了促清帝退位、赞同民主共和具有转折性意义的历史任务，并非无任何积极性可言。

关键词：辛亥鼎革；袁世凯；革命派；民主共和

袁世凯是辛亥革命期间一位重要而且关键的历史人物，其对辛亥政局的演化发挥了举足轻重的作用。但是，目前有关袁世凯在辛亥革命中表现的研究，褒少贬多，模式化固定化倾向严重，大多认为武昌起义后袁世凯翻手为云覆手为雨，一面利用南方革命党，玩弄孤儿寡母于股掌之间，落下“不忠”“贰臣”的骂名；一面又借口留存清廷，迫使南方革命党乖乖就范，“窃取”所谓辛亥革命果实；有的研究者将袁世凯定义为阴谋家、枭雄等，鲜有比较正面的评价。近几年，随着对袁世凯研究的日渐深入，出现了一些新的论著，纠正了诸多以往研究中关于袁世凯的错误史实，对袁世凯在辛亥革命中的评价也更为接近事实。①一百年后再审视这段历史，在前人研究的基础上，理应做出更为客观的评价，建构更为准确的史实。因此，辛亥鼎革之际，袁世凯在政局演化过程中究竟扮演了什么样的角色，具有怎样的历史地位，似仍有进一步探讨和澄清之必要。

① 比较客观且具有代表性论著主要有，刘路生：《袁世凯辛亥复出条件考》，《广东社会科学》2003年第4期；侯宜杰：《辛亥革命爆发后徐世昌是否密赴彰德会见袁世凯》，《近代史研究》2011年第3期；丁健：《辛亥武昌起义爆发后民众视野里的袁世凯》，《史学月刊》2012年第4期；桑兵：《袁世凯〈请速定大计折〉与清帝退位》，《近代史研究》2017年第6期等。

一、武昌起义后袁世凯复出及谋划

辛亥年注定是不寻常的一年，年过不久就发生震惊中外的广州黄花岗起义，继之清廷炮制皇族内阁，人心尽失，不久四川保路运动爆发，淮河流域、长江流域发生水灾，民怨沸腾。湖北局势亦是暗潮汹涌，一方面清廷抽调兵力赴四川弹压，致使湖北兵力空虚；另一方面湖北革命党人积极渗透新编陆军第八镇内部，准备组织联合起义。湖广总督瑞澂面对如此紧张棘手的局势，尽管多次获取党人准备起义的消息，但无奈“兵匪勾通，蓄谋已久”，事前既毫无防范预为布置，临时复漫无节制，不能固结军心，导致“祸机猝发，省城失陷”[①]，武昌起义一发而不可收拾。

武昌起义后，清廷动作比较迅速，立派陆军大臣荫昌、海军统制萨镇冰陆海并举齐向武汉进发，但有感于前途危机重重，朝中甚乏老成持重之忠臣良将，在载泽、奕劻等人的力荐之下，起用袁世凯也立即提上了日程。袁世凯在野三年，表面闲云野鹤，村夫野老，与世无争。实际上，在度过最初的狼狈和不安之后，朝野呼吁其出山的声音开始此起彼伏，保路运动兴起至武昌起义爆发期间，呼声不仅频次多且更为强烈。而袁世凯亦早已有复出的念想，这在其与张謇的会晤时明确表示：“有朝一天，蒙皇上天恩，命世凯出山，我一切当遵从民意而行。”[②]从袁世凯在洹上村三年与各方的信函中亦可窥见一斑，他在初期的信函中，一再撇开与政治的关联，表现出不想不愿不再闻问政事的模样；即便在1910年下半年亦表示：“弟养疾乡间，寄情耕钓，衰庸滋愧，颓放自甘。遗大投艰，断非孱躯所能胜任，殊不作问世之想矣。小春和暖，村落萧闲，鸡黍桑麻，不少田家之乐，差堪告释廑系耳。”[③]可是到了1911年，他在致端方、盛宣怀、严修等函电中，就开始大大方方地讨论时政，不仅如此，还明确亮明自己的政治态度及判断。[④]所以，当清廷起用袁世凯的诏书一下，尽管曾经的诸多幕僚规劝其不要应命，免得落个鸟尽弓藏、兔死狗烹的下场，[⑤]但深受传统儒家思想影响及怀揣政治抱负和政治梦想的袁世凯力排众议，毅然决然应诏出山，并积极进行各种军事布置和谋划，重新开启了其跌宕起伏的政治生涯。

因对袁世凯出山内幕的文献缺乏系统梳理，学界和民间流传着各种袁世凯出山的不同版本和奇谈怪论，以讹传讹，以假乱真。其实，有关这一史实的学术证据链条完

① 中国第一历史档案馆编：《宣统朝上谕档》，第37册，桂林：广西师范大学出版社，1996年，第243—244页。

② 刘厚生：《张謇传记》，上海：上海书店出版社，1985年，第181页。

③《复何彦升函》，中国公共图书馆古籍文献编委会编《袁世凯未刊书信稿》（下），北京：中华全国图书馆文献缩微复制中心，1998年，第931—932页。

④ 参见袁世凯著，骆宝善评点：《骆宝善评点袁世凯函牍》，长沙：岳麓书社，2005年，第287—311页。

⑤ 王锡彤：《辛亥记事》，《近代史资料》1961年第1期。

整且已经十分清楚：10月14日，清廷下诏起用他之后，经过第二天一天的思考和筹划，第三天上折谢恩，[①]并围绕军事部署提出节略八条。[②]待各项工作基本准备就绪之后，10月30日，袁世凯南下督师，赶赴前线。先后抵达信阳、孝感，驻扎肖家港，激励将士，鼓舞士气，稳定军心，赶办剿抚事宜。从中不难看出，袁世凯从未有过不愿出山的表达，亦没有坐地起价，赤裸裸地要挟清廷，逼迫清廷满足其各种要求，更不存在所谓指示北洋军“慢慢走，等等瞧”[③]。相反，袁世凯却做出积极的军事谋划，而这些军事上的筹划就成为其日后影响辛亥政局演化的重要政治资本。

那种认为袁世凯不愿出山的想法，未免有点臆测和妄断，因为这种想法根本站不住脚，也根本无视亦无法说明袁世凯后来为何筹备布置和督师前线。事实上，从答应“一俟稍可支撑，即力疾就道”[④]，袁世凯就已经开始着手军事筹划了。这主要体现在：

第一，增兵筹饷。袁世凯心里清楚：近畿陆军虽由其创练，现距交卸练兵差使五六年之久，将士兵卒多非原练之人，且近年稍有暮气，亟须随时振励，方可得力。而鄂省本无防营，陆军已全数变去，赤手空拳，何能济事！如专恃援军，势必诸多扞格，未可用以攻坚。[⑤]因此，袁世凯请旨清廷允准在直隶、山东、河南等省，招募曾经入伍壮丁一万两千五百人，照武卫左军现行营制，编集25营，作为湖北巡防军，以备驻防收复地面及弹压各属，倘大兵未能旦夕全复，亦可以此生力军协同攻剿。[⑥]关于军饷，袁世凯始终保持清醒的认识：惟兵以饷项为命脉，必须裕筹，且鄂省财用已竭，地方急需，均无所出，所以仰恳清廷饬下度支部速拨的款四百万两，以备拨支。[⑦]

第二，调集人才。袁世凯在野三年，物是人非，原幕府中人也七零八落，分散四处，如何尽快把旧幕僚重新调集在身边左右，“借策群力，方可免丛脞贻误”，是其不得不认真筹划的另一战略。为此，袁世凯分别调集了冯国璋，“饬令迅速来彰，筹商一切，并同凯南下，协商布置”；王士珍办理增募新军、布置后路各事；[⑧]段祺瑞酌带

---

① 宣统三年（1911）八月二十五日新授湖广总督袁世凯奏折，中国史学会主编《辛亥革命》(五)，上海：上海人民出版社，1957年，第333页。

② 袁世凯:《扑灭武汉革命军应行筹办各事务》,《清宫辛亥革命档案汇编》第78册，北京：九州出版社，2014年，第83—89页。

③ 陶菊隐:《北洋军阀统治时期史话》，第1册，北京：生活·读书·新知三联书店，1957年，第75页。

④《复庆亲王奕劻函稿》，骆宝善、刘路生主编:《袁世凯全集》第19卷，郑州：河南人民出版社，2013年，第3页。

⑤ 袁世凯:《扑灭武汉革命军应行筹办各事务》,《清宫辛亥革命档案汇编》第78册，北京：九州出版社，2014年，第83—89页。

⑥ 参见丁健《辛亥革命期间袁世凯的来往函电整理与研究》，北京：中国社会科学出版社，2019年，第5页。

⑦《袁世凯致清内阁请代奏电八月二十八日（10月19日）》，卞孝萱辑:《闵尔昌旧存有关武昌起义的函电》,《近代史资料》1954年第1期。

⑧《袁世凯致清内阁请代奏电八月二十九日（10月20日）》，卞孝萱辑:《闵尔昌旧存有关武昌起义的函电》,《近代史资料》1954年第1期。

得力将弁，径赴鄂境。[1]其余还有张锡銮、倪嗣冲、段芝贵、袁乃宽、张士钰、吴凤岭、赵秉钧、唐绍仪等。这些袍泽故旧的调集，无疑替袁世凯分担了繁重的军事政治任务，也像楔子一样深深钉入动荡的时局里，成为影响辛亥政局演化的重要力量。

第三，保障军事后勤。

镇压南方革命党，不仅需要兵足饷丰、勇兵良将，还需要良好的军事后勤保障。为此，袁世凯充分与各省督抚协调，上奏清廷令张人骏、冯汝骙饬令上海、九江两道迅速筹办接济驻鄂师舰及鄂兵船缺米、煤等物资，[2]又请东三省总督赵尔巽迅速借拨快枪一万杆，每杆子弹一千粒，请直隶总督借拨快枪三千杆，每杆子弹一千粒，并请直东两省协拨快炮五十四尊，以备应用。[3]由于天寒，还筹备军帽一万顶，皮鞋一万双，裹腿一万副，棉衣棉裤五千套，布靴、鞋各两万双。[4]另外还筹备战事医院，架设无线电通讯设备等。[5]

此外，袁世凯还积极赈济灾民，令其子袁克定与英国驻华公使朱尔典联系，打开外交关系。

总之，袁世凯出山后的一系列军事谋划，奠定了其后来力图掌控政局的政治资本，也为政局的下一步演化埋下伏笔。

二、袁世凯推动局势言剿改而言抚，言抚进而言和

尽管清廷对袁世凯是否一定效忠到底抱有不同意见，但无疑都希望袁世凯出山后能如曾国藩、李鸿章镇压太平天国一样削平南方革命，稳定清朝的统治。所以，面对袁世凯的诸多军事要求——增兵筹饷、召集旧部、统一前线事权等，几乎都不打折扣，一一应允。袁世凯也是在各种军事准备就绪之后，才迟迟离开彰德奔赴前线。

虽然常常被人们作为谈资（只知袁宫保，不知有大清朝）的北洋六镇是袁世凯一手操办，但时过境迁又历经改弦更张，能否重振昔日荣光对袁世凯来说也是一个很大的挑战。关于此，时人就曾指出“旧在北洋所练各军，不归项城统辖者已有五年，中经铁（良）、凤（山）二大臣屡次更张，官弁大半改变，气谊均不联络。且近年度支力主

① 《宣统政纪》卷62，《清实录》第60册，北京：中华书局，2012年，第63966页。

② 《宣统政纪》卷62，《清实录》第60册，北京：中华书局，2012年，第63969页。

③ 《宣统政纪》卷62，《清实录》第60册，北京：中华书局，2012年，第63978页。

④ 《致第一军军统冯国璋电》，骆宝善、刘路生主编：《袁世凯全集》第19卷，郑州：河南人民出版社，2013年，第44页。

⑤ 盛宣怀：《愚斋存稿》卷87，台北：文海出版社，1966年，第1823页。

节费，一切军械子药甚形缺乏，故名为实坐项城所练旧旅，实已有名无是。”[①]即便如此，袁世凯仍是对镇压革命党信心满满，他在致冯国璋信函中就说“蠢兹小丑，不难一鼓荡平”。[②]由此可见，起初袁世凯不仅主张武力镇压革命党，而且认为剿灭革命并不困难。

事实上，袁世凯一系列的军事谋划，也主要是围绕扑灭南方革命烈火而进行，到湖北军事一线后，又多次与荫昌、冯国璋商讨攻守事宜，并且取得了明显的成绩。北洋军因指挥和布置得当，汉口汉阳相继被拿下，本应该一鼓作气，规复武昌，但是袁世凯却将主要军事打击暂停了下来，并秘密派人与革命党阵营联络，进行政治劝降和招抚，实行“妥协辅之以武力”[③]的政策，开启南北非正式和谈的序幕。

袁世凯态度的转变，反映了武昌起义后国内局势的复杂和严峻，亦是其权衡利弊得失、着眼大局考虑的结果。袁世凯对革命派策略的调整，不仅扭转了南北军事冲突不断斗争的趋势，也深深地影响了南北对垒的大局，使局势朝着和平解决的方向发展。仅就这一点而言，袁世凯在辛亥革命中的地位与作用不能轻易一概抹杀。袁世凯为何没有一味地愚忠清廷，残酷镇压南方革命党，并主动放弃这一政策？

其一，国内形势急速发展，出乎袁世凯意料。起初，武昌起义导致武汉三镇陷落，接着全国响应，当袁世凯督师前线时，清廷能控制的区域十分有限，除北京、东三省、直隶、山东、河南等地，“一座座城市不声不响地落入起义军手中”，因此，英国驻华公使朱尔典认为“交给袁世凯的任务，显然不是很有希望的。”[④]作为中外关注焦点的袁世凯对此更是洞若观火，不得不重新审视政局走向。

其二，革命党秩序良好，并得到中外舆论一致同情。武昌起义后，湖北军政府成立，发布安民告示，并发布紧要谕令，维持秩序，特别是对军人严明纪律，如派宪兵巡查；夜晚无命令不准携枪擅入民宅搜索；各协标营务设置风纪卫兵以维持军纪；各官兵一律不准私自出营到处散游，新兵尤宜注意等。[⑤]革命党人重视秩序纪律，表现出很强的组织性，也得到西方在华政治势力的赞许和同情。他们认为革命党“运动进行的方式有条不紊以及对外国利益所表现出来的显著尊重，使得它同以前所有此类起事区别开来，并且在中国人中间获得了对他的一定程度的同情，而满清朝廷再也不能声称享有这种同情了。”[⑥]立宪派也转向与革命派合流，要求推翻清廷，建立共和民国。

---

① 袁项城征鄂之计划，《盛京时报》，宣统三年九月初六日（1911年10月27日），（二）。

②《复军谘冯国璋函稿》，骆宝善、刘路生主编:《袁世凯全集》第19卷，郑州：河南人民出版社，2013年，第12页。

③ 章开沅、罗福惠、严昌洪主编:《辛亥革命史资料新编》第8卷，武汉：湖北人民出版社，2006年，第102页。

④ 胡滨译:《英国蓝皮书有关辛亥革命资料选译》上册，北京：中华书局，1984年，第44页。

⑤《军政府紧要谕令》，《时报》1911年10月21日。

⑥ 胡滨译:《英国蓝皮书有关辛亥革命资料选译》上册，北京：中华书局，1984年，第35页。

再加之，革命党占领汉阳铁厂和汉阳枪炮厂，可谓“粮足器利，人多精练，自与寻常匪徒啸聚乌合者，迥不相侔。”[①]由此，袁世凯不得不重新审视革命党人的政治意图。

其三，军事上的困难。促使袁世凯转变政治态度的一个重要原因即是现实存在的军事补给不足。一方面革命党人有顽强的反抗能力，面对北洋军的强势镇压，并非不堪一击，且有不达推翻清廷的目的誓不罢休的决心，袁世凯不得不对此进行再预判，权衡利弊；另一方面，清廷援军迟迟不到，袁世凯曾多次催促：“请饬下府部即调第二军陆续开拔，在信阳州一带，择地集合。俟段祺瑞北来，即派充是军总统，会合第一军，早图规复。增此大军，前敌士气亦壮，反侧之徒亦可胆寒。”[②]可由于发生滦州兵谏，山东、东三省截留，第二军实际上并未形成，自然也就没能开赴前线。正因如此，袁世凯认为“惟官兵露营多日，奋力苦攻，实已疲倦，虽于汉口方面占领颇多，恐难逮覆匪巢。”[③]暂停攻打武昌。

其四，清廷也开始改主剿策略而为招抚。汉口大火惨案发生以来，冯国璋及其领导的政府军的残暴行为引起了国内外强烈反响，招致广泛的批评。为此，清政府也表现出不欲满汉交斗，致生惨恶之结果，并已有俯顺民情之举动，解除党禁，释放汪精卫等被捕政治犯。[④]所以，袁世凯也及时“奉初九日恩旨四件，已令前敌暂停进。一面出示晓谕招抚，令鄂员作书，雇洋人往武昌向黎逆宣布圣德，劝解投顺。倘逾数日无确覆，即立限时刻，猛攻汉阳。”[⑤]尽管袁世凯仍表面宣称“无论朝廷如何，世凯决不奉停战之诏”[⑥]，却私下里派人与黎元洪联系，并告诉内阁，此举系秘密，“勿使军部员司知之”[⑦]。

其实，袁世凯自清末以来即以开明务实著称，对革命党也有清楚的认识：“革党在各国政治上本有此一种人物，无足怪者。惟看政府所施行之政治如何尔，政治改良一分，革命党即减少一分。使官吏不能诚实奉行先朝立宪之美意，而虚伪承之，武汉之乱虽平，亦无与于根本上安危之数。”[⑧]因此，他毫无讳言地指出“此次平定大局断无打闷仗之理，宜选资政院议员分各省准其呈递意见书，和平解决，如其要求有出于各国

---

① 袁世凯致清内阁请代奏电，八月二十八日，卞孝萱辑：《闵尔昌旧存有关武昌起义的函电》，《近代史资料》1954年第1期。

② 方裕谨选编：《清政府镇压武昌起义电文一组》，《历史档案》1981年第3期。

③ 方裕谨选编：《清政府镇压武昌起义电文一组》，《历史档案》1981年第3期。

④ 字林报电，《民立报》1911年10月29日，第6页。

⑤ 袁世凯致清内阁请代奏电，九月十三日，卞孝萱辑：《闵尔昌旧存有关武昌起义的函电》，《近代史资料》1954年第1期。

⑥ 致内阁电，骆宝善、刘路生主编：《袁世凯全集》第19卷，郑州：河南人民出版社，2013年，第45页。

⑦ 致内阁电，骆宝善、刘路生主编：《袁世凯全集》第19卷，郑州：河南人民出版社，2013年，第39页。

⑧ 袁项城洞知事变，《盛京时报》宣统三年九月初四日，（七）。

近代政治革命之外，则是有意扰乱治安，当另有办法”。[①]于是，袁世凯由军事解决开始寻求政治解决，策略上亦由剿抚兼施开始转向南北议和，并为此做出了诸多努力。

一是着手改良国内政治。袁世凯进京之后就力图刷新政治，组织责任内阁，实行君主立宪，甚至停止入对奏事惯例，扩大内阁权限，以示政治改良的决心，用来挽回失去的人心民意。为此，袁世凯还令赵秉钧致政见于资政院，“略称两军停战及讲和事宜不甚为难，惟长江一带及南北各省业已扰乱，区区之讲和未必能挽回大局，不如从速施行改革中央政府，以为国民之福。”[②]因而有人对此评论道：“中国官僚政治之局，至此大变。”[③]但无奈的是，革命党人并不接受，仍要求推翻清廷。

二是利用西方列强帮助实现停战。日本驻华公使伊集院在访问袁世凯，意欲探明关于中国时局之方针时，袁世凯告诉他：“镇平武昌叛军，实为当前之急务。但若徒持刀兵，亦非良策，当前既无和解之途，只好继续使用武力，同时筹拟调解办法……本人始终认为中国非行君主立宪不可，而革命党及其他方面俱主张共和制或联邦制，极力抗争，本人之主张颇难贯彻。不知贵公使以及欧、美各国人士认为君主立宪与联邦共和等政体何者更为适宜?”[④]在伊集院看来，“袁世凯为时局而十分焦虑，谈话中屡次露出有某种具体问题欲向本职询问之口气，本职因未获我政府任何训令只得巧妙予以回避，并注意探索对方之真意所在。”[⑤]实际上，日本在探明中国政策的同时，袁世凯也在试探日本对华的政策和态度。后来袁世凯在与英国公使朱尔典会面时，就干脆利落地指出：如果能够根据双方都很满意的条款达成一项休战协定，他将乐于下令停战，并希望朱尔典通过英国外交部向革命党传达他的意思。[⑥]后来，也正是在英国的牵线下，南北实现停战并开始正式和谈。

三是继续与革命阵营保持联系，充分接触，商讨南北议和。袁世凯派人与黎元洪、黄兴联系之后，革命党对袁世凯的招抚政策，并不乐于接受，相反，还提出了如袁反正就保其做民国临时大总统的决议，这有点出乎袁世凯的意料。对此，袁世凯一面半信半疑，留待日后证明，一面也坚定了其加速议和的决心。

正是在国内局势发生重大变化之后，袁世凯重新审视政局，主动调整思路和政策，开始了南北正式谈判之路。

---

① 袁世凯之主抚政策，《盛京时报》宣统三年九月十七日，（七）。

② 项城最近之政见，《盛京时报》宣统三年九月二十日，（二）。

③ 恽毓鼎：《恽毓鼎澄斋日记》第2册，杭州：浙江古籍出版社，2004年，第561页。

④ 邹念之编译：《日本外交文书选译——关于辛亥革命》，北京：中国社会科学出版社，1980年，第250—251页。

⑤ 邹念之编译：《日本外交文书选译——关于辛亥革命》，北京：中国社会科学出版社，1980年，第252页。

⑥ 胡滨译：《英国蓝皮书有关辛亥革命资料选译》上册，北京：中华书局，1984年，第73页。

三、南北议和中袁世凯左右逢迎与进退两难

南北议和表面上是唐绍仪、袁世凯与伍廷芳的谈判，实际上暗中南北双方还有其他方式的谈判在进行，比如著名的“惜阴堂”谋划，段祺瑞与黄兴、黎元洪等南北军方私下的通信，廖少游与顾忠琛运动南北军队接受共和等。但归根结底，南北和谈主要解决的问题有两个：一个是清帝退位问题，一个是赞同民主共和的问题。但无论是哪一个问题，都是革命党人所提出并不允许袁世凯进行任何更改，而且都需要袁世凯尽快完成，也就是说议和前本来袁世凯还有点主动权和处置权，议和后袁世凯就不得不接受革命党人的条件，完全按照革命党人的要求做了，某种程度上，这也体现了革命党人的聪明才智，即把南北矛盾都转嫁到袁世凯身上。当然，袁世凯也是有选择的权力，也完全可以不按革命党人的设置条件去做，可事实上，袁世凯没有违背民心倾向共和的历史潮流，接受并比较和平地完成了革命赋予革命党人应该完成的使命，因此，民国临时大总统一职最终非袁莫属。

其实，这两个条件的提出，充分反映了革命党人的目的诉求，就是要推翻清政府的专制统治，建立民主共和国。但就当时的实情而言，哪一个都不容易顺利完成。以往我们在讨论这一问题时，着眼的是袁世凯获得临时大总统的结果，对所谓的孙中山“让位”耿耿于怀，往往认为袁世凯掌握政权就是革命的失败。为了证明袁世凯夺取民国大总统一职之非，又过度渲染袁世凯的阴谋论，过分夸大袁世凯的能力，把袁世凯逼清帝退位、赞同民主共和的左右逢迎和处境两难的过程，简单地处理为袁世凯一方面利用革命党逼迫清廷退位，另一方面又利用清廷压制革命党交出大权，结果渔翁得利。这显然是把复杂的历史简单化了。

事实上，袁世凯在处理清帝退位，承认民主共和问题上，为了避免政局动荡，可谓做足了准备，既迎合了舆论要求，又保证了皇室和汉满蒙回藏各族的权利，但完成得并不是那么轻松顺利。在此过程中，袁世凯既要稳定国内局势，又要考虑清廷的接受能力，还得按照革命派的要求谋划布局，可谓左右逢迎，处境两难。

第一，袁世凯和谈之初，坚持君主立宪为底线，但革命派反对君主立宪，坚决主张共和。

当唐绍仪报告革命党非共和不开谈时，袁世凯仍旧指示唐绍仪开导革命党：“近日体察各国情形，皆不赞成共和。日本因恐波及，尤以全力反对。如再相持，人必干预，大局益危，亟宜从速自家解决，冀免分裂，况十九信条已具共和性质，君主民主两相维持，即可保全危局，何苦牢守成见，空争名义，致破坏种族，仁人哲士当不出

此。凯惟有固守保全宗旨，为天下谋幸福，请婉切开导彼方，万勿固执，同归于尽。”①但革命党人复之以“万办不到”，②然后袁世凯、伍廷芳开始了你来我往的电报战。正因如此，舆论认为“故袁刻下之穷境，不堪悬想。”③“革命党人不信任袁世凯，认为他是清朝的支柱；满人也不信任他，认为他在策划倾覆清朝的阴谋。”④后来，随着谈判的深入，袁世凯不得不表示君主民主付诸全民公决。因袁世凯的倾向共和，也立即遭到满洲亲贵的反对，英国公使朱尔典对之曾有过记述：“袁氏解释道，他对另一方的一再让步，已招致对他的一片诽谤——他被公开指责是暗中的革命党。”⑤1912年1月1日朱尔典在向英国外交大臣格雷汇报会见袁世凯情形时，进一步指出“袁氏看上去心力交瘁”。⑥

第二，袁世凯为制造有利于北方赞同共和的局势，亦做出不少努力。

南方诸省在革命势力的影响下，立宪派的运作下，一致表示赞同共和，但北方几省反对共和最力，为了表明接受民主共和的诚意，避免宣布共和后出现大规模的反对之势，袁世凯首先游说东三省总督赵尔巽、直隶总督陈夔龙接受共和，赵尔巽勉强同意，陈夔龙直接挂冠而去；其次令其子袁克定到陕甘游说，稳定陕甘政局，赞同共和；再就是安抚忠清的绅士，或写信安慰，⑦或派亲信动员。为了避免军队反对共和，袁世凯也进行了秘密谋划。一方面把自己的亲信部队调往京师附近，有西方驻华武官对此有过记述：“一列火车从彰德到北京，运送新编的河南军队，三列火车从正定府到北京运送新编的南直隶军队。”使京城的汉人军队数量增加，满人减少。⑧另一方面利用姜桂题毅军拱卫京师，武昌起义一发生，袁世凯就告诫姜桂题：“贵军锁钥畿辅，自不可轻动。”⑨议和以来，姜桂题部分军队除支援镇压山西陕西革命一度离开，但其余时间一直驻扎京师附近，确保京师安全。对冯国璋掌控的禁卫军，大加整顿，严申军纪。最后还指示和授意段祺瑞等湖北前线军队和地方军官发表赞同共和通电：“共和国体，原以致君于尧舜，拯民于水火。乃因二三王公迭次阻挠，以至恩旨不颁，万民受困。现在全局危迫，四面楚歌……而且京津两地暗杀之党林立，稍疏防范，祸变即生，是

① 《1912年南北议和电报选》，《历史档案》1986年第4期。

② 《1912年南北议和电报选》，《历史档案》1986年第4期。

③ 袁项城近日之艰窘，《盛京时报》宣统三年十一月初八日，（二）。

④ 骆惠敏编：《清末民初政情内幕》（上册），北京：知识出版社，1986年，第800页。

⑤ 章开沅、罗福惠、严昌洪等编：《辛亥革命史资料新编》第8卷，武汉：湖北人民出版社，2006年，第192页。

⑥ 章开沅、罗福惠、严昌洪等编：《辛亥革命史资料新编》第8卷，武汉：湖北人民出版社，2006年，第191页。

⑦ 劳祖德整理：《郑孝胥日记》第三册，北京：中华书局，1993年，第1383页。

⑧ 章开沅、罗福惠、严昌洪等编：《辛亥革命史资料新编》第8卷，武汉：湖北人民出版社，2006年，第201—202页。

⑨ 复直隶提督姜桂题函稿，骆宝善、刘路生主编：《袁世凯全集》第19卷，郑州：河南人民出版社，2013年，第10页。

陷九庙两宫于危险之地，系皆二三王公之咎也。三年以来，皇族败坏大局，罪实难数。事至今日，乃并皇太后皇上欲求一安富尊荣之典，四万万人欲求一生活之路而不见许。祖宗有知，能不恫乎。盖国体一日不决，则百姓之因兵燹冻馁死于非命者日何啻数万。瑞等实不忍宇内有此败类也。岂敢坐视乘舆之危而不救。谨率全军将士入京，与王公剖陈利害。”[①]这通电主要是针对肃亲王善耆，恭亲王溥伟等秘密活动反对退位的力量，表明军队的强硬态度，给其以当头棒喝，迫使其尽快同意退位。

第三，在促使清帝退位上，袁世凯也是绞尽脑汁，极力促成。

对袁世凯来说，促清帝退位确实困难很多，首先面对的就是自食其言。出山时他信誓旦旦:“然受恩高厚，利钝故不敢计，惟有竭尽心力，以图报称。”[②]“制胜不敢诩操胜券，但有报国一日，断不至有北犯之虑”[③]三个月后，他又催促清帝退位，从而形成强烈反差，所以，从这一点来说，袁世凯出尔反尔，没有道义精神，不符合中国人的传统价值观，因此被人们视为枭雄。但是，袁世凯此举却是顺应历史潮流之举。

其次，为尽快实现清帝退位，袁世凯采取以退为进的策略。当唐绍仪倾向共和时，袁世凯立即撤了其代表的职务，仍高调坚持君主立宪，充分照顾清廷的感受；但当南北谈到君主民主问题付诸公决，自感开始食言时，袁世凯就开始以辞职回避：“窃惟君主立宪与共和立宪二者绝不兼容，国会何所取决，此时毫无把握。推厥原由，皆臣等奉职无状，不能坚守告庙之信条，孚大信于全国，以致生出两种问题，动摇政本。臣等私衷自省，忧悚万端，惟有吁恳天恩，准予辞职，饬下资政院另行公举贤能，组织内阁，以救危局而巩丕基。”[④]结果，隆裕皇太后自知不得不依靠袁世凯，就安慰说:“余系妇人，皇帝年幼，凡事皆靠汝等国务大臣主持，如将来办得好，固系汝等之功，即使无法转圜，至于失国，由我为证，将来皇帝长大亦不能怪汝。”[⑤]有此保证，袁世凯才放手为之。

复次，与皇室反对派周旋，避免政局过渡出现过度波动。袁世凯运动奕劻以及隆裕左右的太监游说退位，但是，力图保存皇位的善耆、溥伟等秘密活动，极力鼓动君主立宪会广发《谨告政府亲贵及北省人士勿信谣言》之传单，呼吁人们坚决反对退位。[⑥]

---

① 柴德赓等:《辛亥革命》八，上海：上海人民出版社，1957年，第178—179页。

② 袁世凯致清内阁请代奏电，八月二十八日，卞孝萱辑:《闵尔昌旧存有关武昌起义的函电》,《近代史资料》1954年第1期。

③ 致内阁电，骆宝善、刘路生主编:《袁世凯全集》第19卷，郑州：河南人民出版社，2013年，第28页。

④《宣统三年清皇室退位档案》,《历史档案》2011年第3期。

⑤《清皇族之哭声》,《申报》1912年1月5日，第一张第五版。

⑥ 劳祖德整理:《郑孝胥日记》第三册，北京：中华书局，1993年，第1390—1391页。

不仅如此，他们还试图双管齐下，策动满洲军队和影响皇太后，[①]秘密策划利用铁良或赵尔巽牵制袁世凯，阻止退位。荫堂在诸亲贵的指示下，于1月23日致赵尔巽幕僚袁金铠信中有明确表述："如袁自去，固不能留；即袁辞职，亦允之，以次帅总任，以锡清帅督东。均极赞同。……总而言之，欲平今日之乱，袁党无异谋尚可以中国兵力讨平之；袁党苟再作乱，除借用外国兵力实无良策。"[②]由此可见，一部分清廷皇室贵胄，为保证自己的利益，不顾大局，反对让位，并不惜一切代价，甚至准备借兵国外。处此境遇之下，袁世凯一方面利用奕劻在皇室中的威信，游说亲贵不可轻举妄动，另一方面利用隆裕阻止亲贵密谋，敬告之"胜了固然好。要是败了，连优待条件都没有，岂不是要亡国吗？"[③]最后，袁世凯对皇室之优礼，皇族之安全，八旗之生计，蒙古、回、藏之待遇，按照清廷要求，最大限度地满足，并进行缜密的预备筹划。[④]关于皇室及其他优待条件，南北多次协商，其实，协商的过程，表面上看是繁文缛节的更改，实际上反映的却是袁世凯为照顾清廷的利益与革命党进行的博弈。

总之，袁世凯在南北议和的过程中，一方面不得不原则上同意革命党人的诉求，另一方面也要充分地照顾到清廷的体面、权利和要求。尽管可以有条件利用革命党、清廷之间的对立，分别向双方施加压力，但事实上，革命党不愿做出过多让步，清廷也想极力维护自身的权益，所以袁世凯不得不左右逢迎，但又处于进退两难的境地，最后袁世凯能够顺利完成历史赋予革命党人的使命，靠的不仅仅是好运气，而是遵从社会潮流，切实把握和服从民意。

结语

武昌起义后，袁世凯力排众议，应诏即起，并积极进行诸多军事、政治和社会谋划，对辛亥政局产生了深远的影响。清廷希望袁世凯像曾李镇压太平天国一样削平南方革命，革命派则渴望其能成为中国的拿破仑、华盛顿，并不惜以大总统位置相戴。袁世凯既没有愚忠，也没有苛责革命党，而是遵从社会舆论渴望统一之导向，逼清帝退位，赞同民主共和，实现一圆满之段落。在此过程中，立宪派、旧官僚与袁世凯遥相呼应，相互配合；西方列强同情袁世凯并强调中国局势非袁不可收拾。一时间国内较为普遍地形成"非袁莫属"的社会心理，袁世凯在各派政治势力的角逐中占据上风，

① 章开沅、罗福惠、严昌洪等编：《辛亥革命史资料新编》第七卷，武汉：湖北人民出版社，2006年，第249页。

②《宣统三年清皇室退位档案》，《历史档案》2011年第3期。

③ 溥伟：《逊国御前会议日记》，《社会科学战线》1982年第3期。

④ 中国第二历史档案馆编：《中华民国史档案资料汇编》第2辑，南京：江苏人民出版社，1981年，第71页。

新生的民国便落入其手，不自觉地成为其囊中之物。历史在这一时期虽然选择了袁世凯，但袁世凯终究脱胎于君主专制的旧体制，对民主共和缺乏系统认知，又无明确和切实可行的指导性新纲领新思想，不能给民国初年的社会指明新的发展方向，带来新的希望，权宜之计地赞同民主共和，也导致了其最后费尽心机地背离民主共和。当社会不断进步向前发展时，袁世凯智尽能索，黔驴技穷，重新选择君主专制时，就必然招致民众强烈的反对和反抗，就必然被时代和历史抛弃。但是，从武昌起义至辛亥鼎革之际的表现和作为来看，袁世凯能够顺应历史潮流，着眼南北统一大局，完成了促清帝退位、赞同民主共和具有转折性意义的历史任务，并非无任何积极性可言。

交通史

滇越铁路滇段修筑路工医疗卫生研究*

刘超建　代薇

摘要：清末滇越铁路滇段约有三十万筑路工人因工作环境恶劣、卫生意识缺乏、工人来源比较复杂、自然灾害频发、洋包工虐待等多种因素患上传染性疾病和非传染性疾病。迫于国内外舆论压力，法国政府和铁路公司针对筑路工人医疗卫生条件进行了一系列改革，建立了一套较为完整的卫生医疗体系，在疾病防治、医疗救助、卫生教育等方面采取了一定措施。但后期因铁路工程预算超支、工时延长，铁路公司虐待路工等，给铁路修建带来了较大影响，医疗卫生发展较缓，还激发了云南人民及路工反帝反清的风潮。

关键词：滇越铁路；传染病；医疗卫生

滇越铁路作为近代中国第一条高山铁路和国际铁路，是法国殖民当局根据与清政府签订的不平等条约修建的。自1910年4月1日开通后，一直是国内外学者的研究热点，但纵观目前的成果，关于路工医疗问题研究却很少涉及。本文试图以医疗社会史为研究视角，对滇段铁路修建路工的招募及伤亡情况、原因及铁路公司的应对措施等方面进行初步探讨，不揣浅陋，敬请各位方家斧正。

一、路工招募概况

光绪二十九年（1903）九月，滇越铁路滇段陆续开工。因工程量大且施工环境恶劣，法国铁路公司设有两种路工招募渠道：一是通过各地方政府、中介等正常渠道公开招募；二是通过勾结或贿赂地方官吏、商会组织、地痞流氓等进行强招、哄骗等非法渠道招募。

* 基金项目：广西师范大学越南研究院“滇越铁路与中越文化交流”（项目编号：YN2022004）

(一)公开招募

铁路公司通过正常渠道招募路工主要为云南本地与其他省份及越南等地路工。修建初期，当地人是路工的主要来源。铁路沿线土地被征用后，致使部分农民失去了耕地，被迫成为滇段铁路最早的筑路工。铁路修建中后期，随着工程规模的不断扩大，劳动力需求日渐增多，而云南当地劳动力难以满足需求，其主要原因有三：一是自愿而来的云南路工多是农闲期间做季节工的农民，而农忙时则回家耕种；二是洋包工的残酷虐待与压迫。云南人民因洋人对筑路工人的残暴之举，对滇越铁路的修建具有强烈的抵触心理；三是云南人对铁路修建具有抵制情绪，由是导致难以在云南各地招募到足够的劳动力，公司开始通过各地政府、商行和掮客等中介公开招募外省和安南(越南)的劳工。据相关史料统计，将具体招工人数与来源地统计，列成表1。

表1. 历年招募工人数目表(云南省外)(单位：人)

年份	1903年		1904年			
招募地点	广西	安南	广西	东部省份	天津	广东
招工人数	2000	500	2300	4000	5500	2500
合计	2500		14300			
年份	1905年后					
招募地点	东部省份	福州	宁波	广东	天津	安南
招工人数	4000	1000	1000	800	1500	3800
合计	12100					
年份	1906年		1906年后			
招募地点	广西	安南	广西	安南	东部省份	
招工人数	15000	7000	5000	5000	2000	
合计	22000		12000			
总计	62900					

说明：表中所记载招工人数，仅代表铁路公司以正常手段招募的省外民夫

资料来源：苏曾贻《滇越铁路纪要》，梁公卿主编《中国西南文献丛书·西南史地文献》(第四十卷)，兰州大学出版社，2003年，第57—58页。

光绪二十九至三十年(1903—1904)间，因滇段铁路劳动力缺口日益增大，公司招工范围逐步从云南周边扩招至中国其他省份，但因紧急招工，致使所募路工经验不足且“多数懒惰，并难驾驭”①，最后只能解雇。光绪三十一年(1905)，公司决定在广东、天津、宁波等有铁路建筑经验的内地省份和已完成越段铁路建设的越南招募路工，大多为参与修建“芦汉、关内外两铁路建筑工程”②及滇越铁路越段的熟练工人。但因公司未考虑到北方路工极不适应云南的湿热气候与生活习惯，加上食宿简陋、洋包工虐

① 苏曾贻:《滇越铁路纪要》,《中国西南文献丛书·西南史地文献》(第四十卷)，兰州：兰州大学出版社，2003年，第56页。

② 金士宣、徐文述:《中国铁路发展史：1876—1949年》，北京：中国铁道出版社，2000年，第64页。

待、医疗卫生条件差等原因，致北方路工伤亡较大。“滇越铁路路工之困苦，以地居热带，瘴气熏蒸，一也；水土性毒，不利远人，二也；山多岩石，难以开凿，三也；米粮高贵，工不足食，四也；监工行骗，工多饿死，五也；监工苛虐，鞭挞难堪，六也。有此六困苦，而华工尚趋之若鹜，虽填沟壑入陷阱亦所不辞……不知死活之甚也”[①]。次年，公司将招募路工主要集中在中国广西、云南本地及越南，以解决因不能适应自然环境所造成的减员问题。

（二）非法渠道招募

因滇越铁路公司在各地公开招募路工屡遭不顺，而为尽快解决劳动力不足，公司就通过非法渠道以强行招募路工，为此公司与各地方官吏相勾结，开始在昆明、楚雄、东川等各地强行摊派路工名额，令“民间出钱财赀送”[②]；在中国其他省份，公司利用天主教会名义以“中国教徒应募修路”为由哄骗教徒，或是买通地方官员、行会组织和地痞流氓等引诱和强行抓捕各省民夫，或是许以中国小包工头“汝辈有能代我法招路工至一千作工一年者，我法许汝背以大利益外，先以一大法宝星为质，将来路工告成时，我法即与汝辈为云南官随其择任”[③]为诱饵，通过利诱、哄骗，甚至强抢民夫等方式招募路工。

通过两种渠道，滇越铁路公司从“云南、广东、广西、四川、福建、浙江、山东、河北等省招募或买通各地官吏强迫而来之筑路工不下20、30万”[④]。光绪三十年至三十一年间（1904—1905），铁路公司花费约19.5万法郎从重庆非法招募到4,340名路工[⑤]；次年，公司先后雇用中国云南、广西以及越南，甚至四川等地路工约有47,000人[⑥]，表1中只记载从中国广西和越南招募22,000人。若滇段铁路每年所需路工数目与1906年相差不大，那滇段每年所招路工也应在3万至6万人之间，公司在修建后期为普通路工建造“能容工人约四万八千众”[⑦]的工棚也可予以证明。如此看来，铁路公司为修建滇段铁路，从中国各省及越南以正常渠道和非法渠道所招路工总数亦应有30余万[⑧]。

① 云南省档案馆等编：《滇越铁路史料汇编》（下），昆明：云南人民出版社，2013年，第154页。
② （清）沈祖燕：《案事编》，方国瑜：《云南史料丛刊》（第9卷），昆明：云南大学出版社，1999年，第788页。
③ 云南省档案馆等编：《滇越铁路史料汇编》（下），昆明：云南人民出版社，2013年，第154页。
④ 云南省档案馆等编：《滇越铁路史料汇编》（下），昆明：云南人民出版社，2013年，第255页。
⑤ （法）皮埃尔·妈尔薄特：《滇越铁路：一个法国家庭在中国的经历》，许涛译，昆明：云南美术出版社，2010年，第49页。
⑥ （法）皮埃尔·妈尔薄特：《滇越铁路：一个法国家庭在中国的经历》，许涛译，昆明：云南美术出版社，2010年。
⑦ 苏曾贻：《滇越铁路纪要》，《中国西南文献丛书·西南史地文献》（第40卷），2003年，第54页。
⑧ 伍法同：《云南历史上的瘟疫灾害》，《云南日报》，2003年6月13日第C04版。

二、铁路修筑时路工所患疾病类型及原因

铁路公司于1903—1910年间招募了30余万路工。现因史料记载方面仍存有一定的争议与不足，难以得知路工具体死亡数目，仅能综合各种相关史料，将修筑路工死亡人数统计列成表2。

表2. 修筑路工死亡人数统计表

时间	死亡人数	具体描述
1904 年	5,000 人	第一年河口至腊哈地就死亡 5,000 人[①]
		仅河口至腊哈地段，开工第一年即死亡 5,000 人左右[②]
		1904 年就有 5 千多工人被殴打、病饿而死[③]
1905 年	7,000 人	1905 年死亡 7 千人[④]
1903—1906 年	≧ 20,300 人	石工死者三百余人……土工死者约二万余人[⑤]
1903—1907 年	30,000 多人	到 1907 年，共有 3 万多工人被折磨致死[⑥]
	≧ 60,000—70,000 人	滇越路工所毙人数，其死于瘴、于病、于饥毙、于虐待者，实不止六七万人计[⑦]
1903—1910 年	12,000 人	1903年—1910年死亡人数：兵工人：12,000人（南溪占10,000人）[⑧]
	约 12,000 人（未包括云南路工）	据滇越铁路公司工程总结记载，在修建期间中国工人共死亡约12,000 人（此项数字未包括云南籍民工临时工的死亡数）而其中10,000 余人死于河口至腊哈地段[⑨]
	≧ 50,000 人	不到 7 年的时间，就有 5 万多名中国工人因事故、饿、病等死亡[⑩]
	60,000—70,000 人	前后惨死的工人达六、七万之多[⑪]
		前后惨死的工人达六七万人[⑫]

① 云南省档案馆等编：《滇越铁路史料汇编》（下），昆明：云南人民出版社，2013年，第43页。

② 云南省档案馆等编：《滇越铁路史料汇编》（下），昆明：云南人民出版社，2013年，第34页。

③ 孙纯福：《466公里滇越铁路上的7万条性命》，《文史天地》2011年第1期。

④ 孙纯福：《466公里滇越铁路上的7万条性命》，《文史天地》2011年第1期。

⑤（清）杨振鸿：《滇越边务及铁道之实况（十号）》，云南省档案馆等编：《滇越铁路史料汇编》（下），昆明：云南人民出版社，2013年，第153页。

⑥ 孙纯福：《466公里滇越铁路上的7万条性命》，《文史天地》2011年第1期。

⑦（清）沈祖燕：《案事编》，方国瑜：《云南史料丛刊》（第9卷），昆明：云南大学出版社，1999年，第787页。

⑧ 苏曾贻：《滇越铁路纪要》，《中国西南文献丛书·西南史地文献》（第四十卷），第252页。

⑨ 云南省档案馆等编：《滇越铁路史料汇编》（下），昆明：云南人民出版社，2013年，第243页。

⑩ 云南省档案馆等编：《滇越铁路史料汇编》（下），昆明：云南人民出版社，2013年，第43页。

⑪ 云南省档案馆等编：《滇越铁路史料汇编》（下），昆明：云南人民出版社，2013年，第258页。

⑫ 佚名：《90载滇越铁路如何走向新生》，《东南亚纵横》2000年第4期。

续表

<table>
<tr><th>时间</th><th>死亡人数</th><th>具体描述</th></tr>
<tr><td rowspan="9">1903—1910 年</td><td>≧ 70,000 人</td><td>被打死，加上饿、病、冻至死的人数高达 7 万多人，仅天津、济南的工人就有一万二千人①</td></tr>
<tr><td>≧ 100,000 人</td><td>经 30 万劳工 7 年多的千辛万苦，到通车时死亡华工 10 万多人②</td></tr>
<tr><td>60,000—70,000 人 /120,000 人</td><td>累计死亡人数高达六七万人，有说十二万多人③</td></tr>
<tr><td>60,000—70,000 人 /125,000 人</td><td>到铁路全线完工时，仅中国工人的死亡数就高达六七万人以上（一说是十二万五千人）④</td></tr>
<tr><td>12,000 人 /60,000 人 /200,000 人</td><td>一些人估算这种损失达 12,000 人（另有人估计 6 万人，甚至有人说 20 万人！）⑤</td></tr>
<tr><td rowspan="2">已无确数可稽</td><td>“在工瘴故者，多未据报，已无确数可稽”⑥</td></tr>
<tr><td>“到工后死于烟瘴者，不之凡几。加以克扣工资，无钱觅食，逃亡饿毙者，实不能以数计”⑦</td></tr>
<tr><td>占总人数 70% 以上</td><td>《滇事危言初集》“闻各省工人被召而来，得以保全生命者，实不过十之二三也”⑧</td></tr>
<tr><td colspan="2">大概约有 7 万—20 万筑路工人死亡（据史料综合考证，滇越铁路死亡路工人数下限应有 7 万人左右，上限在 10 万至 20 万人之间）</td></tr>
</table>

据表2的统计可知，在滇段铁路修建过程中，关于筑路工人具体死亡数目说法不一，很难统计出精确数据。法方所统计的路工伤亡数据只有12000人，其可能只统计正常渠道招募而来的路工伤亡人数，未将云南籍路工、临时工和非法渠道强招的伤亡路工统计在内；而国内对滇越铁路的死亡人数难以统一，很大原因是没有直接相关数据予以证明，只能依靠前人资料或研究进行估计推测，导致数目差异较大。如最少有苏曾贻在《滇越铁路纪要》中记载的12000人，最多有《滇事危言初集》中所述路工总人数的70%以上，但是二者数据均不详实。《滇越铁路纪要》中所记载的12000人应是直接采取法方所记载的路工死亡人数；《滇事危言初集》中所记载筑路工人死亡人数为路工总人数的70%以上，按路工总人数为30万计算，死亡人数则有21万人，综合表2整体数据来看，显然略有夸张。现今只能通过史料查找大概推测出滇段铁路修筑路工的死亡人数上下限。

① 孙纯福：《466公里滇越铁路上的7万条性命》，《文史天地》2011年第1期。

② 罗智远：《滇越铁路——一根枕木一条命，一颗道钉一滴血》，《创造》2010年第 Z_1 期。

③ 伍法同：《云南历史上的瘟疫灾害》，《云南日报》，2003年6月13日第C04版。

④ 云南省档案馆等编：《滇越铁路史料汇编》（下），昆明：云南人民出版社，2013年，第72页。

⑤（法）皮埃尔·妈尔薄特著，许涛译：《滇越铁路：一个法国家庭在中国的经历》，昆明：云南美术出版社，2010年，第49页。

⑥（清）贺宗章：《幻影谈》，方国瑜：《云南史料丛刊》（第12卷），昆明：云南大学出版社，1999年，第107页。

⑦ 卓维：《新编昆明风物志·道路交通·滇越铁路与昆河铁路》，昆明：云南人民出版社，2001年，第397页。

⑧ 云南省档案馆等编：《滇越铁路史料汇编》（下），昆明：云南人民出版社，2013年，第43页。

清朝官员沈祖燕奉命勘察滇越铁路时，曾上报路工死亡人数不止六七万人。因沈祖燕是奉清廷之命前往云南调查，所见所述均较可信，国内多学者亦持类似观点，所以滇段铁路死亡的筑路工人有六七万以上较为可靠。然沈祖燕到滇段进行调查之时是1907年5—8月，距铁路完工还有两年多，所记录修筑路工死亡人数应是当时数据，因此死亡人数为6万—7万人只能为下限。据清末驻云南的法国领事弗朗索瓦（方苏雅）所述铁路修筑路工死亡人数已达20万，具有一定的可信度。所以方苏雅所述20万死亡人数应为上限。

总之，滇段铁路修筑路工伤亡实属惨重，30余万工人中有约6万—20万名路工因各种疾病或事故相继死亡。可见滇越铁路实乃中国人血肉铺筑而成，“一根枕木一条命，一颗道钉一滴血”并非夸张。

（一）疾病类型

滇越铁路修筑路工的伤亡，多是由各种疾病引起，大致可以分为传染性和非传染性疾病两种。由于相关资料保存不全、路工具体人数不明确、铁路公司及包工瞒报具体伤亡人数、医疗条件限制及铁路公司未设有医报等相关资料留存等因素，导致路工具体所患疾病类型及其所致伤亡人数难以统计。现今只能将有记载或可判断的疾病进行大致整理。

1. 传染性疾病

滇越铁路修筑路工的大部分伤亡是因为传染性疾病的暴发与传播，现将所搜集到的相关史料进行整理列成表3。

表3 滇越铁路传染性疾病类型及其死亡人数表

传染性疾病	暴发时间	死亡人数	具体描述
疟疾	1904年	5,000余人	死于疟疾者就有5,000余人①
	1903—1910年	30,000多人	法帝国主义在云南省修筑滇越铁路，……因患疟疾而死者前后约3万多人②
		12,000余人	仅死于疟疾者，就有12,000余人③
		—	疟疾……等疾病流行④
		—	……疟疾流行⑤

① 伍法同:《云南历史上的瘟疫灾害》,《云南日报》，2003年6月13日第C04版。

② 陈洪:《云南省重点传染病防治指南》，昆明：云南科技出版社，2004年，第101页。

③ 李占才:《中国铁路史（1876—1949）》，汕头：汕头大学出版社，1994年，第84页。

④ 李占才:《中国铁路史（1876—1949）》，汕头：汕头大学出版社，1994年，第84页。

⑤ 孙纯福:《466公里滇越铁路上的7万条性命》,《文史天地》2011年，第1期。

续表

传染性疾病	暴发时间	死亡人数	具体描述
鼠疫	1906年	2人	1906年……有两人患鼠疫死于老街[1]
霍乱	1906年	35人	1906年……在宁波劳工中发现的霍乱……有35人被传染死亡[2]
			广东工人染此症而死者三十五人[3]
猩红热	常年		……猩红热等疾病流行[4]
			天气热则易感猩红热及痢疾等症[5]
痢疾	常年		痢疾……等疾病流行[6]
			下南溪一带……天气热则易感猩红热及痢疾等症[7]
			亚热带的炭疽病、钩端螺旋体、恶性痢疾、疟疾流行[8]
钩端螺旋体	常年		
炭疽	常年		
不明流行病/瘟疫	1905年4—5月	死亡人数达700—800人	一场流行病发生在1905年4月至5月间，造成大量人员死亡，死亡人数达700—800人[9]

说明：滇越铁路所暴发的大部分传染病极可能是多种疾病交叉并发

从表3中可知，滇段铁路修建期间常见的传染性疾病大多是疟疾、鼠疫、霍乱、猩红热、痢疾、钩端螺旋体病、炭疽病等，都是可在人与人、人与动物之间传播的传染性疾病。因云南特殊的地理环境、恶劣的工作条件及路工来源复杂，且于密集的环境中工作等，导致了多种传染病肆虐，造成路工的大量伤亡。而且多数传播速度快、跨区域传染的流行病，具有传播范围广、伤亡大、交叉重复暴发等特征。

2. 非传染性疾病

公司和路工未曾重视的非传染性疾病或慢性疾病，亦是造成路工巨大伤亡的重要因素。滇段路工因非传染性疾病所致伤亡主要是：事故外伤后失血过多及医疗护理不及时导致感染而引发溃疡、破伤风和坏疽等并发症；营养摄入不足所致败血症、脚气病、肠胃炎等；高强度、长时间的劳作和洋包工的虐待导致过度劳累及其所致的并发症等。

① 王耕捷:《滇越铁路百年史（1910—2010）——记云南窄轨铁路》，昆明：云南美术出版社，2010年，第49页。

② 王耕捷:《滇越铁路百年史（1910—2010）——记云南窄轨铁路》，昆明：云南美术出版社，2010年，第49页。

③ 苏曾贻:《滇越铁路纪要》,《中国西南文献丛书·西南史地文献》(第四十卷)，第53页。

④ 李占才:《中国铁路史（1876—1949）》，汕头：汕头大学出版社，1994年，第84页。

⑤ 苏曾贻:《滇越铁路纪要》,《中国西南文献丛书·西南史地文献》(第四十卷)，第50页。

⑥ 李占才:《中国铁路史（1876—1949）》，汕头：汕头大学出版社，1994年，第84页。

⑦ 苏曾贻:《滇越铁路纪要》,《中国西南文献丛书·西南史地文献》(第四十卷)，第50页。

⑧ 孙纯福:《466公里滇越铁路上的7万条性命》,《文史天地》2011年第1期。

⑨ 王耕捷:《滇越铁路百年史（1910—2010）——记云南窄轨铁路》，昆明：云南美术出版社，2010年，第43页。

（二）产生原因

就各种疾病产生的原因，主要是自然和社会环境两方面。自然环境方面而言，铁路沿线瘴疠严重，自然灾害频发；社会环境方面，滇越铁路具有法帝国主义殖民扩张的特征，铁路公司及洋包工对路工极尽压迫和虐待，加之路工来源复杂、卫生意识缺乏等，导致滇越铁路路工之间各种疾病流行。

1. 自然环境因素

滇越铁路滇段筑路工工作环境恶劣，是其患病率和致死率居高不下的重要因素。首先，铁路沿线瘴疠严重。滇越铁路所经滇南、滇中等地，环境封闭，人迹罕至，生物种类繁多，如断肠草、假蒟苣[①]等毒草毒花，鹅膏菌等毒蘑菇，“桉树、九团花、枸胡椒、水马桑等”[②]含毒植物，“毒蛇、毒虫、蚂蝗、蜘蛛、断肠草（既被视为植物，也被视为动物）、孔雀、蜥蜴、蛤蟆、蝙蝠等”[③]含毒的飞禽走兽遍布各地。加以热带、亚热带气候和夏秋两季频繁降水，使当地气候湿热，成为了众多细菌和微生物繁衍的温床，发酵形成大量瘴毒素。瘴毒素在经过大自然的水循环后将会散发、汇入至周围的空气及水源之中，形成瘴气或瘴水[④]。路工接触后极易感染瘴疠造成传染性疾病的暴发和肆虐，轻则伤病，重则殒命。而瘴疠包括疟疾、鼠疫、霍乱等南方流行病及部分热带病在内的多样化、综合性的传染性疾病[⑤]，滇越铁路所暴发的传染性疾病大多是因为当地的瘴疠所致。其次，自然灾害频发。许多疾病的产生往往与各种自然灾害及灾后防护不到位有关。滇段铁路沿线地震、旱涝等自然灾害极为频繁。如滇段盘溪（原名婆兮）站至徐家渡站之间的铁路线与地质断层地震频发地段几乎重合，宣统元年（1909）五月、七月及八月先后发生多次较大地震[⑥]，路工住所、铁路工程等均受严重损坏，路工伤亡严重。降水过多过少导致的旱涝灾害频发，不仅使人民“救死不遑”[⑦]，也给铁路修建带来巨大困扰，导致疾病突发、工程受阻。如光绪三十三年（1907）初，强降水后多处路段出现“山崩地陷，路基被毁”[⑧]；次年十月，盘溪至徐家渡一带因降水量大突发洪涝，引发塌方、泥石流等，造成“K303+700一带路堑边坡多处坍塌，掩

① 周琼：《清代云南瘴气环境初论》，《西南大学学报》（社会科学版）2007年第3期。

② 周琼：《清代云南瘴气环境初论》，《西南大学学报》（社会科学版）2007年第3期。

③ 周琼：《清代云南瘴气环境初论》，《西南大学学报》（社会科学版）2007年第3期。

④ 周琼：《清代云南瘴气与生态变迁研究》，北京：中国社会科学出版社，2007年，第69页。

⑤ 陇贤春、荣莉：《〈岭南卫生方〉辨证治瘴的学术特点》，《南京中医药大学学报》2004年第1期。

⑥ 王耕捷：《滇越铁路百年史（1910—2010）——记云南窄轨铁路》，昆明：云南美术出版社，2010年，第37—38页。

⑦ 云南省档案馆等编：《滇越铁路史料汇编》（下），昆明：云南人民出版社，2013年，第168页。

⑧ 云南省档案馆等编：《滇越铁路史料汇编》（下），昆明：云南人民出版社，2013年，第38页。

埋线路土、石方达四万余立方米"[①]；宣统元年（1909）七月，蒙自、河口等多处工程因强降水导致"隧道、路基塌方"等[②]。滇越铁路工程巨大，沿线路工人口密集，自然灾害发生时受灾程度远比一般城镇严重，且因工作环境恶劣导致路工体质下降、抵抗力减弱，在自然灾害中救护不及时，大量细菌微生物随垃圾、粪便、尸体等逐水漂流，造成空气和水源等自然环境污染，路工之间易感染疾病，导致各种流行疾病的暴发。

2. 社会环境因素

法国铁路公司对路工的虐待：一是路工的食宿环境建设极不完善。开工初期，公司规定食宿"概由苦力自备"[③]。但铁路开建后，云南"人数骤增，屡逢歉岁，百物昂贵"[④]，只能改由公司每天供给一名路工一斤大米，种类单一，"任彼折扣"[⑤]。路工食不果腹，营养不良，极易患上败血症、脚气病等。光绪三十一年（1905）五月始，洋包工对"其有病者均不给与"[⑥]粮食、药品，使患病路工出现因病饿死的事件，或"不问已死、未死，火焚其棚，随覆以土"[⑦]，或"以足踢之深涧"[⑧]。路工住宿问题，公司曾协议出资给"每路工25人，发给起工房费50元"[⑨]，以自建工棚。但因洋包工贪污、克扣，"止（只）给20元或10元，今则10元20元亦无之"[⑩]。加之工地地势低洼且地形复杂，可供路工建造的材料稀少，难以自主建成工棚，加之暑热地湿，大多染上瘴疠、流行病，死伤者较多；二是洋包工等克扣路工工资及死者抚恤金。如"工头黄福记被洋人瓦理格记扣欠八千九百余元，黄胜记被洋人马约扣欠七千余元，李宝兴被欠三千余元，林六被欠四万二千余元"[⑪]。除此之外，杨振鸿在光绪三十二年（1906）发现许多死亡路工的抚恤金并未如实发放，"石工死者300余人，得恤费者不及十之二；土工死者约两万余人，经稍有人心之委员禀报注册者一万八千余人，其未经禀报注册者约六七千人，

---

① 云南省档案馆等编：《滇越铁路史料汇编》（下），昆明：云南人民出版社，2013年。

② 云南省档案馆等编：《滇越铁路史料汇编》（下），昆明：云南人民出版社，2013年，第40页。

③（清）贺宗章：《幻影谈》，方国瑜：《云南史料丛刊》（第12卷），昆明：云南大学出版社，1999年，第106页。

④（清）沈祖燕：《案事编》，方国瑜：《云南史料丛刊》（第9卷），昆明：云南大学出版社，1999年，第787页。

⑤（清）杨振鸿：《滇越边务及铁道之实况（十号）》，云南省档案馆、红河学院：《滇越铁路史料汇编》（下），昆明：云南人民出版社，2013年，第154页。

⑥（清）杨振鸿：《滇越边务及铁道之实况（十号）》，云南省档案馆、红河学院：《滇越铁路史料汇编》（下），昆明：云南人民出版社，2013年，第153页。

⑦（清）贺宗章：《幻影谈》，方国瑜：《云南史料丛刊》（第12卷），昆明：云南大学出版社，1999年，第106页。

⑧（清）贺宗章：《幻影谈》，方国瑜：《云南史料丛刊》（第12卷），昆明：云南大学出版社，1999年，第106页。

⑨（清）杨振鸿：《滇越边务及铁道之实况（十号）》，云南省档案馆、红河学院：《滇越铁路史料汇编》（下），昆明：云南人民出版社，2013年，第153页。

⑩（清）杨振鸿：《滇越边务及铁道之实况（十号）》，云南省档案馆、红河学院：《滇越铁路史料汇编》（下），昆明：云南人民出版社，2013年，第153页。

⑪（清）沈祖燕：《案事编》，方国瑜：《云南史料丛刊》（第9卷），昆明：云南大学出版社，1999年，第787页。

得恤费者不及十之一；路上行人误伤死者三十余人，得恤费者不及十之三”①。导致死亡的外省路工因未得到抚恤，弃尸荒野，任由山中野兽啃食，尸体成为新的传染源，加重了疫病传染；三是路工被无故殴打致死的案例频发。如“洋人基拖地之殴毙王开宗，纳弥那之踢殴毙刘保如，基曰窝之枪毙唐贵廷”等②，宜良县上报的“洋人雷维殴毙工人马振海”等③。类似案件比比皆是，基本都不予处理，或被云南当地官员与铁路公司或各国领事联合压制，或托言凶犯逃亡或驱逐出境，强行以微薄抚恤了案。

卫生意识缺乏。清末时期，因医疗卫生条件落后，且民众卫生意识十分淡薄，缺乏对疾病的正确认识。如路工不知未烧开的水中含有大量细菌和微生物，随意饮用会导致疾病产生和加重，瘴区中成堆的建筑、生活垃圾和从山野中流出的瘴水所滋生的蚊虫是传播疟疾的主要途径，随地大小便会导致环境污染、细菌丛生从而致使疾病突发……他们习惯“几乎赤身裸体在工地上劳动”④，袒露皮肤易受蚊虫叮咬而患病，无衣物保护更易受外伤，导致感染引发溃疡、破伤风和坏疽等。与此同时，铁路公司亦未向普通路工提供相对完善的公共卫生设施，如饮用水、公厕等。极度缺乏的卫生意识和公共卫生设施，导致疾病突发与大规模的传播，造成路工大量伤亡。

路工来源多元化。来自不同地区的铁路路工在抵达滇段工地时，也打开了疾病传播渠道，将各地疾病带到工地。光绪三十二年（1906），南溪河谷工地暴发霍乱，“大都由宁波工人带来”⑤，传染给广东路工。越南路工中有部分曾参与修建越段铁路，多患有脚气病，“树林热、痢疾、脾脏出血、肝脏疾病、过度劳累以及身体各部位创伤”⑥，因此越南路工极可能将类似热带传染病带到滇段工地，造成疾病肆虐。来自不同地区的路工因对云南气候、环境的不适应导致突发疾病，并且工人来源多元化导致各地疾病随着路工大规模的流动与聚居，打开了传播通道，在不经意间让疾病突破了地域界限，造成交叉感染，加剧了疾病传播。

三、公司采取的改善措施与不足

因各种疾病频发导致路工伤亡惨重，严重影响了施工进度和法国的声誉。对此铁

① （清）杨振鸿：《滇越边务及铁道之实况（十号）》，云南省档案馆、红河学院：《滇越铁路史料汇编》（下），昆明：云南人民出版社，2013年，第153页。

② （清）沈祖燕：《案事编》，方国瑜：《云南史料丛刊》（第9卷），昆明：云南大学出版社，1999年，第787页。

③ （清）沈祖燕：《案事编》，方国瑜：《云南史料丛刊》（第9卷），昆明：云南大学出版社，1999年，第789页。

④ 王耕捷：《滇越铁路百年史（1910—2010）——记云南窄轨铁路》，昆明：云南美术出版社，2010年，第49页。

⑤ 苏曾贻：《滇越铁路纪要》，《中国西南文献丛书·西南史地文献》（第四十卷），第53页。

⑥ （法）伊勃：《滇越铁路：来自法国的解密文件》，许涛、刘春艳译，昆明：云南出版社，2013年，第34页。

路公司采取了一系列措施，如改善医疗卫生条件、住宿条件及工作环境，以降低伤亡率。

（一）改善医疗卫生条件

设立医院、卫生站，预备药品和医疗器具。为保障滇越铁路顺利筹建，法国领事馆于光绪二十七年（1901）在昆明创设大法施医院，两年后在蒙自创设法国医院，主要收治洋人、铁路职工及在洋行和海关工作的中国人①。光绪三十年（1904）设立了医疗卫生站，“在劳开设立军医院一所”②，在各段设立临时医院一所，并配置欧洲籍医生及护士，便于接诊病员。同时配有医学博士，每隔一周就到各段医院进行巡查，对病人“悉心诊治”③。光绪三十一年（1905），患病路工骤增，临时医院、卫生站应接不暇，导致路工死伤较重，严重影响了铁路建设进度。路工所受虐待引起中国乃至国际上的舆论谴责，公司开始重视医疗卫生条件不足所带来的影响，决定“延聘欧洲医生七人及建设广大房屋七所”④。同年年底扩建、增建临时医院、医疗卫生站等。光绪三十三年（1907），滇段工地因“有医院及卫生等设备”⑤，并常备药品预防疾病，路工死亡率已有逐渐降低的迹象。同时，临时医院或诊所也收治附近居民，颇有成效，滇段医院在当地已是“人咸称赞”了⑥。

实行防疫措施。铁路修建期间，公司为控制传染病的大规模暴发与流行，采取预防措施：一是控制传染源。滇段铁路常见传染病大多具有人传人的特征，最主要的传染源是患病路工和病毒携带者，如霍乱、猩红热、鼠疫等。因此防控传染病的最佳方法是对患病路工进行隔离。如铁路沿线的相关医疗部门对于光绪三十二年（1906）年暴发的鼠疫、霍乱采取相关隔离措施⑦，及时控制住疫情发展；二是切断传播途径。滇段铁路传染性疾病与当地瘴疠有关，但滇段铁路经过的瘴区极多，瘴气瘴水问题无法根本解决，铁路公司只能采取提供奎宁丸⑧等药品、清洁水源⑨等措施进行预防，用以切断疾病的传播途径，以降低路工患病几率；三是非传染性疾病预防措施。云南夏季炎

---

① 车辚：《教会　铁路　公路与近代云南西医的发展》，《曲靖师范学院学报》2013年第1期。

② 苏曾贻：《滇越铁路纪要》，《中国西南文献丛书·西南史地文献》（第四十卷），第52页。

③ 苏曾贻：《滇越铁路纪要》，《中国西南文献丛书·西南史地文献》（第四十卷），第50页。

④ 苏曾贻：《滇越铁路纪要》，《中国西南文献丛书·西南史地文献》（第四十卷），第53页。

⑤ 云南省档案馆等编：《滇越铁路史料汇编》（下），昆明：云南人民出版社，2013年，第209页。

⑥ 苏曾贻：《滇越铁路纪要》，《中国西南文献丛书·西南史地文献》（第四十卷），第50页。

⑦ 鼠疫“患者被隔离在104千米外的宿营地”，参见王耕捷《滇越铁路百年史（1910—2010）——记云南窄轨铁路》，昆明：云南美术出版社，2010年，第49页。

⑧ 王耕捷：《滇越铁路百年史（1910—2010）——记云南窄轨铁路》，昆明：云南美术出版社，2010年，第49页。

⑨（清）贺宗章：《幻影谈》，方国瑜：《云南史料丛刊》（第12卷），昆明：云南大学出版社，1999年，第106页。

热，许多路工习惯于赤裸上身或四肢做工，极易受伤和感染坏疽等疾病。临时卫生站对外伤较为重视，救治及时，“医药诊治，概不取费”①。在疾病频发的滇段铁路修筑期间，铁路公司通过设立医院、医疗卫生站，采取强有力的预防措施，一定程度上有效地控制了疾病的传播和蔓延，极大地降低了路工死亡率。

（二）改善工作环境

一方面调整施工季节。滇段铁路多经瘴区，每逢雨季，雨水和水汽蒸发使瘴疠更加严重，加上雨季多发大水，易造成山崩泥石流等灾害，极大危害了路工的身体健康与生命安全。为降低路工死亡率，于夏季采取一定的停工、缓工和转移施工地点、到秋季再增招等措施②。且公司减少或停止对北方地区的招工以降低路工伤亡率。自光绪三十一年（1905）起，铁路公司主要着重从气候和生活饮食习惯与云南相近的越南、中国广西等地及本地招募工人。另一方面改善路工住宿条件。普通路工住所，后由公司建造。“在老街至50km处……竹林遍野”③，公司雇用越南人为该段路工建造竹篱笆茅屋；其他地区使用工地建材为原料建造简易临时住房，“以二十人建一棚……二人共一铺，均由公司给费”④。这些简易房屋虽不如专业技术人员及包工的住房，但也给路工的生活和工作带来了便利，保障了路工的人身安全，使路工免受风雨侵扰，减轻湿热气候影响。

（三）措施中存在的不足

铁路公司对医疗卫生、工作环境等做了一些改善措施，但并没有起到大幅降低路工死亡率的预期效果，反而在后期出现更多路工因病伤亡的情况，与铁路修建后期法国铁路公司对路工态度转变有很大关系。一是法帝国主义对路工的虐待有增无减；二是铁路公司为加快铁路建设速度和减少预算资金投入，对医疗卫生等改善措施的实施并不到位。

为加快滇段修建速度，公司规定“每日须点名两次，偶值歇息，即扣工资一日”⑤，洋包工以“铁索贯十数人之辫发”⑥，或“以手棍击之，亦或以老拳飞脚饷之”⑦来驱使

① 云南省档案馆等编：《滇越铁路史料汇编》（下），昆明：云南人民出版社，2013年，第209页。

② 云南省档案馆等编：《滇越铁路史料汇编》（下），昆明：云南人民出版社，2013年，第209页。

③ 王耕捷：《滇越铁路百年史（1910—2010）——记云南窄轨铁路》，昆明：云南美术出版社，2010年，第51页。

④（清）贺宗章：《幻影谈》，方国瑜：《云南史料丛刊》（第12卷），昆明：云南大学出版社，1999年，第106页。

⑤（清）沈祖燕：《案事编》，方国瑜：《云南史料丛刊》（第9卷），昆明：云南大学出版社，1999年，第787页。

⑥（清）沈祖燕：《案事编》，方国瑜：《云南史料丛刊》（第9卷），昆明：云南大学出版社，1999年，第787页。

⑦（清）杨振鸿：《滇越边务及铁道之实况（十号）》，云南省档案馆、红河学院：《滇越铁路史料汇编》（下），昆明：云南人民出版社，2013年，第154页。

路工，不许路工休息，“直牛马之不如，惟视同一死机器而已”[①]。高强度、长时间劳作，导致路工“十死其九，生者尽逃亡，亦惨甚矣”[②]。且为节约资金支出，铁路公司及洋包工对患病路工采取不上报、不给药、不给粮食，任由路工饿死或病死等违背协议、违反人道主义的态度，甚至将患病或年老体弱的路工丢弃，导致其具体死亡人数“已无确数可稽”[③]。

路工医疗资源紧缺导致路工的死亡率居高不下。公司在各段工地开设临时医院和医疗卫生站等医疗资源过于薄弱，而且多数医疗资源是在铁路建成后才补充的。如宣统二年(1910)法国人在开远建立滇越铁路医院的前身——“宏仁医院”[④]，是在滇越铁路修筑完毕后才开建的医院，对参与修建铁路的普通路工没有任何医疗救助。这些随着铁路的修建和开通而建立的法国医院和铁路沿线临时建立的医院、卫生所，当时亦凭借着其出色的外科医学技术，针对传染病的科学防治措施，医治病患，改变了当地云南民众对于疾病的认知，为云南当地“防治瘟疫等传染病和助产接生”[⑤]等医学方面的进步起到了一定作用，使得云南人开始逐渐接受西医，从而促进了云南当地中医医学的进步，亦推动西方医学在云南的传播，为后世西方医疗技术进一步传入云南奠定了一定基础。

结语

滇越铁路滇段修建期间，因恶劣的自然因素和社会因素互相交织，导致滇段30余万路工之间各种疾病流行，造成约有6万—20万路工死亡。迫于当时国际压力及降低路工死亡率，法国政府及铁路公司于光绪三十一年（1905）对路工医疗卫生条件进行改善，于一定程度上改善了路工的医疗卫生条件。但后期受各种条件限制，路工的医疗卫生改革仍存在许多不足。如工程预算超支[⑥]、滇越铁路久未完工，法国内外质疑声不断，甚至出现“让中国人自己修建”[⑦]等舆论，法国的声誉和影响力再次遭受重击。对此法国政府决定倾尽全力快速建成滇越铁路，医疗卫生改革就此搁浅。以中国路工血肉之躯铺就的滇越铁路，亦激起了云南及全国人民反帝反清的斗争思潮。

---

① (清)杨振鸿:《滇越边务及铁道之实况（十号）》，云南省档案馆、红河学院:《滇越铁路史料汇编》(下)，昆明：云南人民出版社，2013年第154页。

② (清)沈祖燕:《案事编》，方国瑜:《云南史料丛刊》(第9卷)，昆明：云南大学出版社，1999年，第788页。

③ (清)贺宗章:《幻影谈》，方国瑜:《云南史料丛刊》(第12卷)，昆明：云南大学出版社，1999年，第107页。

④ 车辚:《教会 铁路 公路与近代云南西医的发展》，《曲靖师范学院学报》2013年第1期。

⑤ 何中孚:《凭窗回望阿迷》，开远市政协委员会文史资料委员会编:《开远文史资料》(第10辑)，2010年，第50页。

⑥ 滇越铁路开工之前的预算只有10100万法郎，最终耗资16545万法郎，造价成本超出预算高达64%。参见车辚:《滇越铁路的成本与收益分析》，《云南民族大学学报》(哲学社会科学版）2010年第2期。

⑦ 孙纯福:《466公里滇越铁路上的7万条性命》，《文史天地》2011年第1期。

"三线铁路"的修建及价值
——以焦枝铁路为例*

段伟

内容提要："三线铁路"建设是党中央和政府针对当时国际国内形势和国家经济发展的需要而制订的重大决策，是中国铁路建设发展史上的重要一环。三线铁路中的焦枝线很早就开始动议，但直到1969年才开始施工。其修建速度虽快，历时8个月初步建成，但配套工程并未跟上，又经过十年左右才完成主要配套工程。焦枝铁路作为"三线铁路"不仅在政治、军事方面有着重大的战略意义，在经济上也发挥着很大的作用。焦枝铁路最初设计运输量偏于保守，故到1987年又开始修建复线工程，大幅度增加运输量。它主要承担山西、陕西、河南、湖北、湖南等地的煤炭和矿产资源运输，运输能力长期处于饱和，虽然忽视旅客的运输，但经济价值决定着其至今仍是我国中部地区不可缺少的铁路线。这说明"三线铁路"虽然是为三线建设服务，有着突出的军事、政治价值，但其经济贡献同样重大，至今承担着繁重的全国物资运输。

关键词：三线建设；焦枝铁路；价值

近年来关于中国铁路史研究的成果非常多，对铁路的总体研究或一些重要线路的研究，都有较多的涉及。前人在讨论中国中西部铁路的发展时，多会将这些铁路建设的发展与三线建设联系起来，将三线建设地区在建设时期修建的铁路称之为"三线铁路"。陈东林指出，从1965年到1980年，三线地区铁路投资达209亿元，相当于之前15年这一地区投资的2.3倍，新增8046公里铁路，占同期全国新增铁路的55%，使三线地区的铁路比重由1964年占全国的19.2%增长至34.7%，货物周转量增长4倍多，占全国的三分之一。[①]美国学者柯尚哲（Covell Meyskens）也曾专门探讨了三线铁路在中国西部地区的建设情况及在现代化过程中的作用。[②]周明长指出三线铁路网主要围

* 本文受湖北省人文社会科学重点研究基地——三峡文化与经济社会发展研究中心开放研究基金课题《焦柳铁路（宜昌段）三线建设工业遗产调查与保护研究》支持，批准号：SXKF201805。

① 陈东林:《三线建设：备战时期的西部开发》，北京：中共中央党校出版社，2003年，第271页。

② Covell Meyskens，Third Front Railroads and Industrial Modernity in Late Maoist China，*Twentieth-Century China*，2015(3). 中文版见柯尚哲:《三线铁路与毛泽东时代后期的工业现代化》，周明长译，《开放时代》2018年第2期。

绕枢纽城市、国防战略城市、重点城市、重要工业区和资源富集区布线，有力地推动了铁路沿线城市经济带的迅速崛起。①黄华平以西南铁路大会战为例讨论了三线铁路建设的模式，指出其在中国铁路建设史上具有重要意义，为21世纪中西部开发奠定了交通基础；还讨论了三线建设与铁路桥隧工程技术发展。②以上研究从不同侧面论证了三线铁路对于中国交通建设、地区发展的重要作用，但限于体例，对典型案例分析尚不充分。

三线铁路在我国的西南部和中部主要有川黔、贵昆、成昆、焦枝等干线。方举在略述成渝、川黔、贵昆、成昆这四条铁路的建设历程后特别指出："这四条铁路建成后，三线的地域概念进一步扩大到了京广线以西的广大地区"③。实际上，成渝铁路在三线建设开始之前就已经建设好了，不应计入三线铁路。很多三线铁路的规划甚至开建也早于1964年，受三线建设的影响并不相同。如何探讨这些铁路与三线建设的关系，学术界尚未有细致讨论，值得进一步探析。本文试以沟通我国南北的干线铁路——焦枝铁路为例，讨论三线铁路在三线建设时期的修建和之后的发展情况，指出其重要性及不足，敬请方家指正。

一、三线建设前的中国铁路状况

新中国成立时是一个"一穷二白"的大国，需要快速发展经济。铁路运能大、速度快，有利于长距离的廉价运输，非常符合我国幅员辽阔、人口众多的国情。但1950年底，中国铁路营业里程只有22161公里，其中东部有18360公里，西部只有3531公里，西部占全国铁路营业里程的16%，每万平方公里的密度为5.1公里，是东部密度的1/13④。杨玲指出："当我们审视1949年全国铁路通车示意图时，不难看出中国铁路路网多集中于华北、东北和沿海地区，西南、西北地区，地域虽然辽阔，铁路极其稀少，甚至于在深入西北和西南的广袤大地上，无寸尺铁路。这种不均衡的路网布局与当时政府选线的决策是密不可分的。这种选线原则不仅造成了中国铁路网布局的不均衡，更主要的是造成中国地区经济发展的不平衡。"⑤这种铁路布局不合理、路线太少的问题在"一五"计划制定时被高度重视。1952年8月，周恩来率中国政府代表团赴苏联

① 周明长：《铁路网建设与三线城市体系研究》，《宁夏社会科学》2020年第4期。

② 黄华平：《三线铁路建设模式探析——以西南铁路大会战为例》，《当代中国史研究》2022年第2期；《三线建设与铁路桥隧工程技术发展》，《学术界》2022年第1期。

③ 方举：《中国铁路史论稿（1881—2000）》，北京：北京交通大学基础产业中心资助，2006年，第481页。

④ 方举：《中国铁路史论稿（1881—2000）》，北京：北京交通大学基础产业中心资助，2006年，第432页。

⑤ 杨玲：《早期铁路干线选线及其对中国铁路网布局的影响》，《世界轨道交通》2007年第6期。

访问，与斯大林及苏联专家讨论的《一五计划轮廓（草案）》及《总说明》。谈判期间，苏联专家对中国提出要修建1万公里铁路非常惊讶，认为办不到，条件跟不上，操之过急。后来计划调整为修建5000公里。①这实际上反映了我国领导层对铁路发展需求的急切心理。

经过20世纪50年代的迫切修建，多条铁路沟通南北，连贯东西，但对于中国这样一个地域广阔、各地都在只争朝夕进行建设的国家来说，铁路还是太少了。成渝铁路是一九四九年后建成的第一条铁路干线，1950年开工修建，1952年正式通车，1953年交付运营。②宝成铁路曾在1949年前进行多次勘测比较，未付实施，1949年后铁道部重新组织勘测设计，1954年1月动工修建，1956年7月通车，1958年交付运营。③但这条线路的地质情况不好，从开工到交付运营，先后发生多次严重的滑坡、泥石流、崩坍灾害，整治工程量和难度都很大。后来舍弃改造宝成线，新建西安—安康线路作为宝成二线。成昆铁路1958年从成都开始兴修，1960年成都至青龙场间铺轨通车，办理临时运营，但直到1970年7月1日，才在四川西昌全线接轨通车。川黔铁路自1956年开工，1964年8月全面施工，1966年在观音岩大桥接轨通车，1970年12月交付运营。湘黔铁路早在1936年就开始施工，但运营的里程不多，直到1970年才又开始分东西两段全面修建，并于1972年10月通车。④由此可见，1964年三线建设开始时西南及中南部地区可供使用的铁路仅成渝、宝成二线而已，于是，连接河南焦作至广西柳州的焦柳线就被提上建设日程上来。焦柳铁路实际上是焦枝铁路与枝柳铁路的合称，是分段建设的，即河南省焦作市至湖北省的枝城镇为焦枝线，从枝城镇至广西壮族自治区柳州市是枝柳线。但枝柳线从1970年才开工，1978年通车，1982年12月由国家验收；1987年12月31日两线联通，才改称焦柳铁路⑤，故三线建设时期中南部铁路能够发挥作用的只是焦枝铁路，这也是本文选择焦枝铁路为例的重要原因。

二、焦枝铁路的初建

焦枝铁路从动工到初步通车的修建时间虽然短，但建设历程并不轻松，任务艰巨。

① 袁宝华:《实事求是是毛泽东思想的精髓——关于毛主席的若干回忆》,《缅怀毛泽东》编辑组编:《缅怀毛泽东》上，北京：中央文献出版社，1993年，第327—328页。

② 铁道部基建总局编:《1963—1980铁路修建史料》第三集（第一册），北京：中国铁道出版社，1991年，第249页。

③ 铁道部基建总局编:《1963—1980铁路修建史料》第三集（第一册），北京：中国铁道出版社，1991年，第251页。

④ 铁道部第五工程局新线铁路运输处史志编纂委员会编:《新线铁路运输处志1950—1999》，贵阳：贵州人民出版社，2002年，第81页。

⑤《柳州铁路局志》编纂委员会编:《柳州铁路局志》，北京：中国铁道出版社，1997年，第101页。

焦枝线的命名起讫点政区等级并不对等。焦作长期是河南省的一个市。枝城更长时间是湖北省的城镇名，原为枝江县城，名枝江镇。1955年撤枝江县并入宜都县。1963年复置枝江县，枝江镇仍属宜都县，当年更名为枝城镇[①]。1987年撤销宜都县，设立枝城市驻陆城镇，枝城镇属市辖。1998年枝城市更名为宜都市，下辖枝城镇。[②]也就是说，在焦枝线规划、修建和完成时，枝城仅仅是宜都县的一个镇。只有在1987年至1998年间才是焦作、枝城同时作为城市名称。现在枝城镇仍是宜都市下的镇，焦枝线名并未随着宜都、枝城城市名称的变化而改变。

1964年9月19日，焦枝铁路会战湖北省指挥部在《修建焦枝铁路的紧急动员提纲》（以下简称《动员提纲》）中，指出修建焦枝铁路的重大意义有四点：第一，是毛主席“备战、备荒、为人民”的伟大战略部署；第二，是国内外阶级斗争形势的迫切需要，也是战备的迫切需要；第三，有利于国民经济，促进我国社会主义建设；第四，修建焦枝铁路的工地，是开展三大革命运动的战场，是一所毛泽东思想的大学校。以上四点的前三点可以归并为两点，即一是焦枝铁路是三线建设的重要组成部分，二是对于我国的经济建设非常有益。作为“联系华北、中南与京广线平行纵贯南北的第三条大干线”，它的建成，将“不仅在政治、经济方面有着重大的意义，而且在军事上也具有伟大的战略意义”[③]。周恩来总理任命武汉军区副司令员孔庆德担任焦枝铁路的总指挥长兼湖北段的指挥长，并指出“焦枝铁路是一条战备铁路，一旦战争爆发，它就相当于第二条京广线，这是党中央、毛主席的决定”，[④]显示出中央领导层高度重视焦枝铁路的价值。

《动员提纲》指出，1964年毛泽东就亲自指示要修建焦枝铁路，但因为受到一些干扰，没有动工修建。但国内外阶级斗争形势紧张，“美帝、苏修正加紧勾结，阴谋侵犯我们伟大祖国。苏修社会帝国主义，越来越疯狂地不断在我边境进行武装挑衅。印度反动派也在伺机妄图扰犯我国边境”。在这种局势下，一旦发动战争，“我们不但有贯串我国南北的京广铁路，还有贯串南北的焦枝铁路大干线，形成摧不毁、打不烂的钢铁运输线，能更好的支援前线，保证战争的胜利。”原因在于“这条铁路所经之地都是三线地区，是直接为三线建设服务的。鄂西、豫西既是前线的后方，又是大后方

① 湖北省枝城市地方志编纂委员会编纂:《宜都县志》，武汉：湖北人民出版社，1990年，第48—49页。

② 宜昌市人民政府办公室、宜昌市政府地方志办公室编:《宜昌市乡镇概览》，1998年印刷，第54页。

③《修建焦枝铁路的紧急动员提纲》第1页，焦枝铁路会战湖北省指挥部1969年9月19日，焦枝铁路会战湖北省宜昌分指挥部1969年9月29日翻印。

④ 孔庆德:《我指挥修建焦枝铁路始末》，宜昌市政协文史资料编委会编:《三线建设在宜昌》(宜昌市政协文史资料第四十辑)，2016年内部版，第290页。

的前哨。这条铁路，对于沟通前方后方，支援前线，有着深远的战略意义”，[①]这充分说明了焦枝铁路重要的军事战略价值。

1966年2月至8月，第四设计院编制了焦作至枝城铁路初步设计，6月铁道部向国家计委编报了焦枝铁路设计任务书，铁道部于12月28日下达了初步设计鉴定意见，第四设计院曾进行宝丰至枝城段定测，后因“文革”开始而中断建设。[②]

为满足“山西、豫西、鄂西、湘西”战略基地的建设，又鉴于当时郑州形势不好，京广铁路时有中断，铁道部军管会在1969年7月28日向周恩来总理、李先念副总理写了《关于加速修建焦柳铁路焦枝段的报告》，指出加快这条铁路的建设，提前修通是十分必要的[③]。随后李先念同纪登奎将此报告报送周恩来：“一、七月二十三日，业务组讨论了铁道部军管会关于提早修建焦作至枝城铁路的意见（计划前已批），一致同意早修、快修。因为这条铁路的建成，对加快鄂西、豫西的建设关系重大，而且下一期的建设工程，北段将通过詹东路与同蒲路连接，南段修至柳州，成为贯穿全国南北与京广线平行的第二条大动脉，具有十分重大的战略意义。二、建议由铁道部军管会找武汉军区，湖北、河南省军区和两省革委会负责同志来京议一议，征求他们对已选定的路线和在今冬明春动员人力等问题还有什么意见。”[④]焦枝铁路的修建由此得到批准。陈云在《悼念李先念同志》的文章中特别指出：“先念同志在十分艰难的情况下，协助周总理主持全国财经工作，使一大批在建和新建项目得以建成或加快了建设进度”，其中就包括焦枝铁路。[⑤]

1969年8月16日至23日，铁道部在北京召开了修建焦枝铁路会议，并于9月17日下达了《关于修建焦枝铁路有关问题的通知》。之后在襄樊成立了在武汉军区领导下的“焦枝铁路会战总指挥部”，河南、湖北两省分别在洛阳、荆门成立了指挥部。[⑥]实际上，在此通知下达之前，焦枝铁路会战湖北省指挥部就成立了，并于9月10—14日在武昌召开了修建焦枝铁路紧急会议，将修建任务予以细化：“湖北境内全长约三百公里，冬播前后分两批上民工四十万人左右（冬播前上百分之五至十）。任务分配如下：

---

①《修建焦枝铁路的紧急动员提纲》第2页，焦枝铁路会战湖北省指挥部1969年9月19日，焦枝铁路会战湖北省宜昌分指挥部1969年9月29日翻印。

② 铁道部基建总局编：《1963—1980铁路修建史料》第三集（第一册），北京：中国铁道出版社，1991年，第61页；郑州铁路局基本建设处、郑州铁道工程建设协会编制：《焦枝线济源至襄樊段复线电气化工程建设总结》，1998年内部版，第5页。

③ 虞倩文主编：《当代中国铁路计划管理》，北京：中国铁道出版社，1999年，第225页。

④《李先念传》编写组编：《李先念传1949—1992（下）》，北京：中央文献出版社，2009年，第701页。

⑤ 陈云：《悼念李先念同志》，《人民日报》1992年7月23日第1版。

⑥ 郑州铁路局基本建设处、郑州铁道工程建设协会编制：《焦枝线济源至襄樊段复线电气化工程建设总结》，1998年内部版，第4—5页。

襄阳地区负责从黄集以北的省界到王集以北的宜城、钟祥县界，全长约一百零六公里，上民工十二万到十三万人；荆州地区负责从王集以北的宜、钟县界起到当阳县沮河北岸，全长约一百一十三公里，上民工十四万到十五万人；宜昌地区负责从当阳县沮河南岸到枝城的长江大桥，全长约七十二公里，上民工八万到九万人。其中二十至二十五公里，由黄冈上民工二万五千人，咸宁上民工一万五千人”。①湖北省指挥部在铁道部《关于修建焦枝铁路有关问题的通知》下发之后两天即9月19日开始动员，并在20日将9月14日的《焦枝铁路会战湖北省指挥部紧急会议纪要》批转给武汉、黄石市，各地、县（市）革委会，要求“认真研究贯彻执行”，②行动相当迅速。

经过动员，焦枝铁路的工程建设实际于1969年11月1日全线展开施工，参加的专业施工单位有郑州局工程处、铁道部第四工程局、武汉大桥工程局、铁道部电务工程总队及沈阳、北京、上海、南昌、广州、郑州6个铁路局的大修队和工程段；参加会战的民兵有86.61万人，铁路专业施工队伍3.14万人，其中河南境内民工48.41万人，湖北境内民工38.2万人，施工高峰时有民工115万人。③除枝城长江大桥由于改变设计延至1971年9月23日通车，焦作至月山落坡线于1978年完成外，大部分工程均于1970年“七一”完成通车。④这是与成昆铁路同一天通车的向建党节献礼工程之一。在这样巨大的工程量面前，工程建设仅用8个月的时间建成通车，速度之快是我国铁路建设史上空前未有的创举。

表1. 焦枝铁路施工进程表

时间	进度
1969.11.1	全线展开施工
1970.1	全线路基成型
1970.2 末	涵管基本完成
1970.3 末	完成了中小桥
1970.4 末	基本完成特大桥和大桥主体
1970.6 中旬	打通长隧道
1970.6.16	在小丁斗隧道接轨通车

① 《焦枝铁路会战湖北省指挥部紧急会议纪要》（一九六九年九月十四日），收入冯明、向光武《焦柳铁路三线建设档案文献选编五则》，待刊稿。

② 《批转〈焦枝铁路会战湖北省指挥部紧急会议纪要〉》（一九六九年九月二十日），收入冯明、向光武《焦柳铁路三线建设档案文献选编五则》，待刊稿。

③ 郑州铁路局史志编纂委员会编:《郑州铁路局志：1893—1991》上册，北京：中国铁道出版社，1998年，第193页。

④ 郑州铁路局基本建设处、郑州铁道工程建设协会编制:《焦枝线济源至襄樊段复线电气化工程建设总结》，1998年内部版，第5—6页。

三、焦枝铁路初建的不足与后期改进

焦枝铁路虽然快速修建了，但还有很多问题没有解决，并不能真正发挥作用，需要进一步修补，正式运营得等到1975年，这已经是三线建设的后期了。

（一）焦枝铁路快速修建的不足

焦枝铁路是在特殊的历史时期修建的，采取的是“打人民战争”的办法，按“先通后备”的办法接轨通车，实际上还剩余大量的尾工没有完成，没有形成综合运输能力。主要体现在以下6点：

1. 月山至九府坟间的正线未铺，焦作至月山落坡线未施工；
2. 洛阳疏解区没有建成，陇海、焦枝两大干线的交换车流无法解编；
3. 有三分之一的车站只有一条到发线，近三分之二的车站未铺货物线；
4. 月山编组站未建成，不能承担列车编解任务；
5. 月山、宝丰等机务段和月山车辆段的检修设备均未建成；
6. 永久通信、信号未完成。①

1970年9月23日至28日，武汉军区在襄樊召开焦枝铁路工程交接会议，按以上状况于10月1日起交给郑州铁路局接管运营。为了尽快实现真正的运输通车，郑州铁路局接管后于11月3日在襄樊成立“焦枝铁路会战配套工程指挥部”，负责全线的配套工程。1971年7月1日武汉铁路局成立，焦枝配套工程按局界移交郑州、武汉两家铁路局分别负责完成。这些配套工程大部分于1980年完成，形成了运输综合能力。②有研究认为1970年10月1日是按保密铁路交付郑州铁路局临时运营，1972年1月始与全国各铁路线办理联运，1975年7月开始运营，1970年至1978年，铁道部每年投资保证焦枝铁路配套工程连续进行。③

焦枝铁路运营后，证明在线路方案、平剖面设计、分界点设置、站场、桥隧等建筑物的设计上均未发现重大技术问题，工程质量基本良好，运营正常。但焦枝铁路还是存在一些先天性问题，比如，全线未设排水设备，致使边坡冲蚀、溜坍及塑性滑坡，某些地段路基长期下沉和基床翻浆冒泥；桥头路基未加固夯实，导致桥头路基多有下沉；隧道工程的防水排水设计，大部分仅设侧沟排水，少数压浆通车后普遍漏水、渗

① 郑州铁路局基本建设处、郑州铁道工程建设协会编制：《焦枝线济源至襄樊段复线电气化工程建设总结》，1998年内部版，第6页。

② 郑州铁路局基本建设处、郑州铁道工程建设协会编制：《焦枝线济源至襄樊段复线电气化工程建设总结》，1998年内部版，第6页。

③ 襄樊铁路分局史志编纂委员会编：《襄樊铁路分局志（1958—1995）》，北京：中国铁道出版社，1999年，第56页。

水；站舍大部分干打垒；对陇海、焦枝两大干线的交叉点洛阳的处理，强调小型分散的原则，不形成枢纽、不作为焦枝线区段站的决策，缺乏远见，不能适应运量增长的要求。[①]焦枝铁路会战时采用的打人民战争做法，也浪费了大量劳动力，这一点也被李先念副总理作为经验教训指导正在抢修的湘黔、枝柳铁路，要求这两条线错开时间修，第一步修湘黔，第二步修枝柳，避免一齐上人太多。[②]

（二）建设复线，提高运输能力

焦枝铁路经过配套，全线输送能力提高后，很快就达到饱和。早在1982年12月末枝柳铁路国家验交会议上，时任铁道部副部长李轩就提出应把焦枝线改造提到日程上来，要以这条线为试点，采用一些行之有效的新技术、新措施，来提高线路的运输能力[③]。铁道部接着把焦枝线改造列入“七五”期间强化改造一万六千公里范围内南北干线之一。第四勘测设计院在1984年7月完成了改造可行性研究，于1985年2月向国家计委提交了《关于焦枝线月山襄樊段复线电气化设计任务书报告》，并向国务院提出了加快焦枝线技术改造的建议。《任务书》指出：“焦枝铁路月山至襄樊段北接太焦、新焦和计划修建的侯马月山铁路，中跨陇海铁路，南接襄渝、汉丹铁路，是我国京广铁路以西的一条南北干线，是晋、豫煤炭运往中南地区的主要通路，现有输送能力1250万吨。近几年来，运量增长较快，一九八三年实际货流密度宝丰至南阳间已达1235万吨，运输能力已经饱和。预测一九九〇年各区段运量将分别达到2100万吨至2650万吨。本世纪末，通过京广线郑州至武汉段和焦枝线洛阳至襄樊段的总运量将达到1.2亿吨，京广线郑武段电气化改造后，除担当50对客车外，货运能力只有5000万吨，其余7000万吨需经焦枝线南运”[④]，所以必须对焦枝线进行技术改造，提高运输能力。

《任务书》提出主要工程分两步，近期设计是1986年开工，在“七五”期间运输能力达到3000万吨，适应1990年运量的需要；在“八五”期间运输能力达到5000万吨，

---

① 郑州铁路局基本建设处、郑州铁道工程建设协会编制：《焦枝线济源至襄樊段复线电气化工程建设总结》，1998年内部版，第5—6页。

② 刘洋、宋毅军：《李先念指导实施三线建设》，《军事历史》2010年第2期。

③ 郑州铁路局基本建设处、郑州铁道工程建设协会编制：《焦枝线济源至襄樊段复线电气化工程建设总结》，1998年内部版，第238页注解1。

④《关于焦枝线月山襄樊段复线电气化设计任务书的报告》（1985年10月25日）附件《焦枝铁路月山至襄樊段复线电气化设计任务书》，（85）铁计字120号文件，收入郑州铁路局基本建设处、郑州铁道工程建设协会编制：《焦枝线济源至襄樊段复线电气化工程建设总结》，1998年12月内部版，第242页。根据下文国家计委请示国务院的时间是9月20日，国家计委转给铁道部、国务院批复的时间是10月7日。则10月25日有误，这是铁道部《转发国家计委〈关于焦枝线月山至襄樊段复线设计任务书的批复〉通知》给郑州铁路局、第四勘测设计院的时间，郑州铁路局基本建设处、郑州铁道工程建设协会编制：《焦枝线济源至襄樊段复线电气化工程建设总结》，1998年内部版，第244页。

适应1995年运量的需求。远期设计是2000年达到客车17对，年货运能力7000万吨。

国家计委收到铁道部的报告后，于1985年9月20日向国务院报送了《关于焦枝线月山至襄樊段复线设计任务书的请示》，又于10月7日向铁道部下达了《关于焦枝线月山至襄樊段复线设计任务书的批复》。焦枝铁路的运量增加非常快，1986年2月铁道部郑州铁路局、铁道部第四勘测设计院向铁道部的报告显示："区段货流密度最大的宝丰—南阳间，1983年为1234.8万吨，1984年为1341.3万吨，1985年已达1500万吨，部营口运行货车已由1983年以前的12对，增加到1985年的23对，虽已增开了全部设计预留的7个会让站和其它增站及双插措施，但能力仍然不足"①。铁道部于当年7月组织对第四勘测设计院的设计进行鉴定，下达了《关于焦枝线济源至襄樊段复线电气化初步设计的批复》。

整个焦枝复线电气化工程从1987年应急工程开始，到1997年全部建成。全部改造后，建成复线446.7公里，电气化铁路79公里，为晋煤、豫煤、陕煤外运又增加了一条南北通道，为分流京广线中段运量和缓解武汉长江大桥过江能力紧张，以及迂回分流宝成线北段运量和支援中南、西南地区经济建设均起到了积极的作用，取得了重大经济效益。

四、焦枝铁路修建的重要意义

焦枝铁路修建时考虑的不仅有军事战备因素，也高度重视线路的经济因素，这也是在三线建设结束之后焦枝铁路仍然继续发挥作用的重要原因。从其复线的修建可以看出，焦枝铁路在三线建设后期才正式运营，但其承担的任务却日益增加，其修建的重要意义主要体现在以下三个方面。

1. 完善全国铁路网，为之后的铁路发展奠定了基础

焦枝线在铁路网上连接的省际线路重要的干线有太焦线、陇海线、襄渝线。后又与枝柳线连接，将网路延伸至广西。

太焦线北起山西太原市附近的修文，南至焦作，与北同蒲、焦枝、枝柳、湘桂、黎湛铁路共同构成从大同到柳州、湛江，纵贯南北，与京广铁路平行的铁路动脉。1954年开始从焦作往北施工，1960年通车至五阳，1970年五阳以北开始施工，全线于1975年铺通，1979年4月交付运营。②

① 铁道部郑州铁路局、铁道部第四勘测设计院：《请尽早安排焦枝线初步设计审查鉴定的报告》，四设线（86）196号文件，1986年2月28日。私人收藏。

② 庄正主编：《中国铁路建设》，北京：中国铁道出版社，1990年，第97页。

陇海线东起江苏连云港，西至甘肃兰州，穿过苏、皖、豫、陕、甘五省，与兰新线衔接，中部与津浦、京广、焦枝、同蒲、宝成铁路相交，是我国横贯东西的铁路大动脉。这条铁路自清末开始各段陆续修建，1954年全线正式运营。①

襄渝线自湖北襄樊至四川重庆②，横贯鄂陕川，东接汉丹、焦枝铁路，西接成渝、川黔铁路，中段在安康与阳安铁路相交，可与宝成铁路沟通。1970年开工，1973年10月通车，1978年6月1日正式交付国家使用。③

《人民日报》在评价焦枝铁路时指出："这条铁路北与太焦铁路相接，南与枝柳铁路相连，形成我国纵贯南北的第三条铁路干线。它既与京广铁路平行，而且在焦作、洛阳、宝丰、襄樊等地都有联络线与京广铁路沟通，中段还与陇海、汉丹、襄渝铁路相交，可见它是一条重要的铁路干线。"④可以看出焦枝铁路自通车时起，就在全国的铁路网络中占据重要的地位，不仅沟通南北，也与东西重要干线有紧密联系。

在"文化大革命"时期，我国共有9条铁路干线建成通车（一部分是"文化大革命"前动工的），分别是成昆铁路全长1085公里；焦枝铁路全长825.2公里；陕西阳平关到安康的阳安电气化铁路全长357公里；北京石景山到山西原平的京原铁路全长414公里；北京通县到河北坨子头的通古铁路全长205.7公里；陕西下峪口到阎良的侯西铁路全长210.9公里；山东辛店到泰安的辛泰铁路全长169公里；山西太原到河南焦作的太焦铁路修文至五阳段长209.5公里；湖南株洲至贵州贵阳的湘黔铁路金竹山至贵定段长632.6公里。⑤这其中，焦枝铁路的长度仅在成昆铁路之后，高居第二，显示出其在这十年铁路建设中的重要性。

焦枝铁路在配套工程大部分完成后，运输能力提高，"分流了京广、陇海线的运量，对解决晋东南地区煤炭南运发挥了很大作用，对促进河南、湖北两省工农业发展，以及在1975年京广线发生水害断道和1981年宝成线、陇海线水害断道客货列车迂回均起到了重要作用。"⑥对于三线建设乃至全国的交通运输发挥了重要作用，名列新中国成立以来的十大铁路。⑦

---

① 铁道部基建总局编:《1963—1980铁路修建史料》第三集（第一册），北京：中国铁道出版社，1991年，第151页。

② 本文关注的时段是三线建设时期，1997年升为直辖市的重庆时归四川省辖。

③《襄渝铁路穿险峰跨江河建成通车》，《人民日报》1978年6月15日第1版。

④ 新华社:《在文化大革命推动下高速度建成又一条南北交通干线》，《人民日报》1975年12月25日第1版。

⑤ 湖北人民出版社编:《学习〈决议〉参考资料》，武汉：湖北人民出版社，1981年，第273页。

⑥ 郑州铁路局基本建设处、郑州铁道工程建设协会编制:《焦枝线济源至襄樊段复线电气化工程建设总结》，1998年内部版，第6页。

⑦ 雅坤、秀玉主编:《实用缩略语知识词典》，北京：新世界出版社，1992年，第446页。

2. 加强地方资源流通

豫西、鄂西在近现代都是交通不便的地区，但战略位置重要，矿藏资源也丰富。焦枝铁路之所以要走焦作、宜昌，乃至与枝柳线连接，到广西的柳州，对于利用沿途的矿产资源是非常有利的。《动员提纲》就指出："铁路沿线，矿产资源极为丰富。在北部沿线煤矿储藏量很大，南部靠近鄂西有大铁矿，国家将在这里修建大型现代化的钢厂和煤炭基地。还有石油、磷矿、石灰岩等重要工业原料。襄阳、荆州、宜昌又是我省粮棉产区，是我国工农业建设的重要基地之一。因此，铁路建成以后，不仅对于加速这些地区工农业生产的发展，开发资源，物资交流，改善人民生活，都将发生深远的影响。"①据当时的调查，焦作、济源、偃龙、宜洛、登封、临汝等煤田储量达30亿吨以上，平顶山、韩梁两大煤田储量近20亿吨；鄂西大铁矿，其中清江流域内火烧坪、官店口等储量初步查明近13亿吨，是我国钢铁矿区之一；宜城、钟祥一带的荆襄磷矿是我国三大磷矿区之一，已探明的储量达5.5亿吨；江汉油田为国家重点建设项目，②1977年12月，江汉石油管理局原油生产量就超过100万吨。③焦枝铁路的通车对这些矿区的发展促进非常大，鄂西兴山县的大峡口磷矿1975年的年产量比通车前的1969年提高了11倍。④陈国阶在论述焦柳铁路产业带开发时，也指出焦柳铁路带具有丰富的自然资源，列举了煤炭、铁矿、磷矿、水力资源、旅游资源、森林草地资源、农业资源等。⑤

据统计，截至1980年底，焦枝线郑州局管内，历年到达及发送货物7751万吨，1980年区间最大货流密度664万吨，货车11对，客车3对；武汉局管内，历年到达及发送货物5381万吨，1980年区间最大货流密度427万吨，货车8对，客车3对。⑥

成昆线的成都至金江（不含沙河堡、成都南站）1980年发送旅客515万人次，货物发送量1078万吨。⑦成渝线早在1971年实际完成货运量440万吨，1973年下行方向已达500万吨，1974年开始的电气化改建目标是年输送能力1490万吨。⑧宝成线1980年

---

①《修建焦枝铁路的紧急动员提纲》，焦枝铁路会战湖北省指挥部1969年9月19日，焦枝铁路会战湖北省宜昌分指挥部1969年9月29日翻印，第2—3页。

② 郑州铁路局基本建设处、郑州铁道工程建设协会编制：《焦枝线济源至襄樊段复线电气化工程建设总结》，1998年内部版，第4页。

③ 中国石化江汉油田企业大事件：http://jhof.sinopec.com/jhof/about_us/bbe/。2019年11月2日查。

④ 张立功：《焦枝铁路湖北段沿线见闻》，收入《不尽长风：张立功新闻作品选》，北京：中国时代经济出版社，2008年，第153页。

⑤ 陈国阶：《论焦柳铁路产业带的开发》，《地域研究与开发》第8卷第4期，1989年。

⑥ 铁道部基建总局编：《1963—1980铁路修建史料》第三集（第一册），北京：中国铁道出版社，1991年，第65页。

⑦ 铁道部基建总局编：《1963—1980铁路修建史料》第三集（第一册），北京：中国铁道出版社，1991年，第93页。

⑧ 铁道部基建总局编：《1963—1980铁路修建史料》第三集（第一册），北京：中国铁道出版社，1991年，第249页。

实际运行旅客列车8至9对，货物输送能力宝广段为900万吨，广成段为1400万吨。[①]贵昆线1979年达到年发运量2236万吨，上行实际完成最大货流密度643万吨/公里，通过能力利用率贵水段已基本饱和。[②]焦枝铁路与成昆、成渝、宝成、贵昆等铁路的货运量相比还是有一定差距的。

有人对1989年铁路主要干线货运量做统计如下表：[③]

表2. 1989年铁路主要干线货运量统计表

序号	线别	货运量（万吨）	货物周转量（百万吨公里）
1	京沈线	4404	83118
2	哈大线	4257	57460
3	津沪线	3777	90717
4	沪杭线	203	6648
5	京广线	7816	151093
6	南北同蒲线	6524	15714
7	太焦新焦线	4120	8546
8	焦枝线	1678	19414
9	枝柳线	434	8996
10	滨州线	2601	16538
11	滨绥线	915	12892
12	京包线	1992	41747
13	石太线	3718	14630
14	石德线	263	9956
15	浙赣线	2220	24855
16	陇海线	4883	67580
17	胶济线	2395	16853
18	京秦线	1055	10141
19	兖石线	246	3366
20	荷兖线	120	2154
21	新荷线	1	2186
22	大秦线	28	8019
	合计	53650	672623

由上表可知，22条干线中，焦枝线货运量位列第13位，货物周转量列第8位。虽

① 铁道部基建总局编:《1963—1980铁路修建史料》第三集（第一册），北京：中国铁道出版社，1991年，第254页。

② 铁道部基建总局编:《1963—1980铁路修建史料》第三集（第一册），北京：中国铁道出版社，1991年，第168页。

③ 北京市商业储运公司等编著:《储运手册》，上海：上海科学技术出版社，1992年，第755页。

然作为与京沪、京广并行的南北三大干线之一，焦柳铁路的运输能力和影响是无法与京沪、京广两线相比，但其运输能力也不容忽视，也长期处于饱和状态。李国宇在1992年即指出，我国东部地区南北铁路客货运输主要靠京沪、京广、焦柳三大干线，1989年这三条干线的南下货流（陇海线以南）已达到15000万吨，客车69对，能力已接近饱和。在南下客货流中，过长江运量又占很大比重。1989年南京、武汉、枝城三桥和芜湖轮渡的下行过江运量已达到11185万。[①]即使是今天，焦枝铁路也是“每天依然车来车往，是豫、晋、陕煤炭外运的主要通道，在我国国民经济发展和国防事业中仍发挥着重要作用”[②]。这说明焦枝铁路(焦柳铁路)在我国铁路干线中一直具有举足轻重的地位。

3. 促进沿线城市发展

焦枝铁路运输能力的提高，带动了沿线城市的发展。1975年12月25日，《人民日报》评论焦枝线作用的文章指出：“铁路通车后，河南、湖北两省西部地区的工农业生产和交通运输都有了很大的发展。河南省南阳地区在焦枝线通车后的几年中，新建投产的工矿企业有一百多个，尤其是支农工业得到了迅速发展，全区农用柴油机、化肥、排灌设备分别比通车前增长了一倍到三倍，农田灌溉面积扩大了近三百万亩。湖北省宜昌地区境内丘岭起伏，过去燃料缺乏，交通不便，焦枝线通车改变了这个地区的交通、原料、燃料条件，地方工业像雨后春笋一样蓬勃发展起来。五年来，全区工业总产值增长两倍以上，公路通车里程增加了一倍。宜昌市历来为鄂西重要的农副产品集散地，过去主要靠长江水运，全市每年的吞吐量只有二十几万吨。焦枝线通车后，实现了水陆并举，每年进出口的物资达到一百三十万吨以上。”[③]

焦枝铁路的修建对于河南省内工业的均衡布局起到了明显作用，有研究者指出：“沿焦枝铁路两侧山区里分散布置了一批大中型机械工业”，“三线”建设对河南工业向豫西腹地展开和全省工业的均衡布局，在客观上起了一定作用。[④]以其起点城市焦作来说，地处太行山与黄河的夹角地区，历史上交通不便。自从国家投资建成焦枝铁路、新焦铁路后，交通面貌改观，该市也加快公路建设，与铁路干线配套。该市产煤，用电本不困难。但在大力支持中央所属大发电厂建设的同时，积极自办中小型火力发电厂，狠抓能源交通建设，1992年全市国民生产总值达82.6亿元，比前年增长22.1%。[⑤]

---

① 李国宇:《关于南北铁路干线过长江通路问题》,《铁道运输与经济》1992年第3期。

② 陈小平:《焦枝铁路大会战：缔造铁路修建史上的奇迹》,《河南日报》2019年7月25日第004版。

③ 新华社:《在文化大革命推动下高速度建成又一条南北交通干线》,《人民日报》1975年12月25日第1版。

④ 刘东海:《河南省工业布局的演变和发展》,《河南科学》1991年第1期。

⑤ 喻权域等:《坚持不懈抓能源交通建设　焦作经济持续高速增长》,《人民日报》1993年5月5日第1版。

河南省南阳地区"历来以农业为主，工业底子很薄。1971年焦枝铁路通到南阳，工业才进一步发展"。①

对于湖北来说，带来的变化也很明显。据统计，三线建设时期，国家在宜昌地区兴建的企业、科研院所和各类重点工程等有43处，其中宜都有12处。这些企事业单位和各类重点工程，给地处鄂西山区的宜都带来了资金流、信息流、物资流、技术流和人才流等，使宜都从一个落后的山区农业小县迅速向工业强县发展，在20世纪80年代中期形成采矿、电力、轻工、纺织、化工、造船、机械、建材、电子、光学等十大产业。②铁路的终点站所在的枝城镇在铁路的带动下更是发展迅速，2017年度居全国综合实力千强镇第223位，湖北省内居第3，宜昌市第1；③2019年度全国综合实力千强镇第268位，在湖北省位居第5，宜昌市第1。④

结论

上文提到的成昆、滇黔铁路等，以及本文所关注的焦枝铁路，一般都认为是与三线建设紧密联系的，称之为"三线铁路"，但它们与我们通常所认为的三线建设工程又有所不同，主要在于正式三线建设工程是1964年后在中央决策下逐一布局实施的，而焦枝铁路乃至于焦柳铁路等的规划，甚至一些铁路的建设则早于1964年。这说明党和政府很早就看到铁路交通对于国家发展的重要性，这是公路、航运交通所无法替代的，在1949年后就开始进行铁路建设规划。中央政府在三线建设期间大力推动这些铁路建设，尽快完工，原因在于铁路的价值日益重要。焦枝铁路连接华北、中南至西南，贯穿豫西、鄂西，战略价值非常突出，也有很高的经济价值，对沿线各个地区的发展都有很大的促进作用。其与京沪、京广都是南北铁路干线，但承担的任务与后两者略有不同，主要是货运，沟通华北、中南、西南，促进豫鄂湘桂地区民族融合和发展，是我国至今都不可缺少的干线。焦枝铁路在20世纪80年代配套工程建成不久运输能力就达到饱和，之后的货运量也日益增加，说明我国的发展日新月异，远超出当时的发展预期，经济价值极高。

---

① 马鹤青、赵福奇：《南阳地区用积极态度调整地方工业　重工业不减 轻工业大上》，《人民日报》1981年10月24日第3版。

② 冯明、周长柏：《焦柳铁路（宜都段）沿线三线建设工业遗产档案整理与研究》，《档案记忆》2019年第3期。

③《2017全国综合实力千强镇排名及各省千强镇排名情况分析》，https://www.chyxx.com/industry/201801/603712.html，2018年1月15日发布。

④ 2019年中国中小城市高质量发展指数研究课题成果《2019年度全国综合实力千强镇》，http://www.csmcity.com/luntan/bbs2019/2019-3.html，2020年2月28日查。

对于中国这样的大国来说，经济整体发展与区域间的平衡发展始终是重要目标。三线建设的初衷当然是为了防备国际敌对势力的侵袭，但平衡东西部地区、平衡各省区内部的发展，也是重要原因。在中国的市场经济尚未强大、发展充分的情况下，政府要平衡各地区的发展必须通过调节人口和资源的均衡分布来实现，这些调节需要强大的铁路网路的支持。三线铁路与一般三线企业相比，就是其经济价值一开始就被放在重要的线路布局考察要素上，所以其在三线建设结束以后仍然长期对中国的经济发展发挥着至关重要的作用，很少因为线路布局不合理而更改。

区域国别史

论12—13世纪英格兰城市的“议事自主化”与城市共同体意识的形成

沈高阳

摘要：中古英格兰城市的自治制度一直是学界主要探讨的历史问题。通过对英格兰城市起源与背景的关注，以及对十一至十三世纪英格兰城市自治的发展与变迁、王权与城市特权之间关系的重点探究，中古英格兰王权与城市特权，主要形成了一种良性的竞合博弈关系。这种双方共同推动下的历史沿革，为近代早期的“自治市”行政体系，以及英国近现代社会政治特色的形成奠定了基础。早在十世纪以前，城市特色的土地占有制、城镇独立司法权等城市特权现象已然有所显现，国王与城市之间已经形成初步的“特权—利益”等价交换关系。其间，“城市市民议事会”逐步出现，并随历史的步伐而不断演进。城市自治特权与中古英格兰王权之间，存在广泛的利益共通性。而市民群体与共同体意识的形成则对城市化进程与自治城市的发展起推动作用。

关键词：中世纪；英格兰；城市自治；王权；“城市市民议事会”

作为全球近代化先驱的英国，其经济体系、政治建制等都有着相当程度的原创性。自中古以来，不列颠群岛之上便孕育着生机勃勃的“地方自治”之种。英格兰中古城市自罗马帝国时期的城市传承了地理选址与硬件架构等一系列因素。此后，随着盎格鲁-撒克逊时期英格兰地方自治传统的雏形初现，到诺曼征服后，诺曼人所带来的崭新的城市发展因素与应运而生的城市特权诉求，英格兰国王与城市之间逐步形成较对等且互动性强的“地方治理模式”。城市自治因素与中央—地方关系模式可谓中古英格兰地方行政体系基本特征的集中体现。

总体上讲，中古西欧城市自治一般表现为：在以商业贸易为主的经济体系的支撑之下，城市内部市民阶层作为一个整体，依据习惯法的规定，在国王（或其他封建主）特许状所授予的特权允许的范围内，形成一个机构、体制与管理契约都较稳定的城市自治团体；该团体依照社团主体意愿，自行组织并践行城市内部的包括司法、税收与城防建设等管理实务；城市各级职官由城市市民自行选举产生。城市自治体现了中古以王权为代表的中央政权与城市特权之间的制衡、协调与共赢。各国各异之形态与发展进程的区别，特别是英国的自治实践影响深远，值得深入研究。

十二至十三世纪，英格兰地方自治特色渐而成型，在英格兰国王逐渐由城市获得利益与支持的同时，城市也逐渐从自主中实现自身利益。随着城市自治的演进，中央与地方形成了良性的“共存—互利模式”。另外，城市自治也体现了作为特殊群体的市民所主导的自主治理框架与模式。城市自治发展历程中的市民因素，实乃近代西方诸多政治特色的萌芽。本文旨在从城市市民特权与城市共同体意识形成的角度展开讨论，阐释十二至十三世纪，城市通过权利诉求以及与王权的利益互换，实现自治特权的发展与利益双赢的历史进程，以及在此历史进程中，城市自身为追逐自治特权而实现的内部蜕变。

一、英格兰特色的市民议事自主化风潮

十二世纪伊始，英格兰城市之自由气息愈发浓烈，其所能提供的特权保障也逐步得以扩展。此间，市民阶层有意无意中丰富了“真正的市民”的自由之内涵。城市内部的附庸劳动者并不具备城市居民所应得的特权，而城市司法特权的地理界线也非常严格。[①]与此同时，国王通过向城市授予“*firma burgi*”的方式，使之获得自理城市内部事务之特权。[②]由此，国王与地方双管齐下，既节省收取租税所耗费的人力物力，又使得市政官成为国王与城市之间的忠实纽带。这也反映了英格兰与欧洲大陆诉诸特权手段上的本质区别。[③]

随着缴纳包税的城市特权日渐普遍，英格兰城市开始进一步追求自主化。这种趋势更多体现为司法上的独立、城市职官人事选举上的独立自主与城市特权系统的发展及完善化等。部分城市在组建城市市民议事会这一问题上的诉求，则是上述趋势的集

① 在国王的特许下，只有城市范围内的人，方能对同为城市内部居民提出重罪指控。

② “firma burgi”是一种包税制度，即城市作为一个整体，直接向国王缴纳城市包税，而非由城市封建主与居民代表个人向国王缴税。因而，市政官每年都会代表城市前往财政署，向国王上缴城市包税。于是城市可以自行对城市居民收税，并简单划一地向国王上缴规定的数额。

③ 英格兰形成了城市市民议事会（commune），而欧洲大陆的领主城市则更倾向于诉诸暴力手段。自诺曼征服以后，越来越多的城市获得了免租税，并以城市为单位缴纳城市包税的特权。城市包税是王权与地方特权之间经济与收入关系的体现。“中央 - 城市地方利益共同体”也是英格兰城市通过更温和的方式诉诸城市特权的主要原因之一。过往相关研究众多，此处不赘：A. Ballard. “The English Boroughs in the Reign of John”. *English Historical Review.* Vol. 14. No. 53, 1899, pp. 93-104; G. H. Martin. “The English Borough in the Thirteenth Century”. *Transactions of the Royal Historical Society*. Vol. 13, 1963, p. 123-144; S. K. Mitchell. Taxation in Medieval England. New Haven: Yale University Press, 1951；顾銮斋，《英国中古前期的税收习惯》，《世界历史》2014年第6期，第26—41页。

中体现。[①]向前追溯，早在盎格鲁 - 撒克逊时期，镇民会议（*portmanmoot*）已出现。一开始，它类似于地方行政单位的政府与城市核心权力机构。此后，随着城市行政管理的复杂化，市民会议逐渐演变为更加自主化的，集司法、行政管理于一身的综合性结构。时至十二世纪初期，即亨利一世在位期间，更多城市愿以金钱为代价，换取城市的自治与特权。而对城市行会的严格管控，以及"城市市民议事会"这种由城市精英阶层掌控的自主决策机构的确立，符合城市行政管理的利益。不过，此时正值欧洲大陆"公社运动（*commune*）"风起云涌，亨利一世对此内含革命性意味的组织颇存芥蒂。

中古英格兰历史文献中"*commune*"一词拥有两层含义。首先，它泛指任何一种民众为维护地方政府有限而珍贵的独立自主性而自发形成的团体或组织。其次，它特指城市领主的附庸甚至城市领主本人领导的，由城市市民组成的，推动城市行政与司法的城市组织。[②]故"*commune*"所包含的意义不仅是特权上的，还是司法层面上的。十二至十三世纪，英格兰的拉丁文文献中"*communa*"这一说法（因时代原因具较强的革命性、冲突性意味）逐渐被更为温和的、强调"平民性组织"属性的"*communitas*"所取代。[③]

归根究底，欧洲大陆的"*commune*"更应被视作封建体制架构中的有机组分。[④]中古法国城镇主要分为两类，即"*villes franches*"（特权城市）与"*villes libres*"（自由城市）。二者在社会经济与行政资质等层面的差异均不大，最主要的差异在于"*villes franches*"获得了形成"自由人之集体组织（*seigneurie populaire*, 也就是指 *communa*）"的特许权。[⑤]而亨利二世颁给图克斯伯里（Tewksbury）的特许状中，则使用了"*tractabilisque*

① 单就"commune"一词而言，国内学界曾译为"公社"，取此词"经济或社会观点相似，并共同生活、建设与管理社区的组织"这一含义。一般特指中古欧洲自治城镇中的组织时，该词用法已比较成熟。然而本文并未采取此种译法，而译为"城市市民议事会"，大抵出于以下几点考量：首先，特许状中拉丁文原文"*commune*"实意为"common council"，即"*commune concillium*"是一个具备司法权与有限行政权的城市组织；其次，市民议事会主要由市民代表组成（故强调"市民"），但归根结底由城市贵族把控，代表城市统治阶级利益（与公社本身的意味不符）；再次，相比欧洲大陆的"commune（公社）"，英格兰城市的"commune"革命性并不强，是对国王所授予的既有特权的消化与创造性实践（故强调"议事"）。因此，本论文采取上述翻译形式，旨在突出英格兰中古时期"commune"的"议事"与"自治尝试"属性，并弱化其"革命性"的意涵。

② G. B. Adams. "London and the Commune". *The English Historical Review.* Vol. 19. No. 76, 1904, p. 702.

③ *Communa* 一词词义更倾向于由平民组成的，诉诸自由与特权的具备一定革命性的组织。而 *Communitas* 的含义则更靠近特定范围内民众的共同体。例如，1215年6月，约翰王被迫同意签署的《贵族条例》（Articles of the Barons）附款中曾使用"*communa totius terre*（属于整个地区的城市市民议事会）"的说法。J. C. Holt, et al. Magna Carta. Cambridge: Cambridge University Press, 2015, p. 372.

④ C. Stephenson. "The French Commune and the English Borough". *The American Historical Review,* 1932. 37(3), p. 451.

⑤ 有关法国中古城镇的上述分类，可见于 E. Lousse. "Villes". *Internationales Jahrbuch für Geschichtsunterrich.* Vol. 7, 1959, p. 336 中所举例的诸多城镇。

communitati burgi predicti”（需谨遵前述城市之市民议事会的统领）[①]的措辞。由此可见 *communa* 与 *communitas* 这两个词意义上的差异，也彰显英格兰与同期欧洲大陆“commune”的本质差异。此前亨利一世所授予林肯与伦敦的“城市市民议事会”的准确措辞，实际上与法国的“*commune*”很类似，具有较强的封建性，即“封建领主支配下的自由人的集体组织（*seigneurie collective populaire*）”。[②]而亨利一世授予亨廷顿的特许状中写道：“任何在城市中拥有货摊的人，必须是城市市民议事会的成员（否则需缴纳费用）”[③]以上措辞表明，亨利一世时期的“城市市民议事会”更形似于法国的“communa”，更像是一个“城市自由人的集体组织”。[④]

亨利一世在位（1100—1135年）期间，对城市的政策偏紧，十二世纪的英格兰城市“市民议事会”运动也整体趋于平缓。亨利一世时期，国王仅授予过林肯与伦敦两个城市特权。[⑤]十二世纪上半叶所获特权的英格兰城市也不甚普遍。此后，对于英格兰城市的“*commune*”，亨利二世显然没有那么宽容，可迫于政治环境的压力，他对欧洲大陆领地上的“*commune*”则宽容得多。相比而言，后来的理查一世与约翰两位国王在财政上有着更为迫切的需求，故而更倾向于让予更多的城市特权，例如准许城市缴纳包税以及自行任命城市内部长官等等。英格兰修士迪韦齐斯的理查德（Richard of Devizes）曾在1191年如是评价英格兰的城市市民议事会：“由此间（城市市民议事会）所产生的共谋罪恶无疑，令庶人无以承受其沉重，进而言之曰：‘城市市民议事会乃民众中的毒瘤、威胁王权的恐怖、教权福祉之温床。’”[⑥]其言外之意即约翰王的父王亨利二世几辈子也不可能授予伦敦如此多而令人生畏的特权。可见，国王对于城市的宽容与限制，更取决于王权的自身诉求，弹性也相对较大。王权会寻求交换，以便管理或满足各色需求（军事，财政等）。故而城市自身的特权扩张与城市自治的发展，于国王更如副产物。

---

① A. Ballard ed. *British Borough Charters 1042–1216.* Cambridge: Cambridge University Press, 1913, p. 140.

② J. Tait. “The *firma burgi* and the *Commune in England*, 1066-1191”. English Historical Review, 1927, p. 338.

③ 指诉诸城市市民议事会的个人，原文为“*Et si quis est hominum de soka sua qui habet estallagium in burgo et sit in communitate burgi*（who stays inside the borough is to be in the commune of the borough）”, A. Ballard ed. *British Borough Charters 1042–1216*, p. 107.

④ 它代表城市市民所自发形成的组织在封建领主的权力之下，独立管理城市事务，并掌控城市行政与司法等方方面面。其中最重要的方面，即城市独立选举产生城市行政首脑——市长（mayor）的权力。

⑤ A. Ballard ed. *British Borough Charters 1042–1216, P.*220. 即便存在特许状失传的可能性，但亨利一世对城市特权的授予颇为吝啬是毋庸置疑的。

⑥ 原文为：*Quanta quippe mala ex conjuratione proveniant ex ipsa poterit diffinitione perpendi, quae talis est, ‘Communia est tumor plebis, timor regni, tepor sacerdotii.’*（That undoubted evil from the conspiracy nurtured from such very item (commune), could give us the view of heaviness, as follows, ‘Commune is the tumor of people, horror against royal power, warmth of ecclesiastical beneficiary）W. Stubbs. *Select Charters and Other Illustrations of English Constitutional History from the Earliest Times to the Reign of Edward the First (9th edition).* Oxford: Clarendon Press, *1913,* p. 245.

此后，几乎每个城市当中，都可见到“*communitas*”的踪影。[1]它可以被看作一种在特权压抑状态下方彰显其效力的具备影响力的社会社群组织。十二世纪“城市市民议事会”的革命性印象已几近无存，其所留下的唯一遗存就是“市长”（Mayor）这个作为城市自治特权标志的崭新职衔。

笔者认为，对于王权而言，“城市事务团体意识”不仅代表城市财政自治与司法自治的倾向，还意味着“城市议事会运动”这股与王权相左的离心力的存在。而国王授予的司法独立特权，及其对城市高度自治倾向的限制，符合城市管理者与王权双方的利益。[2]城市自治与税收自主，精简了城市与国王之间的关系链条。而中世纪英格兰相对欧洲大陆国家而言更强有力的王权与地方封建领主城镇（*mesne town*）的贫乏，使得国王与城市之间较容易在各方面达成利益共赢，降低了暴力冲突的可能性。此外，不宜过分强调诸如十二世纪中后期伦敦类似风潮中的冲突性因素。运动的直接诱因大抵为财政方面的因素，故而不必通过激烈冲突甚至武力的手段来解决。同时，只要王权与城市特权彼此有互补性诉求，便不难达成和解与共赢。总之，“城市市民议事会”是王权与地方城市寻求相互和解的产物，它并非一切的起点，也绝不会是最终的归宿，终将无法逃过淡化为城市市民自治的议事组织（*communitas*，或称城市共同体）的命运。不过，十一至十二世纪这两百年间，随着地方权力操持者的更迭与“城市市民议事会”的演进，英格兰国王与城市、王权与地方特权之间的关系体系，已经为城市自治的进一步发展做好了充分的基础性准备。

二、城市共同体（communitas）认同的初步形成

随着十一世纪起欧洲长达两百余年的经济增长，其城镇的发展益见显著。此间，英格兰人口出现井喷式增长。[3]大量荒地得以开垦，更多港口得到发掘与利用，城市间、国与国之间贸易渐而发展。商业贸易发展的大趋势，导致了城镇获得国王特许，设立市集的需求。市集的集聚与规模化，推动了依附于城市的大规模、常态化集市的落成。

---

① S. Reynolds. *An Introduction to the History of English Medieval Town.* New York: Oxford University Press (US), 1977, p. 104.

② 早在亨利一世时期，国王就授予了伦敦执行城市乃至周边郡的税收，以及独立选任城市法官的权力。A. Ballard ed. *British Borough Charters 1042–1216*, p. 242.

③ 自诺曼征服到十四世纪伊始，英格兰的总人口由最初的约200万人增长近一倍。S. Reynolds. *An Introduction to the History of English Medieval Town*, p. 46.

英格兰的城市人口比例随之骤升。[①]在漫长的发展历程中，中古英格兰城市逐渐自行政单位与自治群体的基础属性，生长出崭新的内容与内涵。不过，十一世纪与十二世纪之交的英格兰显然未能达到“城市—法人（*urban-corporate*）”的标准。而像郡、百户区等等地方行政单位，其独立法律人格化程度较高，它们可以以自身为单位，在法庭上就土地纠纷等案件展示证据与辩护。[②]城市法人意识的形成过程相当漫长。而文章所述时代的“城市-法人”意识虽言未成，诸多现象仍暗示着这种潜在的大势之趋。[③]

那么究竟什么样的人构成了城市人群？又是哪一群人推动了市民围绕城市的聚集进程呢？过往经济决定论观点认为，城市群体自身的凝聚力与对独立城市身份的追逐，原因在于市民群体中有相当一部分商人在价值观、相关利益等方面趋同。[④]此类观点固有可取之处。但商业与手工业不尽然是城市发展的唯一源动力。笔者认为，人际生活空间的相近性、生活生产方式的近似性，成就了相似的利益原核与约定俗成，并与外界形成显著隔阂。

笔者认为，在社会结构、价值体系上，城市与乡村分化进程中的重要节点，必是经济、军事、司法与政治等功能的分离。相比欧洲南部“很多人居住在城镇中，但在乡村劳动”，十一至十二世纪之间，英格兰农业性特征更显著，因而绝大多数人生活在城市中，是因为劳作地点与城市毗邻，而并非城乡分离使然。[⑤]城市仅提供了比乡村更多种生产与生活方式而已，市场、法庭与宗教等特征性因素构建了更广阔的可能性空间。

城市政治与司法体系的功能是存在两面性的，即满足与服务于包括国王在内的封建主的既得利益，以及城市范围内生活与居住的市民阶层的福祉。城市内部诸多组织

---

① 诺曼人登陆时，英格兰城市人口所占比例就已达10%。而时至十四世纪，大小城镇数量已突破500个，城市人口所占比例亦增长为15%（这些城市当中仅20余座人口规模超过5000）。该数据在1377年又增长为20%。D. M. Palliser ed. *The Cambridge Urban History of Britain, Volume I, 600-1540*. Cambridge: Cambridge University Press, 2002, p. 2.

② A. Ballard ed. *British Borough Charters 1042–1216*, pp. xcv-xcvi.

③ 比如，中古文献中也会使用诸如“考文垂的肥皂（soap of Coventry）”、“萨克斯特德的刀具（tomes of Thaxted）”等说法。S. Reynolds. *An Introduction to the History of English Medieval Towns*, p. 50. 另外，城市土地资产、物料与金钱上的纽带，使得市民的认知中开始萌生“市民群体”的概念。例如，十二世纪末国王颁布给普勒斯顿（Preston）的特许状中，授予该城市市民在名为“Fille Wood”的森林中放牧的特权，以及阿芒德雷斯（Amounderess）百户邑（wapentake）的税收收入。A. Ballard ed. *British Borough Charters 1042–1216*, p. 176. 英文译文应订正为“(Aside from that, I have granted them the pasture of the forest that is called the‘Fille Wood’)”以及“Granted to those above burgesses of my own gift of all the toll of the wapentake of Amounderess.”显然，这类特权的受益者，只可能是整个城市或市民这一群体，而非个体。

④ 例如刘景华《西欧中世纪城市新论》中的“生产不足论”与亨利·皮雷纳《中世纪的城市》中对城镇、城堡与商业复兴之间关系的论述，都属于这类观点思想。这些市民力求自治的根本原因是追逐经济层面上的福祉。

⑤ S. Reynolds. *An Introduction to the History of English Medieval Towns*, p. 87.

机构的设置目的，也与上述不同人群的利益导向一致。其中，我们不应忽略城市特权与自治对市民共同体的影响。

城市市民垂涎的特权无外乎人身自由、起诉与受城市法庭庇护，以特定的方式与程度拥有并支配财产、相对城市以外更优厚的经济特权等。[①]故而，何谓“市民身份”这个问题就非常重要了。相比乡村居民（特别是农奴与佃户）而言，市民在某些特定层面上拥有更多的自由。首先，市民的土地占有制不同于一般的租佃土地占有制。如上文所述，中古英格兰丈量农民土地的单位一般为海德（hide），但城市土地的丈量单位则是“舍（*domus, house*）”。[②]其土地地租多为货币地租且绝大多数情况下可免于与地主间的劳动依附。市民可自由售卖土地，可随意居住在任何地方，[③]还可以通过遗嘱指定土地资产的继承人。[④]市民所缴纳的地租为货币地租。同时，在包括近不列颠在内的欧洲大陆绝大部分地区里，一个人可通过持有城市内土地资产一年零一天，并在其间未遭到反对的前提下，获得市民身份。[⑤]

在此需特别阐释这个“一年零一日”规则。如1157年亨利二世颁给林肯的特许状中称：“任何在吾所拥有的林肯市中居住一年零一日，且未受到他人反对，并按规定缴纳税金者……便可以安然居住于林肯城内，成为吾之市民。”[⑥]当市民在城市当中居住“一年零一天（*uno anno et une die*, one year and one day）”，他所连带获得的权利有很多，包含免于财产索赔的权利（*non calumnianti respondeat*）、城市的居住权（*ex toto remaneat*）、市民议事权等等。[⑦]然而，想成为市民绝不仅靠混日子即可，倘若获取市民身份过于简单，城市市民群体必将迅速膨胀，导致群体素质的下降、特权的泛滥与核心利益的分化。其实在城市内部居住一年零一日并不是一件非常容易的事情。若想在城市坚持生活这么久，必须先谋栖身，再谋温饱（并有能力缴纳城市税），故而需获得相对稳定的工作，投入城市的生产链条并获得不可替代性。例如，在丹维奇（Dunwich），成为市民的一个必要条件是加入行会。[⑧]

---

① H. Swanson. *Medieval British Towns.* London: Bloomsbury Publishing, 1999, p. 68.

② 例如，约翰王于1194年颁布给奥克汉普顿（Okehanptom）的特许状中，措辞如下：“*Si aliquis burgagium novum ceperit, consilio .seneschalli mei et bonorum meorum hominum auxilium domus habebit in bosco meo de Okcm*’.”然而此处需注意的是，“domus”一词为第五变格法，此处 -us 为属格，也就是说该种协助金的计量单位是“舍，domus”。A. Ballard ed. *British Borough Charters 1042–1216,* p. 55.

③ A. Ballard ed. *British Borough Charters 1042–1216*, p. 66. 当然，有些城市规定，市民在售卖属于自己的地产前，需优先询问其亲眷是否出资购买，见：A. Ballard ed. *British Borough Charters 1042–1216,* p. 70.

④ A. Ballard ed. *British Borough Charters 1042–1216*, p. 73.

⑤ 英格兰：A. Ballard ed. *British Borough Charters 1042–1216*, p. 71；德国：cxxiii.

⑥ A. Ballard ed. *British Borough Charters 1042–1216*, p. 104.

⑦ A. Ballard ed. *British Borough Charters 1042–1216*, pp. 71, 103, cxii.

⑧ A. Ballard. *The English Borough in the Twelfth Century*, p. 6.

三、权利授予为基础的城市——市民双向选择体系

城市市民阶层的形成可被视作一个去粗存精的过程。城市是自由的向往者的“英伦梦”，而无法存活者终将被城市无情地淘汰，回到城市周边的小城镇或乡村苟然过活。因此这个过程除了平民身体上的投入，还意味着竞争与排挤。工匠作坊的生产能力毕竟有限，能喂饱的学徒数量也是有限的。而在正式成为市民之前，若不符合各方面的要求，任何生活在城中的人都会被城市所驱离。1213年，约翰王颁给时任国库长与德比郡（Derby）郡守的理查德·布里维尔（Richard Briwerr）的特许状中，称除非获得理查德本人及其子嗣的同意［*consuetudines nisi per ipsum Ricardum vel per heredes suos*（unless consented by Richard himself or his offsprings）］，否则任何切斯特菲尔德（Chesterfield）市民或外来贩商人都无法获得免税权以及其他市民特权。由此可见，城市的高层行政长官或城市领主拥有获得市民身份的否决权。

之所以城市自由吸引力如此之大，除了土地资产买卖与人身权利等内涵，司法独立也是一个很重要的因素。司法是城市收入的重要来源之一，城市法庭与习惯法也是市民所依赖的有效保护手段，也是调控城市社群构成与质量的粒子筛。司法所能对市民提供的保护是可观的。城市拥有解决城市事务、保护城市市民自身利益的独立法庭，并拥有开庭审讯的权力。[①]自十二世纪末开始，越来越多城市特许状规定市民可免于郡、百户区法庭的传讯。而包括伦敦、林肯、北安普敦、诺威奇、莱斯特、牛津在内的众多城市的特许状中，甚至规定市民仅在该城市的城市法庭（borough court）出庭辩护。[②]1200年，约翰王颁布给林肯的特许状中规定：“授吾林肯之子民以特权，凡国王的铸币官与国王政府官吏以外的市民，倘所涉案件无关城市外的土地保有争端，不必在城市内法庭以外之处出庭受审。”[③]也就是说，除了其他地区有关土地的案件，所有市民都可在城市接受诉讼。而有关国王的铸币官与国王政府官吏的案件，则要上诉王室法庭审理。市民可免于绝大多数罚金，或者罚金存在金额上的限制，以及缴纳罚金的对象上的限制（治安官与市政官）。例如，理查一世颁布给林肯的特许状中称，“为城市发展之福祉，吾将授予该城市免于桥梁养护税（brudtoll），邪子税（childwite）与年

---

① 此即诺曼征服以后所谓的司法权（sake and soke），即拥有法庭并开堂审讯的权力。

② A. Ballard ed. *British Borough Charters 1042–1216*, pp. 115-123.

③ Birch W. de Gray. *The Royal Charters of the City of Lincoln, Henry II to William III.* Cambridge: Cambridge University Press, 1911, p. 6.

贡（year’s gift）、宾宴税（scotale）等名目，以防治安官再行征收。”[①]而早在亨利一世时期，很多城市都规定市民面临罚金的时候，需直接交予市政官［*Forisfactum burgensis erga prepositum debet esse (sex) ore.*（The forfeiture of burgesses for the reeve should be six ounces.）］[②]另外，包括诺勒姆在内的三个城市的特许状规定，如果市民暴力侵犯他人而未造成流血或造成肉眼可见的创伤，他可以通过私了的方式解决问题，而不必上诉至法庭。[③]

由上可见，城市对市民的司法保护是吸引平民努力进驻城市成为市民的重要利好。十二世纪与十三世纪的自治城市中，行政与司法二者密不可分，且政府行政上的独立，很大程度上是依靠城市法庭的司法特权与行为实现。为实现初步自治，城市会在所获特权允许的前提下，先行接管法庭。而自治市中最早的类似政府的城市核心权力机构，就是当地的市镇民会议（*boroughmoot*、*portmanmoot*）等等。但随着自治特权与商业的发展，城市内部事务亦日趋繁杂，各种城市法庭故而相继出现。而上述市民议政组织则逐渐解体，其原因即他们在解决愈发复杂的城市问题时，显得有些冗赘。各色法庭成为城市新的政治与司法中心。这其中就包括郡守法庭与市长法庭等（sheriff’s court & mayor’s court）。十二至十三世纪期间，城镇法庭可被看作城市居民诉诸独立自由的最重要场所。

相应地，作为城市特权主要获益者的城市领主与贵族，有着诸多推动城市自治发展的动机与动力。首先，领主从城市收取的租税都是货币地租，而一般城市建立之后，领主的收入都会获得相应的增加。前已述及，城市特权总能卖出个好价钱（城市租税），而如协助金（aid）和摊税（tallage）等诸多名目的自发性税款，更能为城市领主提供额外的收入。巴拉德指出，一般而言，包括城市税、司法税、商业税、铸币税的城市常规收入是由市政官收缴的，但流入市政官腰包的各类名目的非正常收入数额巨大。[④]其中，前文述及的宾宴税（scotale）是一种相对普遍，且数额较大的名目。亨利二世颁布给伦敦的特许状中，就明令禁止包括桥梁养护税（brudtoll）、邪子税（childwite）与年贡（year’s gift）、宾宴税（scotale）在内的各类名目的额外税，“以防吾伦敦之郡守与治安官等职官由此获得非常规收入（*ita quod Vicecomes meus Londoniarum vel aliquis*

---

① Birch W. de Gray. *The Royal Charters of the City of Lincoln*, p. 4. 注：Brudtoll 同 pontage，是过桥时缴纳的桥梁养护税。Childwite 是中世纪领主手下男丁因与女奴产下恶种而缴予领主的罚金。Scotale 则是城市职官宴请宾客时向管辖区域内征收的税种（A. Ballard ed. British Borough Charters 1042–1216. xlvii）。

② A. Ballard ed. *British Borough Charters 1042–1216*, p. 153.

③ A. Ballard ed. *British Borough Charters 1042–1216*, p. 112.

④ A. Ballard. *The English Borough in the Twelfth Century*, p. 19.

alius ballivus Scotallam non faciat.）。”[①]除此之外，城市领主还可以借由城市获得丰富的物资保障。[②]与此同时，部分城市城主（castellan）拥有低价收购国王所需物资的权力，城市领主也能够根据自己的意志，合理地调控特定商品价格。[③]同时，领主建立城市有利于其征募士兵，调用船只为其服务。[④]

总而言之，城市自治与城市特权的发展在对普通民众升格为市民有着不俗吸引力的同时，更有利于城市领主（包括国王）扩张上述各种利益。但城市绝不可能任由特权适用范围无止境地扩大。而城市能动地采取限制的最直接手段，即设立普通民众成为市民所需达到的标准。在城市逐渐发展为一个城市共同体用来与王权构建良性博弈的独立政治体过程中，王权也起到了一定程度的引导作用。自诺曼征服以来，国王与城市之间关系的主旋律一直是利益共赢的，这与欧洲大陆的基调有所区别。诺曼征服以后，英格兰地方领主大都未能掌控实际的行政权，取而代之的则是郡守与市政官等直接对国王负责的地方职官。相比法国国王以地方封建领主制衡城市自治机构的方式不同，英格兰王权主要通过直属职官管辖的方式实施管控。因而，通过控制城市特权的方式，一方面诱导城市为自身提供利益，一方面通过建立城市特权与王权之间的直接的博弈关系，缩短二者之间的关系链，可能在英格兰的历史条件下更为合理。

四、结语

市政独立固然意味着国王“放权”，但从更深的层次讲，它却有利于城市经济、政治，生产力与生产关系的特异性发展。需明晰，单就中古英格兰的地方自治而言，该时期的城市特权仍掌握在少数人手中。在这个特殊的历史时期，城市自治既是中央与地方权责再分配的一个方面，也同时伴随着国王与城市利益共同体间关系的磨合。它是城市与城市社会发展与演进的崭新动力。作为与王权对立统一的地方性社会，市民社会在城市自治特权的呵护之下，萌生出相对独立于王权政治统治的约定俗成与社会契约。市民社会的发展，又伴随着市民阶层的利益认同（市民群体精干化与界限的

---

① 原文为：“*Insuper etiam, ad emendationem civitatis, eis concessi quod sint quieti de Brudtolle, et de Childwite, et de Yeresgieve et de Scotala ; ita quod Vicecomes meus Londoniarum vel aliquis alius ballivus Scotallam non faciat.*”英文译文笔者译，原著此条特许状的英文翻译未译出 *ballivus*（bailiff）。A. Ballard ed. *British Borough Charters 1042–1216,* p. 84.

② 由《末日审判书》中可以看出，城市特权的利好吸引诸多不同技能者（例如面包师、酿酒师、裁缝、鞋匠、厨子）等，他们通过生产为城市供给相对丰富的物资。

③ A. Ballard ed. *British Borough Charters 1042–1216,* p. 87.

④ 一般领主可以从城市征兵，担负其护卫工作，但为期不能超过一天。港口城市所提供的船只数量与服役天数也有不同的限制规定：A. Ballard ed. *British Borough Charters 1042–1216,* pp. 89-91.

明晰化），二者相得益彰。而归根究底，自治城市与市民社会共同体的进步与发展，对于王权而言是有利可图的。

自治城市发展的过程中，城市社群的构成与行为利益同质性愈发深刻。特权内容的延伸与扩增，并不代表享有特权人群的扩大或标准的降低。“享有特权的城市社群”与“有能力或愿意在经济层面上支持城市建设与发展的人群”之间的距离在日益接近。随着城市规模的扩大、城市人口的增多与城市内部行政管理建制的复杂化，特权适用范围的限制也会愈发严格。这也使得城市规模不至于成为特权泛滥与保护形同虚设的黑洞，反而成为了王权由城市，以及城市自身获得收入的更坚实的保障。

王权—地方自治特权的关系既是制度史范畴的问题，也与城市发展、城市市民生活史等内容紧密相关。双方形成的合作—博弈关系，固然体现了王权的有限性，却也为13世纪以降英国国王观念的形成与王权的神圣化埋下了伏笔。王权主动与自治领间形成某种形式的交易，亦其谋求自身壮大的手段。因为从结果上看，在这一趋势下，双方都是获益者，其中鲜有对王权的实质性限制，或为双向性限制。当对王权的限制需要依赖其道德实现时，双方利益冲突之际，王权便很难受到对等的规制。沿着城市自治发源的延伸路径，我们看到的是13世纪之后财政署、巡回法庭对郡、自治市的严密把控，地方法律体系与城市法在司法程序上的趋同；地方自治共同体意识的形成及其与中古王权的碰撞，既体现了地方主义的因素，也体现了钦定主义（prescriptivism）的成分。同时，亦可见地方以郡、市镇等为单位的社会共同体。它们以血缘、财富利益关系及对本土利益的共同关切相维系，作为一股与王权的集权化相对抗的地方力量而存在。远而鉴之，工业革命前后的英国地方政府也与中古地方自治传统一脉相承。①纵观以上两种趋势，本研究遂着重王权 - 自治特权关系中王权基于满足地方诉求与扩大自身权力的主观能动作用。从另一角度讲，英格兰王权的盛衰兴废见证了地方自治精神的成熟化、具体化，而促使共同体意识形成并强化的催化剂，正是双方间博弈与两种权力间的一次又一次碰撞。

“城市从来都不是独立于英国政府之外的一个因素，相反，它以集中的形式体现了当时政府的许多特点。”②早在“天赋人权”思想盛行之前的数个世纪，通过赋予城市独立性与自治特权扩大国王于城市中所获得的各方面利好，同时有效地管控城市自治进程中的离心力，便是中古英格兰王权对城市自治发展的基本原则与恒定主题。王权的有限性成就了中古英格兰自治传统的形成与发展。而城市特权的发展，进一步推动了城市化进程与城市经济、商业贸易、手工业与市政管理体系的发展繁荣。“城市的兴起，

① 陈日华在《中古英格兰地方自治研究》一书的结论中，深入地概括了中古地方自治对近代英国社会产生的影响，陈日华：《中古英格兰地方自治研究》，南京：南京大学出版社，2011年，第222—228页。

② 蔺志强：《在专制与宪政之间——亨利三世时代的英国王权运作》，广州：中山大学出版社，2016年，第104页。

论过程，是演进的；但论结果，是革命的。”[①]推动自治政府形成的历史进程中，诺曼王朝与安茹王朝起着举足轻重的作用。在获得有效利益的前提下，国王将城市市政管理与社会建构的责任赋予市民阶层。这也促进了市民对“城市的政府”、“市民自己的政府”这一观念的吸纳与认同，为近代英国君主立宪制之下的王权 - 地方特权关系埋下了深远而绵长的伏笔。

① 汤普逊:《中世纪经济社会史（下册）》，耿淡如译，北京：商务印书馆，2000年，第424页。

兴起、发展、影响：国王非洲步枪团历史研究（1902—1960）*

钱一平

内容提要： 历史上的国王非洲步枪团是英国为在非洲进行殖民统治而组建起的军事力量。国王非洲步枪团兴起于特许公司的私人武装，在两次世界大战期间，步枪团的规模得到了空前扩张，从殖民地的警察部队转型为帝国的职业军队。国王非洲步枪团平时被用于维持内部安全和秩序，战时则被派遣参与英帝国的海外战争。英国当局出于种族主义偏见和实用主义需要，在对国王非洲步枪团的管理政策方面展现出了诸多矛盾性。殖民当局通过操纵种族身份、许以特权等手段从非洲社会中分化出了阿斯卡里士兵阶层。吸引阿斯卡里士兵的是具体的物质利益而非抽象的帝国愿景。他们发挥非洲主动性，在与白人军官和非洲传统酋长的互动中进行议价。但国王非洲步枪团的保守性质决定了阿斯卡里士兵在殖民统治体系内只是谋求权利而非权力。国王非洲步枪团作为殖民遗产，是东非独立国家在殖民后期军队建设和国家建构中所必须打破的桎梏。

关键词： 国王非洲步枪团；殖民地军队；阿斯卡里士兵；非洲主动性

国王非洲步枪团[①]（King's African Rifles, K.A.R）作为一支殖民地军队，有58年的历史（1902—1960年）。最初国王步枪团参与了对当地奴隶贩子的征伐，随后在一战中参与到英国与德国在东非的争夺战。在二战中，国王步枪团在全世界各地广泛参与到了反法西斯的战斗中，比如在非洲的索马里兰、阿比西尼亚（今埃塞俄比亚）与意大利作战、在马达加斯加与维希法国对抗；[②]国王步枪团还在亚洲的缅甸战场抗击日本[③]。此外，国王步枪团还参与了镇压非洲民族主义运动——索马里兰的“疯狂的毛拉”（The

* 本文为国家社科基金中国历史研究院重大历史问题研究专项（23VLS029）阶段性成果。

① 下文中简称为“国王步枪团”。

② Lieutenant-Colonel H. Moyse-Barlett, *The King's African Rifles: A Study in the Military History of East and Central Africa, 1890-1945*, Vol.2, Naval & Military Press, 2016, p. 474.

③ Gregg Adams, *King's African Rifles Soldier vs Schutztruppe Soldier: East Africa 1917-1918*, Bloomsbury Publishing, 2016, p. 76.

Mad Mullah）、肯尼亚的茅茅运动（Mau Mau Rebellion）以及非洲各国的工会活动。东非国家独立后，国王步枪团这一军事力量被改编进了国家军队之中。

学界对于国王非洲步枪团历史的研究主要经历了三个阶段，研究的视角和侧重各具特点。传统上学者们对国王步枪团的研究所采用的视角和史料多是从英帝国史的角度出发，利用英国陆军军官所留下的战争日记和殖民地办公室的文件自上而下地书写国王步枪团的军事史，将国王步枪团作为英国在东非殖民统治政策研究的一部分。其中涉及了许多有关国王步枪团重要战役战史、军队建制以及装备战术方面的专题研究。[①]在历史形象和评价方面，国王步枪团的士兵大多被殖民宗主国简单地描述为大英帝国和英王室服务的忠仆，其主要职责是惩罚和镇压非洲当地的民族，重点突出了国王步枪团在维持英国在非洲统治时所发挥的作用。[②]在坦桑尼亚达累斯萨拉姆市留存的阿斯卡里（斯瓦希里语：Askari[③]）纪念铜像就很好地反映了殖民宗主国英国对一战塑造的历史记忆和历史观。这种历史观往往通过淡化这些阿斯卡里士兵和充当辅助部队的非洲人在两次世界大战中所做出的贡献，来回避战后非洲人与欧洲人关系发生的实质性变化。可以说传统的国王步枪团研究主要采用的是殖民和帝国的视角。

到了二十世纪六七十年代，随着非洲民族主义史学的发展，对殖民主义的批判成为了政治正确，历史学家们将国王步枪团视为替欧洲人战斗的叛徒或至少是被哄骗的雇佣军，认为步枪团是站在了追求国家独立和民族解放的非洲人的对立面，充当了殖民者树立权威的暴力工具。[④]这似乎成了对该军事团体性质盖棺定论的评价。但还原

① Daniel Gilfoyle, "The First World War Diaries of the King ' s African Rifles, The East African Campaign" , *African Research & Documentation*, No. 128, 2015; Lieutenant-Colonel H. Moyse-Barlett, *The King's African Rifles: A Study in the Military History of East and Central Africa, 1890-1945*, Vol. 1, Andrews UK Limited, 2012; Lieutenant-Colonel H. Moyse-Barlett, op. cit., 2016; John E. Kieffer, *review of The King's African Rifles*, by H. Moyse-Bartlett, *Military Affairs*, Vol. 21, No. 3, 1957; J. A. Warner, *Recruitment and Service in the King's African Rifles in the Second World War*, PhD diss., The University of Bristol, 1985.

② Gregg Adams, op. cit.; Nene Mburu, "Firearms and Political Power: The Military Decline of the Turkana of Kenya 1900-2000" , *Nordic Journal of African Studies,* Vol. 10 No. 2, 2001; 陈金龙：《阿斯卡里铜像与非洲的一战记忆问题》,《历史教学问题》2016年第2期。

③ 在斯瓦希里语和阿拉伯语中意为士兵、警察和警卫，特指东非殖民军队中由欧洲人训练的非洲士兵，有时被错误地写成复数。在殖民时期，比利时人、英国人、葡萄牙人和德国人都在其殖民部队中使用非洲士兵，比如法国人的塞内加尔士兵（Tirailleurs Senegalais）、德属东非的保卫部队（Schutztruppe）和比利时人的公共部队（Force Publique）。这些部队在文献中通常被称为阿斯卡里，这些士兵是正式部队中的职业军人，区别于鲁加-鲁加（Ruga-Ruga）这样的非正规部队。需指出的是，国王非洲步枪团的士兵被训练为步兵，而非军团名称所显示的步枪兵。

④ 笔者2019年在坦桑尼亚通过对当地人的口述采访得知，他们大多认为国王步枪团充当了英殖民政府用来打击一切当地反殖民运动的工具，而在某种意义上带来了一种确定性的秩序，取代了原先充满不确定性的地方政治。Timothy H. Parsons, *East African soldiers in Britain's colonial army A social history, 1902-1964*, PhD diss., Johns Hopkins University, 1996; Bruce Vandervort, "The thin black line of heroes," *The Journal of Military History*, Vol. 65, No. 4, 2001; Matthew Carotenuto and Brett Shadle, "Introduction: Toward A History of Violence in Colonial Kenya" , *The International Journal of African Historical Studies*, Vol. 45, No. 1, 2012.

图1 在英国部队服役的东非人

资料来源：East Africans Serving with the British Forces, Vads Collection: Imperial War Museum: Posters of Conflict, The Visual Culture of Public Information and Counter Information.

到当时的历史背景和分析阿斯卡里人的入伍动机后，就会发现阿斯卡里人所提供的军事服务具有复杂的背景。不应当仅仅局限于对具体战役和军团本身历史的研究，而应当对于步枪团所产生的社会、经济和政治影响做全面分析，譬如将士兵纳入到移民劳工（“掌握战斗技术的工人”）的范畴进行审视；①从语言学的角度分析国王步枪团发展过程中殖民军官与阿斯卡里士兵对斯瓦希里语的发展产生变革作用；②将殖民地军队作为重要的教育机构（“丛林学校”），从而将士兵们置于殖民地教育的大框架内来分析，③将目光下沉，关注普通士兵的能动性，从而超越传统的军事史研究范式，从社会史的角度来考察步枪团，就会发现该殖民地军队不单是军事组织，也是复杂的社会机构，它为当时的非洲人提供了为数不多的谋求社会地位和经济地位上升的通道。④直到二十世纪七八十年代，学者们对国王步枪团的研究重点又发生了转变，因为该武装力量发展成为了独立后非洲国家的军队、警察乃至于“政治仲裁者”。此时学术研究侧重于

① Charles Girard Thomas, *The Tanzanian People's Defense Force: An Exercise in Nation-Building*, PhD diss., University of Texas at Austin, 2012.

② Mungai Mutonya and Timothy H. Parsons, “KiKAR: A Swahili Variety in Kenya’s Colonial Army, *Journal of African Languages and Linguistics*”, Vol. 25, No. 2, 2004.

③ Timothy Parsons, “Dangerous Education? The Army as School in Colonial East Africa”, *The Journal of Imperial and Commonwealth History*, Vol. 28, No.1, 2000.

④ Kevin K. Brown, *The Military and Social Change in Colonial Tanganyika 1919–1964*, PhD diss., Michigan State University, 2001; Timothy Parsons, *The African Rank-and-File: Social Implications of Colonial Service in the King's African Rifles, 1902-1964*, Portsmouth, NH: Heinemann, 1999.

从军队建设和军民关系的角度来探讨后殖民时期东非国家在各自构建民族国家的实践中采取了何种策略来建设国家军队。[①]应当说，二十世纪六七十年代学界受非洲民族主义思潮的影响，对国王步枪团整体上持批判态度。随后，学界对国王步枪团的研究突破了军事史的窠臼，从社会史、教育史、语言学的角度分析国王步枪团这一群体的历史复杂性，同时还关注到了国王步枪团在非洲国家独立后的转型和改造。

国王步枪团的历史到底是关于非洲人的军事史还是恰好发生在非洲的军事史？这就触及到对历史研究对象主体的评判。笔者试图结合在坦桑尼亚和肯尼亚搜集到的档案资料和口述采访，对殖民史学和非洲民族主义史学有关国王非洲步枪团研究的视角和重点进行平衡和补充，不囿于传统军事史对于国王非洲步枪团的研究，从而更全面地理解国王非洲步枪团在历史上所扮演的角色和发展历程。

一、殖民前期：国王非洲步枪团的兴起与发展道路之争

在十九世纪中叶，英国对东非和中非地区产生了拓展利益的需求，于是英国为了与尼亚萨兰地区的阿拉伯奴隶主战斗而需要在当地组建武装力量。1887—1891年卢加德（Lugard）建立了乌干达步枪团（即国王步枪团的前身），其初衷就是为了对抗苏丹马赫迪起义（Mahdist War）与阿拉伯奴隶主姆洛齐（Mlozi）[②]之间的联合。[③]起初，士兵主要是来自印度的锡克族和旁遮普的穆斯林士兵。到了1900年，英帝国在非洲组建了三支主要的殖民地军队：尼亚萨兰的中非步枪团（Central Africa Rifles）[④]、乌干达步枪团（Uganda Rifles）[⑤]和东非步枪团（East Africa Rifles）[⑥]。在1902年，三支部队正式合并组成了国王非洲步枪团，共有六个营：尼亚萨兰的第一、第二营，乌干达的第四营和肯尼亚的第三营、第五营以及索马里兰的第六营[⑦]。1905年，英国殖民部（British Colonial Office）接管了国王步枪团的指挥权，并将各营的指挥权交由当地的东非殖民地政府。

---

① Timothy Parsons, *The 1964 Army Mutinies and the Making of Modern East Africa*, London: Praeger Publishers, 2003.

② T. P. J. Lewis, "Centenary of the Formation of the King's African Rifles 1902-2002", *The Society of Malawi Journal*, Vol.55, No.2, 2002, p. 72.

③ W. Lloyd Jones, *K.A.R-Being an Unofficial Account of the Origin and Activities of the King's African Rifles,* London: Arrowsmith, 1926, p. 37.

④ 该部队1888年成立于尼亚萨兰，起初是由部落非正规军队鲁加 - 鲁加和锡克教徒组成，以对抗该地区的奴隶主，后在1902年成为国王非洲步枪团第一、第二营。

⑤ 该部队起源于巴干达王国的宗教冲突和商业竞争，不少埃及的军事奴隶在马赫迪起义后被吸纳，随后成为国王非洲步枪团第四、第五营。

⑥ 该部队1885年由麦金农（MacKinnon）管理的英国东非公司招募的非正式部队改编而成，主要由俾路支人、阿拉伯人、印度人、苏丹人组成。

⑦ 该部队后被坦噶尼喀第六营所取代。

同时，在与英国本国的军队进行接轨后，国王步枪团成为了由英国国王或女王领衔并委任英国军官的正规军队。[①]原先东非政府和欧洲定居者都反对扩大国王步枪团的规模，希望将非洲人在军队中的工作限制在向英国殖民部队提供军事劳动的范围内，借此来垄断暴力，以免动摇欧洲人与非洲人间的“种族等级秩序”。1900年左右，几乎所有欧洲殖民国家都反对将非洲人用于对付欧洲人，国王步枪团的职能起先是对内而非对外的，用于镇压反殖民活动。

然而这一情况在一战期间发生了变化，英德在坦噶尼喀战争的扩大导致了双方兵力需求的激增。德国军官保罗·冯·莱托-福尔贝克（Paul Emilvon Lettow-Vorbeck）带领阿斯卡里人组成的军队击败了英国人率领的印度军队。为了应对兵源不足的困境，英国人开始打破原先避免大规模招募和武装本地非洲人的惯例——要以少量的白人统治非洲“野蛮人”，就必须维持白人不可侵犯的传统。殖民宗主国依然通过将在埃塞俄比亚作为交战敌人的意大利人称为“劣等的欧洲人”，来维持欧洲人对非洲人的“优越性”。[②]随后英国结合苏丹的军事奴隶制和英国在印度、埃及优先招募尚武民族服役的建军传统在非洲进行扩军。即使不得不依赖非洲人与欧洲人进行交战，英国招募军人的偏好涉及殖民者对非洲民族的分类：分成了战争部落（Martial Races）和非战争部落。[③]欧洲人这种带有种族主义色彩的观念一方面认为非洲人有嗜血的本性，且神经系统不如欧洲人发达，因此对疼痛不像欧洲人那么敏感。但另一方面，欧洲人又认为军官应当对士兵尽到等同于父母的义务来照顾他们，使他们得到相应的福利。这两种存在内在张力的认知观念也为之后国王步枪团的发展道路之争埋下伏笔。因此，国王步枪团将原住民作为兵源是军事人力资源紧缺的权宜之计。同时，具有较低的患病率和熟悉丛林作战的优势[④]也是阿斯卡里人取代英联邦外籍士兵的另一个重要原因。“在非洲的战役最好由非洲的部队来完成”[⑤]这一理念得到了欧洲人的广泛认可。这都反映了欧洲人与非洲人关系的变化：从与当地人对立到招募本土士兵，军队的构成趋于本土化。但没有改变的是，白人定居者始终将这些以现代武器武装起来的非洲人视为威

① Christian A. Harrison, *From King's African Rifles to Kenya Rifles: The Decolonization and Transition of an African Army, 1960-1970,* Undergraduate Honors Thesis, University of the Colorado, 2016, pp. 13-14.

② David Killingray, African Voices from Two World Wars, *Historial Research*, Vol. 74, No. 186, 2001; JH. Morrow, “Black Africans in World War II: The Soldiers' Stories”, *The Annals of the American Academy of Political and Social Science*, Vol. 632, No. 1, 2010, p. 425.

③ Meshack Owino, “The Impact of Kenya African Soldiers on the Creation and Evolution of the Pioneer Corps During the Second World War”, *Journal of Third World Studies*, Vol.32, No. 1, 2015, pp. 106-107.

④ Gregg Adams, op. cit., pp. 11, 16.

⑤ Lieutenant-Colonel H. Moyse-Barlett, op. cit., 2012, p. 332.

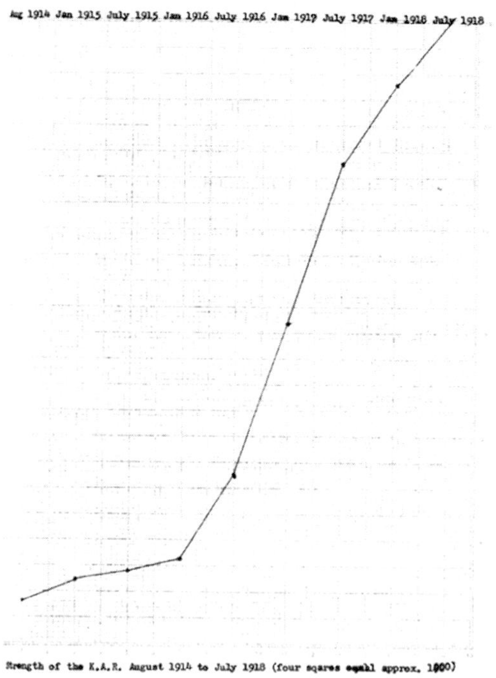

图2 国王非洲步枪团人数在1914—1918年一战期间人员的变化

资料来源：Alexander Slidell Neilson, *The Expansion of the K.A.R. 1914-1918: Some Myths and Some Realities in a Colonial Institution*, Master thesis, University of Wisconsin, 1966, p.19.

胁。[①]所以国王步枪团发展过程中始终存在着种族主义与实用主义之争。

一战前，国王步枪团约有4000到10000人的规模，用以维持东非局势的稳定和安全。到战争结束时则发展到了22个营，35500人的建制规模，还动用了40万—50万搬运工。[②]当时大多数非洲人是作为“军队的手与脚”即军事劳工来代替畜力搬运物资的。[③]战后，出于复员和占领前德属东非坦噶尼喀领土的需要，1920年国王步枪团被裁撤为6个营，[④]最终保留了约5700名非洲人和150名英国军官。

一战首次改变了非洲人对欧洲殖民者的看法，打破了原先欧洲人团结统一和种族优越的神话[⑤]，也让非洲人意识到他们在英国抵抗德国中所起到的不可替代的作用。和平期间国王步枪团的招募是在自愿原则上进行的，而在战时招募工作则是强制性的。[⑥]

① Alexander Slidell Neilson, *The Expansion of the K.A.R. 1914-1918: Some Myths and Some Realities in a Colonial Institution*, Master's thesis, University of Wisconsin, 1966, p. 70.

② Daniel Gilfoyle, op. cit., p. 22.

③ David Killingray, op. cit., p. 427.

④ Lieutenant-Colonel H. Moyse-Barlett, op. cit., 2016, p. 418.

⑤ Eric William Schiff, *Effects of the Two World Wars in Shaping African Colonial Soldiers' Perceptions of Colonialism*, Master's thesis, University of California Los Angeles, 2019, pp. 28-29.

⑥ Risto Marjomaa, “The Veterans' Dilemma Employment of Ex-Soldiers of the King's African Rifles' Nyasaland (Malawi) Battalions, 1902–1939”, *Hemispheres*, No.20, 2005, p. 40.

由于东非殖民地不被认为具有较高的战略价值而不需要派遣本国的驻军，加之英军的维护成本是国王步枪团的四倍，因此英国当局希望军队家庭成为培养下一代有归属感的士兵自我延续的单位。[①]但到了战事一开和扩军后，原先的军事家庭就成了累赘。和平时期各营被整合到东非司令部（East Africa Command）之下，并允许士兵在军队内组建家庭、与当地妇女确立正式关系，以提升军队的士气和稳定性。[②]军队内士兵家庭的发展模式遵循的是一种英国家长制的理想，即英国军官与非洲士兵同属于一个大家庭。在这里，除了以军事纪律来维系外，还有赖于忠诚和情感的纽带。然而问题在于，和平时期英国军官被派遣到英属东非的服役期仅三至五年，具有很强的临时性，这就容易造成军事文化传统传承和政策延续的断裂。[③]英国军官在600人为单位的步枪营中也仅仅占到约6%的比例。

可以说，国王步枪团发展前景的选择与英属东非的发展目标息息相关，一战期间的东非战役改变了英国人的观念，他们认识到欧洲国家之间的战争也会外溢到非洲，因此维持英国在非洲的统治秩序离不开非洲人的协助。[④]然而，在军队应当走哪种发展道路的问题上还存在着“殖民”与“帝国”的分歧。两者的区别在于，前者是暴力征服被殖民者领土的“治理”话语，而后者是基于超国家的、非领土化的“正义”话语。“殖民派”多是由文官系统内的行政官员和总督组成，他们着眼于节约财政开支，主张殖民地由文官政府领导低成本的、用于维持内部秩序的警察队伍负责即可，[⑤]目光仅限于保卫重要的铁路干线和湖泊旁的白人定居地，更多的殖民地资源应当用于经济和社会发展而非国防。殖民派希望通过引进欧洲移民并占有土地，逐步减少本地人口，因此不会容忍一支当地武装力量成为“白人的负担”而长期存在，更遑论扩军了。建立统治的过程相似，建立殖民武装力量的主导权都是从商人和行政官员手中转到了军官之手，显示出专业化的发展趋向。最终，掌握决策权的帝国国防委员会同意了将国王非洲步枪团正规化、现代化的发展方针。

1929年开始的大萧条使英国可用于殖民地的资源进一步萎缩，于是对国王步枪团的重组势在必行：将该军团改编为两个旅，每个旅包含三个营，两个营执行守备任务，第三营则作为预备队，用于机动地增援邻近的东非领土。北部旅的总部设置在内罗毕，指挥肯尼亚的第三营、第五营以及乌干达的第四营，而南部旅的总部则在达累斯萨拉

---

① Charles Girard Thomas, op. cit., p. 70.

② Bruce Vandervort, op. cit., p. 1068.

③ J. Nunneley, *Tales from the King's African Rifles: A last Flourish of Empire*, London: Cassell & Co, 2000, p. 32.

④ Lieutenant-Colonel H. Moyse-Barlett, op. cit., 2016, p. 684.

⑤ Christian A. Harrison, op. cit., pp. 8, 24, 65.

姆，包括第一营、第二营以及由坦噶尼喀新兵组成的第六营。所有的营都被缩减到只有两个连的编队。在一名少校的指挥下，每个营有16名军官、1名准尉和442名非洲士兵。即使在预算大幅削减的情况下，仍有相当多的公共资金被用于国王步枪团。为了实现自己的价值，国王步枪团有时亦被用于从事修建道路和桥梁等公共工程和执行蝗虫控制之类的任务。

二战时，为应对战事的需要，东非部队的规模又有了空前的扩大，同时向现代化军队转型。约有32万非洲人身穿国王步枪团的制服，但搬运工的职能已被运兵车所取代。由于对兵源的大量需求，此时想要只挑选"好战种族"已经变得不现实，于是殖民军事当局旋即将目光投向了平民雇佣劳动力市场。[①]

二、殖民中期：国王非洲步枪团的政策与阿斯卡里人的主动性

英国对国王非洲步枪团的管理手段存在着诸多相互矛盾的地方，而阿斯卡里士兵正是利用了这一点在体系内利用可支配的资源进行"议价"，从而与英国人共同塑造了国王步枪团的军队社会文化。

在以荣誉之名进行招募和安置退伍士兵方面，英国需要非洲士兵来维持其殖民统治的权威，而非洲人的服役意愿取决于军队所能提供的经济和社会回报。此时非洲人并未形成从领土国家的角度来思考军事服务的思维方式，为英国服兵役只是当时最有利可图的非技术性就业形式。于是英国以强制兼激励的手段来保证部队的可靠性，并发明了所谓的"武人民族"概念，使阿斯卡里战士与非洲当地社会区分开，而阿斯卡里人也借此挑战了非洲人素来地位低下的种族主义观。

殖民当局的募兵政策和宣传不仅将在：军队内的分工与特定民族相关联，还将男性气概、军队荣誉感与"枪的工作"（斯瓦希里语：Kazi Ya Bunduki）即服兵役相挂钩。[②]在国王非洲步枪团的制服文化中，阿斯卡里人通常穿着卡其色的丛林衬衫，而深蓝色的衣服则用于重要场合。白衬衫和短裤是在军队工作时间以外的穿着。以制服、徽章、团旗、羽毛头饰等"社会皮肤"将阿斯卡里士兵与当地民众区分开，培养他们的"荣誉感"和对国王步枪团军事文化的认同，同时压抑他们的个人身份、重塑他们的集体身份以及阿斯卡里人与欧洲人的关系。[③]与英国军官的军装相比，阿斯卡里人的制服

① Timothy H. Parsons, op. cit., pp. 2, 132.

② Michelle Moyd, "Making the Household, Making the State: Colonial Military Communities and Labor in German East Africa", *International Labor and Working-Class History*, Vol.80, No .1, 2011, p. 53.

③ W. Lloyd Jones, op. cit., pp. 220-221; Timothy Parsons, "The Consequences of Uniformity the Struggle for the Boy Scout Uniform in Colonial Kenya", *Journal of Social History*, Vol.40, No.2, 2006, pp. 362, 364, 374.

图3 约1914—1918年马拉维尼亚萨兰国王非洲步枪团士兵

资料来源：MacKay, Cooking, Malawi, ca. 1914-1918, University of Southern California Digital Library (USC. DL), 2013.

没有领子、口袋或拉链。“脱下靴子，用鞋带挂在脖子上”[①]，这一行为表明士兵对靴子作为社会声望象征的需求远超过了靴子本身的使用价值，这也是对谋求种族平等努力的一种体现。

士兵们还被告知，他们在为乔治国王和女王服务。1936年7月，英国国王欣然接受了国王非洲步枪团总司令的职位，并在《伦敦公报》上予以公布。英国国王的“挂职行为”使肯尼亚殖民地的北方旅部队感到无上的荣耀。[②]英国军官们将英国君主描绘为一位伟大的战士首领，这是他们对非洲传统军事文化中首领占据重要地位的一种文化适应，因此用国王来命名非洲军队以契合这一传统文化，并举行各类活动进行纪念和在行军曲内容中提及国王。于是在国王非洲步枪团士兵与遥远的英王室间建立起了一种联系，这种联系使他们将对英国军官的不满情绪转变为寄托向贤明君主效忠的期盼。[③]但欧洲人根深蒂固的种族主义观念仍认为阿斯卡里士兵永远无法达到欧洲军人的水准，军队中的种族等级制度并未发生根本性的转变，没有非洲人可以晋升为军官，也没有非洲人可被任命负责管理白人。英国军官对非洲士兵有着自相矛盾的评价，一

① 英国军官认为非洲士兵的脚底天生就很硬，可以赤脚行军，不必像他们一样配备靴子，但非洲士兵依然要求配备靴子。

② Tanganyika Secretariat, “Colonel in Chief of King’s African Rifles”, *Colonial Office Records B.1 23873*, July 21 1937, Vol. I.1, pp. 1,4.

③ Kevin K. Brown, op. cit., pp. 175-176.

方面承认他们是优秀的士兵，另一方面又把非洲人看作是孩子，这就意味着阿斯卡里士兵没有资格获得英国军队中代表最高荣誉的维多利亚十字勋章。

此外，军队还通过组织游行和以退伍士兵为宣传样板来扩大影响：国王非洲步枪团第二营的巡游活动提高了军队的吸引力，有利于招募工作的进行。该部队在坦桑尼亚达累斯萨拉姆游行完毕后还前往了肯尼亚和乌干达。[①]他们最理想的招募对象是来自贫困乡村的、武人民族中的边缘人群，因为他们更易服从命令。[②]尼亚萨兰征兵海报中的宣传口号之一就是“加入国王非洲步枪团，过男人的生活”，但非洲人很快便意识到去武装化有碍于他们在父权制社会中彰显男性气质，于是对担任辅助部队的角色产生了抵触情绪。为了减少这种情绪的蔓延，殖民当局不得已采取了一些策略来权变，比如将劳动公司（Labor Corps）改名为先锋部队（Pioneer Corps），来掩盖实际用于清理和修筑道路的工程兵等辅助部队的任务。[③]

起初国王非洲步枪团中以部落为单位来组成连队，以免他们直面亲属作战。尔后在二战前，当局认为种族混杂的连队更易控制，因为这样士兵们在军队内部不易结成统一战线。英帝国对于国王非洲步枪团的管理理念在北罗得西亚军团的格言中可见一斑：种族不同，忠诚平等（Different in Race, Equal in Fidelity）。他们宣扬英属非洲殖民地组建的军队跨越了种族和宗教差异，共同为英帝国的利益而战。但非洲新兴国家追求的独立发展与前国王非洲步枪团士兵争取退役权益的努力打破了这种宣传论调。总的来说，英国对非洲殖民地士兵政治记忆的塑造是不成功的，人们愈发认识到殖民时期阿斯卡里士兵为英国军队服役给东非带来的苦难，强制征兵的“血税”的破坏性可与奴隶贸易相提并论。[④]

一位阿斯卡里士兵的自述能直观地反映他所代表的大多数国王步枪团士兵内心真实的想法：“在我加入国王非洲步枪团之前，我做一些小生意，卖一些东西，如康加（Khangas[⑤]）、杯子、盘子等。我是自愿加入步枪团的，我入伍是因为我看到穿着军装的士兵在街上行走，而且他们还有钱，这就是我入伍的原因。”这样的个人基于经济理性的入伍选择与官方宣传所描绘的场景大相径庭，他们渲染非洲人对殖民当局进行的

---

① Tanganyika Secretariat, “K.A.R. General-K.A.R. Band Dar es Salaam”, *The Officer Commanding Letter X-1 11755*, 1954, Vol. III, pp. 23-24,29.

② Vandervort Bruce, “The Thin Black Line of Heroes”, *The Journal of Military History*, Vol. 65, No .4, 2001, pp. 1070-1071.

③ Meshack Owino, op. cit., p. 113.

④ Eric William Schiff, op. cit., p. 11.

⑤ 流行于东非地区的一种布匹。

战争展现出坚定支持的态度，并将所有的入伍行为描述为自发的。[①]

在招募和选拔政策上，殖民当局改变了原先以武术素质高低为导向的士兵选拔标准，转而侧重于士兵服从性和纪律性的强弱。于是许多士兵开始质疑本民族内传统权威的合法性和解构原先的部落秩序——军队家庭的组建挑战了传统的彩礼制度与两性关系，诸如在军队中获得饮酒的权利、[②]特定的制服等都让阿斯卡里士兵认为自己比其他非洲人更优越，这就给二战后英国安置退伍士兵返乡、重新部落化带来了阻力，最终殖民者所培育出的阿斯卡里士兵特权阶层[③]反过来破坏了英国间接统治的基础。[④]于是他们不得不强调阿斯卡里人应当承担的社会义务，以推卸士兵退役后英国应当支付的相应福利和承担的责任。

在语言和教育方面，起初欧洲殖民者对土著士兵语言学习进行了限制，英语被视为较之非洲本土语言更高一等的语言，即使在非洲方言内部也存在语言等级的高低，大多数士兵使用的是简化过的斯瓦希里语（Kikar），而坦噶尼喀第六营则以使用纯正的斯瓦希里语为傲。但基于军官与士兵交流便利的考虑，掌握简化过的斯瓦希里语的士兵反而更易受到白人军官的信任。[⑤]在二战前，军队中士兵所说的语言普遍存在贵贱之分，普通士兵使用英语与军官交流在早期被认为是冒犯的行为。但到了后来，由于英国军官难以迅速掌握斯瓦希里语，随后又将英语与士兵的晋升相挂钩，引导非洲士兵学习英语来满足进行战事的需要。非洲士兵也重视在语言等级体系上进行攀爬，以便更好地获取海外知识。东非陆军教育团的官方目的是“培养作为士兵和潜在基层领导人的阿斯卡里人，灌输他们公民的概念，这些概念在他们离开军队时将是有价值的。”此外，还要使他们更好地理解英国进行战争的目的和意义。因此殖民地部队内的教育一方面是为了论证英国殖民统治的合法性和压制非洲民族主义和传授满足作战需要的实用技能，另一方面也为英国人在权力移交后非洲人进行自治时保留英国影响力而进行准备。但随着阿斯卡里士兵在海外作战后，他们的政治意识和价值观大大改变了，[⑥]世界大战使得非洲士兵认识到了欧洲殖民统治的脆弱性，与白人并肩作战弥合了原先不平等的种族关系，这种人员的跨国流动所产生的影响无异于一场社会革命。在十九世纪九十年代初，国王步枪团中受过教育的士兵屈指可数。可到了二战后，受过教育的非洲人就达数万人之多，其中半

① Tanganyika Standard, April 30, 1940.

② Kevin K. Brown, op. cit., pp. 30-31.

③ Gregg Adams, op. cit., p. 4.

④ 英国将部族作为文化单位，将非洲酋长作为殖民统治的末端。

⑤ Mungai Mutonya and Timothy H. Parsons, op. cit., p. 118.

⑥ Timothy H. Parsons, “Mau Mau’s Army of Clerks: Colonial Military Service and the Kenya Land Freedom Army in Kenya’s National Imagination”, *Journal of African History*, Vol. 58, No. 2 (2017), p. 297.

数人习得了英语。[1]然而，殖民地军队教育并未有意培养具有军事指挥才能的阿斯卡里军官，因此在非洲国家独立初期，非洲国家军队军官的非洲化进程一度困难重重。[2]

概言之，阿斯卡里人为国王步枪团提供军事服务的性质是由殖民地政府、英国军官和非洲士兵三方互动和博弈共同作用下决定的。国王非洲步枪团的可靠性和忠诚取决于殖民政权实现在非殖民地进行低成本统治和阿斯卡里士兵经济利益和社会地位的改善之间的利益融合度，[3]这种忠诚是具体的，而不是抽象的。同样的，国王步枪团的军事文化也是由欧洲人和非洲人共同锻造的。比如作为军事民谣的行军曲就具有“爱国主义教育”的作用：

> 继续前进吧。国王非洲步枪团的士兵（斯语 Haya! KAR askari），现在是工作中的旅途（Sasa kazi ya safari）。你们的工作是什么（Kazi yako kazi gani）？今天激烈的工作（Vita kali leo）！政府的命令（Amri ya Serikali）！国王非洲步枪团准备好了（KAR tayari ）……

但行军曲内容中的欧洲内核逐渐被非洲本土文化所边缘化。这一行军曲的形式可追溯到传统的非洲搬运工文化。[4]这种非洲传统文化军事现代化改造的例子还有用非洲鼓来传递军情的做法，坦噶尼喀政府就此为国王非洲步枪团第二营的士兵提供了军鼓。[5]非洲士兵的地位也随国王非洲步枪团的发展动态地发生变化，起初他们被认为是在德国之后英国建立新的殖民秩序的帮凶和非洲人中的叛徒，但在部队中又囿于种族主义观念而无法获得与白人平等的地位。而随着时间的推移，他们逐渐提高了自己在殖民当局和当地社区之中的议价能力，利用制服权威、固定工资、免税特权等可动用的资源为自己退役后在当地社区中寻求有利的地位。[6]

三、殖民后期国王非洲步枪团的改造与非洲的非殖民化进程

“不像其他殖民主义遗留下的机构和组织，在坦噶尼喀，军队本身就是起源于殖民

---

① Timothy Parsons, op. cit., 2000, p.113.

② Timothy Parsons, op. cit., 2003, p. 67.

③ Christian A. Harrison, op. cit., pp.10-12.

④ Malcolm Page, *A History of The King's African Rifles and East African Forces*, Barnsley: Pen & Sword, 2011, pp. 393-394.

⑤ Tanganyika Secretariat, op. cit, p. 267.

⑥ Risto Marjomaa, op. cit., p. 52.

主义的商业利益。”[①]这就指出了国王步枪团的发展瓶颈与局限性。关于退伍士兵在非洲民族主义反殖民运动中所扮演的角色，可以看到他们作为曾被收编入殖民统治体系、与当地非洲人隔绝开的群体，[②]阿斯卡里士兵一方面同情民族主义运动，但在大多数情况下还是会服从命令，在对肯尼亚的茅茅运动、1947年蒙巴萨码头工人罢工和1950年内罗毕大罢工[③]中扮演镇压的角色。在战后，国王步枪团多扮演了维持殖民地内低烈度帝国治安者的角色，用以压制民族主义者和工会活动家。

退伍士兵仅试图在殖民统治体系内部谋求改善自身境遇，而非参与东非民族主义运动和争取政治独立，因此国王步枪团与欧洲殖民体系的关系是维系大于分裂的。在国王非洲步枪团运行期间，没有一个营被正式解除武装，英国制定的军纪和政策总体上是有效的，尽管阿斯卡里士兵不断地与殖民军事和民事当局进行谈判，通过各种手段抗议种族歧视和质疑殖民主义的合法性，但并未显露出试图推翻整个英国殖民统治的迹象。他们更关心的是改善工资和福利条件而非谋求政治主权的独立，属于体制内的反抗，追求权利而非权力。但军队本身就是一种国家建设的工具，在国王步枪团的发展过程中打破了原先狭隘的地区部落或种族忠诚，是一种较为变革的力量，也对次区域泛非主义的孕育起到了催化作用，亦有利于独立后的民族融合，少数退役士兵被激进主义所吸引，但很快发现自己并不属于政治主流，宽泛的民族主义政治运动与前阿斯卡里士兵狭隘的个人利益并不兼容，[④]于是在后来二十世纪五六十年代的变局中逐渐落于保守的政治光谱上。[⑤]

根据国王非洲步枪团当初的七个营[⑥]，其中肯尼亚占四个，乌干达、坦噶尼喀和尼亚萨兰各占一个的情况。肯尼亚、乌干达、坦噶尼喀和尼亚萨兰政府就共同撰写这段共同的历史记忆进行过讨论，[⑦]来自非洲各国、各民族组成的国王非洲步枪团是殖民时期延伸至民族国家建构过程中涉及构建更大范围内超越民族国家界线的集体记忆。与前殖民时期非洲脚夫作为进行自主贸易的非洲主动性形象相比，对在欧洲殖民时期别

① Charles Girard Thomas, op. cit., p. 94.

② Hal. Brands, “Wartime Recruiting Practices, Martial Identity and Post-world War II Demobilization in Colonial Kenya”, *Journal of African History*; Cambridge Vol.46, Issue.1 (2005), pp. 122, 124.

③ Tim Stapleton, “‘Bad Boys’: Infiltration and Sedition in the African Military Units of the Central African Federation (Malawi, Zambia and Zimbabwe) 1953–63”, *The Journal of Military History Society for Military History*, Vol. 73, No. 4, 2009, p. 1167.

④ Hal. Brands, op. cit., p. 122.

⑤ Kevin K. Brown, op. cit., pp. 415-416.

⑥ 1936年，意大利对埃塞俄比亚的入侵扭转了殖民地军事力量退却的趋势，相应地在乌干达成立了第七个王家非洲人步枪营。

⑦ Tanganyika Secretariat, “History of the K.A.R,” *Colonial Office Records X-1 22071*, March 9 1934, pp. 24,43.

无选择转变为“军事奴隶”或雇佣军的阿斯卡里士兵所进行的形象①书写大多忽视了阿斯卡里士兵的自主性，在英国和德国之间的摇摆表明他们并没有真正效忠于某一方，而是寻求能够改善自己物质条件的职业。②阿斯卡里人保持了作为殖民地军队士兵身份的连续性，坦噶尼喀第六营（战俘营）的主体就是由德国保卫部队（Protection Force）所构成的。对他们而言，服役只是提高社会地位和赢得声望的生计，③所以他们是某种意义上的移民劳工。入伍不仅能带来个人生活条件的改善，还能提高其“大家庭”（斯瓦希里语：Ujama）的吸引力，给家庭带来福利。

随英国从殖民地逐渐退却，非洲的非殖民化进程不断加速。1964年1月20日发生的坦噶尼喀步枪团兵变（The 1964 Army Mutinies）标志着国王非洲步枪团的传统在坦噶尼喀的终结，也开启了该国对军队的重建。因为殖民时期阿斯卡里士兵以“罢工”的形式与殖民者进行谈判的手段显然不能为非洲独立国家所容忍，④这种“罢工”很容易演变为兵变乃至于政变。独立后坦桑尼亚军队的建设就有意打造成党、国、军一体的单一结构，以此来促进坦桑尼亚的民族认同和大众意识。在民族国家建构的军队建设方面，妥善处理殖民遗产和利用好外国的军事援助，建立一支与公民社会价值观趋同的新式军队，才能消除殖民时期欧洲人造就的“阿斯卡里阶层飞地”的影响，保障军队的可靠性并促进政局稳定，消除禁卫军主义（Praetorianism）的潜在威胁。⑤在今天的坦桑尼亚，1961年国王非洲步枪团改名为坦噶尼喀步枪团，被吸纳到坦桑尼亚人民国防军（斯瓦西里语：Jeshi la Wananchi wa Tanzania 即 Tanzanian People’s Defense Force）中，其中的一项重要举措就是以国民兵役制来解构军队士兵与公民社会相隔绝的这一殖民遗产的发展惯性。国民兵役制包括了技能培训、社区服务和政治教育，将军队和政党建设联系在一起，以此来与国家在价值观层面相适应，在军队建设的过程中，也构建了坦桑尼亚人这一共同身份，进一步淡化了各地区和民族间的差异。

四、结语

纵观国王非洲步枪团长达58年的发展历程，国王步枪团的发展沿革始终服务于英国在非洲进行殖民统治和维护帝国利益的需要。英国当局对阿斯卡里士兵既抱有种族

① 陈金龙，前引文，第113页。

② JH. Morrow, op. cit., p. 23.

③ Michelle Moyd, op. cit., p. 70.

④ Timothy Parsons, op. cit., 2003, p.6.

⑤ Hal. Brands, op. cit., p. 104.

主义偏见和警惕，又出于实用主义的考量，依赖阿斯卡里人提供的军事服务，造成了英国当局针对国王非洲步枪团矛盾的管理政策。国王步枪团平时被用于维持内部安全和秩序，战时则被派遣参与帝国的海外战争。英国当局通过操纵种族身份、许以物质利益等手段刻意打造了一批与非洲当地社区相隔绝的军事特权阶层。

阿斯卡里士兵怀有复杂的入伍和服役动机，所效忠的对象并非是国王非洲步枪团中的“英国国王”或英国抽象的帝国理想图景，而是谋求具体的物质利益，并懂得运用可支配的资源与英国人进行议价。阿斯卡里士兵对非洲当地传统权威的挑战削弱了英国间接统治的基础，两次世界大战又给阿斯卡里人带来了观念上的革命洗礼，但国王非洲步枪团的性质决定了阿斯卡里士兵在殖民统治体系内的反抗是具有历史局限性的，他们所争取的是权利而非权力。

尽管国王步枪团在武器装备上逐渐实现了现代化，但其内核依然是殖民地性质的，这支殖民地军队所服务的是一个以强力压制非洲社会的殖民政权，而非权力受到被统治者确认的合法政权。在殖民后期，随着新兴非洲独立国家的出现，国王非洲步枪团解散后所留下的殖民遗产——一个与非洲公民社会脱节的阿斯卡里士兵阶层成了东非民族国家建构所必须跨越的障碍，对国王步枪团改造的过程就是将其职业化和公民化的过程。

印（尼）属帝汶时期澳大利亚对东帝汶的人道主义援助研究

吴耀庭

摘要：1975年，印尼占领东帝汶，开始长达二十多年的统治。在此期间，因东帝汶存在严重的人道主义危机，加之澳大利亚对区域事务的关注，让澳大利亚持续地向东帝汶提供人道主义援助。澳大利亚向东帝汶提供人道主义援助的方式主要有三种，分别是资金援助、物资援助以及“家庭团聚”项目。由于印尼政府的阻拦，澳大利亚的援助输送路径分别是澳大利亚政府的直接援助、国际组织与政府援助的相结合以及民间组织的援助。澳大利亚的人道主义援助，是澳大利亚在东帝汶危机后参与东帝汶事务的重要证据。尽管人道主义援助让澳大利亚与印尼的双边关系出现波动，也难以达到缓解舆论压力，塑造正面国家形象的作用。但通过人道主义援助，使得澳大利亚牢牢地占据东帝汶事务的中心地位，从而顺利地介入到东帝汶独立运动中。

关键词：东帝汶、澳大利亚、印度尼西亚、人道主义援助

20世纪70年代，因东帝汶危机，让弹丸之地的东帝汶［本文的“印（尼）属帝汶”简称“东帝汶”］[①]成为澳大利亚与印尼关系中的焦点之一。东帝汶内战、印尼军队在东帝汶的作战以及维护政权统治合作性的行动，让原本脆弱的东帝汶遭遇灭顶之灾。基于此，澳大利亚向东帝汶提供大量的人道主义援助。通过研究澳大利亚对东帝汶危机时期的人道主义援助，对认识1974年东帝汶危机后澳大利亚参与东帝汶事务提供新

① 东帝汶的历史时期发展较为复杂，有多个不同名称的叫法。其中东帝汶（East Timor）为常见的叫法，因其在帝汶岛的东部而得名。帝汶岛在历史时期由葡萄牙、荷兰分别占领。1860年以及1914年荷兰与葡萄牙签订边界条约，西帝汶由荷兰占领（后成为印尼的西帝汶省），东帝汶由葡萄牙占领。葡萄牙帝汶（Portuguese Timor）：葡萄牙占领东帝汶时期一般可以称为葡萄牙帝汶。印（尼）属帝汶时期（“Timor Timur” or “Indonesia's occupation of East Timor”）：是指1976年印尼军队登陆东帝汶至1999年联合国过渡政府接管为止。联合国东帝汶过渡行政当局（United Nations Transitional Administration in East Timor）：指的是1999—2002年联合国维和部队在东帝汶设立的过渡行政机构。东帝汶民主共和国（Democratic Republic of Timor-Leste）：2002年至今，是世界上较年轻的国家之一。在本文中，出现东帝汶的名称，一般沿用国际上的通常叫法，即1974—1976年以及1999年以后都称为东帝汶。因为澳大利亚曾公开承认东帝汶属于印尼领土的一部分，本文研究的主体又是澳大利亚，因此摘要及注释后的“东帝汶”主要指1976年至1999年印尼占领东帝汶时期。

的角度，能够有效厘清澳大利亚—东帝汶—印度尼西亚三方存在的复杂国际关系。同时，印尼占据东帝汶跨越冷战末期与冷战后前期，对建构冷战前后复杂的东南亚国际局势有一定的裨益。

目前关于1976—1999年时期东帝汶的研究，国内外学术界已经有一定的研究成果。东帝汶存在的人道主义危机，是国外学者研究的第一个重点。同时，国外部分学者将东帝汶时期的研究与1974年、1999年两次东帝汶危机联系起来[①]，其中包括帝汶海的划界谈判[②]。相较于国外学者的研究成果，国内学者聚焦于印（尼）属帝汶时期的研究成果较少，大多聚焦于两次不同的东帝汶危机[③]，部分学者关注到帝汶海划界谈判[④]，同时有部分学者关注到印尼占领东帝汶期间的人权问题[⑤]。尽管国内外学者对冷战时期的东帝汶研究涉及面广，所用材料丰富，但较少关注到1976—1999年间东帝汶所获得的人道主义援助，尤其是澳大利亚对东帝汶的人道主义援助。

人道主义援助的定义为："主权国家或非政府组织甚至个人，向遭受自然灾害或战争破坏引起人道主义危机的国家或地区提供的援助。"[⑥]从定义上看，与军事援助、经

---

① 这方面的学术成果有：Iain Henry, "Unintended consequences: an examination of Australia' 'shistoric policy shift' on East Timor", *Australian Journal of International Affairs*, Vol. 68, No. 1, 2014；Michael Leifer, Indonesia and the Incorporation of East Timor, *The World Today*, Vol. 32, No. 9；Paul M. Monk, "Secret Intelligence And Escape Clauses: Australia and the Indonesian Annexation of East Timor", 1963-76，*Critical Asian Studies*,vol.33, No.2 等。

② 例如安东尼·伯金（Anthony Bergin）就在《澳大利亚与印度尼西亚关于帝汶峡区域边界谈判的协定》(The Australian-Indonesian Timor Gap Maritime Boundary Agreement）一文中，回顾澳大利亚与印尼之间关于帝汶海条约签订的背景，对帝汶海条约中的适用范围、联合开发原则进行介绍。对于这一条约是否解决海洋划界争端，国外学者大部分都对这一条约签订的价值给予高度评价。例如连恩（Lian A. Mito）一文《<帝汶峡条约>是南沙群岛共同发展的典范》(The Timor Gap Treaty as a Model for Joint Development in the Spratly Islands）中提到帝汶峡条约可以作为解决南沙群岛争端的模板。斯图亚特·凯（Stuart Kaye）的文章《<帝汶峡条约>：创造性解决方案和国际冲突》(The Timor Gap Treaty: Creative Solutions and International Conflict）中，作者对印尼和澳大利亚之间的海洋划界问题进行分析，对谈判过程中澳大利亚与印尼的立场进行分析，并认为最后签订的条约在一定程度上是海洋划界争端的典范。

③ 国内有关于两次东帝汶危机的学术成果有张秋生：《20世纪60—70年代澳大利亚与印度尼西亚关系的调整》，《东南亚纵横》2008年第10期；王传剑：《从东帝汶危机看澳大利亚安全战略的变化》，《国际论坛》2000年第1期；桂久强：《东帝汶事件后印（尼）澳关系走向及其影响》，《东南亚研究》2000年第2期；刘鹏：《冷战后澳大利亚对东帝汶政策的评析》，《东南亚南亚研究》2009年第2期；马吟风：《第一次东帝汶危机与澳大利亚的应对（1974—1976）》，《边界与海洋研究》2020年第5期等。

④ 于金翠在其硕士论文《论澳大利亚和东帝汶关于帝汶海海洋划界和资源争端的解决》中对澳大利亚与东帝汶关于帝汶海争端的由来进行介绍，将1975年至1989年间关于澳大利亚与印尼之间的谈判作为写作背景。此外还有陈雅婷的论文《联合国海洋法公约—强制调解委员会管辖权研究》中对这一时期帝汶峡区域的划界谈判有所涉及。另外，还有少量的期刊文章、科普性的短文对帝汶海海峡谈判进行阐述。国外学术界的研究成果更多地涉及原因以及条约本身，对于谈判过程关注同样不多。

⑤ 这部分成果参见吴梦珊、李一平：《1976年以来东帝汶的非常规死亡人口与难民》，《南洋问题研究》2009年第3期。

⑥ 参见陈莹：《冷战后国际社会对东南亚的援助》，世界知识出版社，第55—57页；任彦妍、房乐宪：《国际人道主义援助发展演变：源流、内涵与挑战》，《和平与发展》2018年第2期等学术成果。

济援助相比，人道主义援助的主体分散。不仅主权国家可以进行人道主义援助，非政府组织与社会团体，乃至个人都可以通过人道主义渠道进行人道主义援助。与其他援助相比，人道主义援助的特殊性在于主体更加分散，各主体基于其能力范围内都可以进行人道主义援助。从人道主义援助的定义中，发起人道主义援助必须要有鲜明的动因，无论是因自然灾害或战争破坏，都可以成为人道主义援助发起的客观原因。因此，以澳大利亚档案为研究基础，本文将以澳大利亚对东帝汶的人道主义援助为具体案例，从澳大利亚人道主义援助的动因及形式，探讨人道主义援助对三方关系产生的直接影响，系统地建构澳大利亚在东帝汶事务中的地位。

一、澳大利亚进行人道主义援助的动因

在印尼被东帝汶占领期间，澳大利亚向东帝汶提供了大量的人道主义援助。为何澳大利亚向东帝汶提供大量的人道主义援助，主要有两方面的原因：一是东帝汶面临着严重的人道主义危机，二是澳大利亚对东帝汶事务的持续关注。

（一）东帝汶面临严重的人道主义危机

1975年12月，印尼军队登陆东帝汶，对东帝汶沿海港口进行封锁，禁止所有外国公民、非政府组织以及政府进入东帝汶。东帝汶内部的状况只能依靠外逃到澳大利亚以及世界各地的东帝汶难民进行描述，加之以澳大利亚媒体所谓的“内部消息”。

澳大利亚对东帝汶人道主义危机的消息主要来源于三方面。首先就是国际红十字会与天主教救济会在印尼政府允许的情况下，在东帝汶展开人道主义救济。尽管国际红十字会等国际组织在东帝汶的活动范围有限，但针对东帝汶的情况形成具体的报告。其次，逃离出东帝汶的难民以及独立革阵的反抗势力所带来的情报，也是澳大利亚判断东帝汶是否存在人道主义危机的重要来源。最后，是自1991年帝力事件发生后，澳大利亚政府以及相关民间机构更多地进入了东帝汶。帝力事件的爆发，让印尼军队在东帝汶的非人道主义行为以一种更为直观的方式呈现给世界。多国暂停了对印尼的援助，印尼遭受到了空前的国际舆论压力①。其中最为重要的是澳大利亚国际开发署访问东帝汶，对东帝汶进行了全方位的调查②。澳大利亚的国内媒体加紧对东帝汶的报道，澳大利亚政府获得了更多一手的东帝汶情况。

① 王文奇:《被塑造的小角色——东帝汶走向民族国家的进程》,《北华大学学报(社会科学版)》2008年第3期。

② James Cotton, East Timor and Australia. *AHA Contributions to the Policy Debate*, Australian Institute of International Affairs, 1999, p. 13.

印尼军队占领东帝汶后，东帝汶出现严重的人道主义危机，这一人道主义危机主要表现在几个方面。一是粮食紧缺。1979年，一位支持东帝汶革阵并随着东帝汶革阵展开独立反抗运动的葡萄牙牧师称东帝汶大部分区域缺少粮食、药品等基本资源，印尼军队的军事行动导致东帝汶的平民放弃原有的耕种区域①。1982年，一份天主教普通教众的报告中，称印尼军队现在仍然对独立革阵展开斩杀行动，破坏了东帝汶的正常耕种，造成东帝汶粮食存在严重的短缺②。粮食短缺，在印尼占领东帝汶二十多年的时间里，并不少见，这也是东帝汶面临最为严重的人道主义危机。

二是公共卫生条件差，疾病频发且缺乏基础的医疗服务。在1979年，澳大利亚外交部提交给澳大利亚内部的一份报告中，提到“因为过去四年印尼军队的军事行动在东帝汶造成的破坏和饥荒，导致东帝汶严重的人道主义危机，近20万东帝汶人缺乏食品与医疗服务”③。在国际红十字会等救援人员进入东帝汶后，一位参加救援的工作人员称东帝汶的情况进一步恶化，有近30万的东帝汶平民处于极度危险中，这占了东帝汶民众近一半④。1992年，联合国儿童基金会的数据显示：“东帝汶5岁以下儿童有近55.4%出现营养不良的症状，腹泻、疟疾、呼吸道传染病以及皮肤病都是东帝汶常见的地方病；医院缺乏基本设施，医生数量少。”⑤传染病与非传染病交织，是这一时期东帝汶的常态。印尼统治东帝汶初期，维护东帝汶稳定被置于首位，而非对东帝汶进行治理。

在联合国接管东帝汶前，相关国家、国际组织想要访问东帝汶可谓难上加难。尽管澳大利亚临近东帝汶、印尼，但仍难获得东帝汶的相关情报。大量的澳大利亚记者被禁止进入印尼，更难进入东帝汶。通过多个消息渠道，澳大利亚政府获取到大量东帝汶存在人道主义危机的情况。粮食紧缺，公共卫生环境恶劣，让东帝汶面临着严重的人道主义危机，也让澳大利亚的人道主义援助师出有名。

（二）澳大利亚关注东帝汶事务的考量

首先，澳大利亚政府需要回应国内舆论的负面评价。20世纪70年代东帝汶危机中，澳大利亚政府漠视印尼政府在东帝汶的军事行动，不加以干涉。印尼军队在东帝汶的

---

① Canberra Times, “No end” to Fretilin fight, *National Library of Australia*, 1979-8-22(9).

② Canberra Times, A time for healing, *National Library of Australia*, 1982-1-12(2).

③ National Archives of Australia, Submission No 3598 : Humanitarian Aid for East Timor - Decision, No. 10184, NAA: A12909, 3598, 1979.

④ Canberra Times, Indonesia denies starvation exists, *National Library of Australia*, 1979-11-9(3).

⑤ James Cotton, East Timor and Australia: AHA Contributions to the Policy Debate, *Australian Institute of International Affairs*, 1999.

所作所为，与澳大利亚政府所谓的人道主义价值观背道而驰[①]。五名澳大利亚记者在东帝汶的离奇死亡，澳大利亚新闻媒体在国内对东帝汶的报道以及澳大利亚政府在东帝汶事务上的不作为，都是澳大利亚国内外负面舆论的来源。在一份澳大利亚的档案中，提到澳大利亚为何要对东帝汶进行人道主义援助，即通过大量的人道主义援助，对国内民众的诉求进行正面回应[②]。

其次，澳大利亚并不完全放弃对东帝汶事务的关注，这与其地缘战略有关。澳大利亚是世界上为数不多主动承认东帝汶是印尼的一部分的国家，这让澳大利亚顺利地开启帝汶海谈判，作为缓和双边关系的战略思考[③]。澳大利亚与印尼的关系并不稳定，通过东帝汶牵制印尼，保持在双边关系的主动地位，是澳大利亚处理与印尼关系中的战略之一。虽然澳大利亚可以直接干涉东帝汶事务，但需要花费过多的时间和精力，通过持续的援助，可以让澳大利亚不脱离对东帝汶事务的影响[④]。在印尼占领东帝汶的近三十年里，对东帝汶的援助是澳大利亚参与东帝汶事务的手段之一。这些与澳大利亚政府默认东帝汶抵抗势力在澳大利亚国内的活动，允许政府官员、在野党等对印尼的东帝汶政策进行批评等，是澳大利亚对印尼政府保持压力的一种做法。

澳大利亚对东帝汶发起的人道主义援助，客观原因在于印尼政府及军队为了维持对东帝汶的统治，所进行的非人道主义行为。东帝汶民众急需人道主义援助，是澳大利亚发起人道主义援助的客观原因。从主观上看，几任澳大利亚政府都有意通过援助，减轻国内外舆论对澳大利亚政府的批评，以及通过人道主义援助保持在东帝汶事务的影响力，对印尼政府保持外部压力。主客观原因的结合，是澳大利亚发起人道主义援助的动因。

二、澳大利亚对东帝汶人道主义援助的形式

澳大利亚国内有一套较为成熟的对外援助体系，20世纪50年代开始澳大利亚就已经持续向东帝汶提供援助。自1976年印尼政府宣布东帝汶属于印尼的一部分，澳大利亚对东帝汶展开了长达20多年的人道主义援助。总体而言，澳大利亚对东帝汶的人道

① James Cotton, East Timor And Australia: AIIA Contributions to the Policy Debate, *Australian Institute of International Affairs*, 1999, p. 5.

② National Archives of Australia, Submission No 3598 : Humanitarian Aid for East Timor - Decision, No. 10184, NAA: A12909, 3598, 1979.

③ Peter Chalk, Australia and Indonesia: Rebuilding Relations After East Timor, *Contemporary Southeast Asia* , August 2001, Vol. 23, No. 2 (August 2001), pp. 233-253.

④ James Cotton, East Timor And Australia: AIIA Contributions to the Policy Debate, *Australian Institute of International Affairs*, 1999, p. 5.

主义援助共分为三种路径：澳大利亚政府的直接援助、国际组织与政府援助的相结合，以及民间组织的援助。澳大利亚提供的人道主义援助资源分为三种类型：直接性的资金援助、食品以及医疗卫生等物资的间接援助和独有的“家庭团聚项目”。

澳大利亚对东帝汶的人道主义援助的三个路径中，最难的一个路径即澳大利亚政府对东帝汶的直接援助。作为世界上最早承认东帝汶是印尼领土的一部分的国家，澳大利亚官方对东帝汶的人道主义援助会被视为干涉印尼的内政。在二十多年里，澳大利亚官方对东帝汶的直接援助较少。在20世纪90年代，在国际社会对印尼政府进行谴责的同时，印尼政府不得已放开部分政府的人道主义援助，澳大利亚政府得以公开对东帝汶提供更多的人道主义援助①。澳大利亚政府人道主义援助主要由澳大利亚国际开发署执行，对东帝汶提供多个项目的人道主义援助，成为东帝汶最大的人道主义援助国②。尽管这一援助数量远远不及澳大利亚官方通过国际组织、非政府机构等第三方途径所进行的人道主义援助。

在澳大利亚对东帝汶的人道主义援助中，最主要的方式就是将澳大利亚政府的人道主义援助资源通过国际组织和非政府组织传输到东帝汶。澳大利亚主要委托的国际组织是联合国，其中包括联合国的多个机构，例如联合国儿童基金会、世界粮食计划署以及联合国难民事务高级专员公署等机构③。此外，澳大利亚还通过各级红十字会，例如国际红十字会、澳大利亚红十字会以及印尼红十字会等非政府组织，与它们进行合作，将澳大利亚的人道主义援助运送到东帝汶。在澳大利亚已经公布的援助档案中，红十字会是澳大利亚最为常见的援助中介，也为澳大利亚获取到更多的东帝汶情报④。

印尼占领东帝汶后，传回澳大利亚国内的信息，让澳大利亚社会部分民众和组织大为震惊。部分民众和社会组织开始自发地向东帝汶提供人道主义援助，这一举动让澳大利亚政府饱受印尼政府的指责。工会、新闻工作者以及宗教组织都以澳大利亚为基地，向东帝汶提供人道主义援助。这些行动都要求澳大利亚政府对其提供支援，避免受到印尼方面的阻拦。澳大利亚政府没有将民间援助的大门关上，1976年5月18日，澳大利亚外交部宣布前往东帝汶的援助需要经过澳大利亚政府的批准，但澳大利亚政

① Department of Foreign Affairs and Trade, Annual Report 1993-94, Australian Government Publishing Service Canberra, 1994.

② James Cotton, East Timor and Australia: AHA Contributions to the Policy Debate, *Australian Institute of International Affairs,* 1999, p. 605.

③ Scrutiny of Bills-Senate Standing Committee Reports-1999 Compilation-First to twenty-first reports of 2000, Senate, 1999.

④ National Archives of Australia, Submission No 3598 : Humanitarian Aid for East Timor - Decision, No. 10184, NAA: A12909, 3598, 1979.

府支持国内民众、社会组织对东帝汶的人道主义援助[①]。澳大利亚外交部发言后，在20世纪70年代澳大利亚的民间组织以及普通民众的援助达到顶峰，在20世纪80年代以后的援助力度有所下降[②]。

在三种援助路径中，澳大利亚主要通过与国际组织及非政府组织间的合作，对东帝汶进行人道主义援助，背后有澳大利亚政府对地区局势的考量。同样，在澳大利亚对东帝汶的人道主义援助中，资金援助数量和次数少于物资的援助。澳大利亚政府发起的“家庭重聚项目”则是澳大利亚对东帝汶难民的一种另类援助方式，这一援助方式时间跨度大，从印尼军队进入东帝汶一直持续到东帝汶独立。据数据统计，从1980年到1998年，澳大利亚持续向东帝汶提供近3800万美元的援助[③]。在3800万美元的援助中，人道主义援助始终占据着重要的地位。另外，部分人道主义援助的资源没有被计入数据统计之中。

从1975年开始，澳大利亚政府通过澳大利亚红十字会、国际红十字会以及印度尼西亚红十字会提供援助。1975年9月19日，澳大利亚政府提供了第一批10万美元给国际红十字会，向东帝汶提供人道主义援助[④]。据相关统计数据，自1975年开始，澳大利亚政府通过印度尼西亚红十字会以及国际红十字会提供近191万澳元的直接援助，超国际社会总体援助的三分之一[⑤]。1979年，国际红十字会（ICRC）、美国天主教救济会（CRS）与印度尼西亚红十字会（IRC）发起一项国际人道主义援助项目，澳大利亚议会再次批准了200万美元的特殊援助[⑥]。同时，澳大利亚政府批准澳大利亚红十字会在澳大利亚国内展开持续的捐款行动，通过民间交流对东帝汶民众展开持续的救济行动[⑦]。20世纪70年代末期，澳大利亚共向东帝汶提供了近490万美元的人道主义援助资金[⑧]。

20世纪70年代末澳大利亚对东帝汶的人道主义援助较为频繁，多通过非政府组织

---

① Canberra Times, ‘No approval’ for aid ships unless safety guaranteed, *National Library of Australia*, 1976-5-13(3).

② James Cotton, East Timor and Australia: AHA Contributions to the Policy Debate, *Australian Institute of International Affairs*, 1999, p. 605.

③ James Cotton, East Timor and Australia: AHA Contributions to the Policy Debate, *Australian Institute of International Affairs*, 1999, p. 605.

④ Canberra Times, $100,000 Timor aid, National Library of Australia, 1975-9-19(1).

⑤ National Archives of Australia, Submission No 3598 : Humanitarian Aid for East Timor - Decision, No 10184, NAA: A12909, 3598, 1979.

⑥ National Archives of Australia, Submission No 3998 : Humanitarian aid for East Timor - Related to Decision No 11553, NAA: A12909, 3998, 1980.

⑦ National Archives of Australia, Submission No 3998 : Humanitarian aid for East Timor - Related to Decision No 11553, NAA: A12909, 3998, 1980.

⑧ Canberra Times, $1M for aid for Timor, *National Library of Australia*, 1980-5-24(3).

提供资金进行人道主义援助。20世纪80年代，因多方面因素，澳大利亚对东帝汶的人道主义援助力度有所降低。1980年5月，澳大利亚外交部长皮科克宣布，通过国际红十字会和印尼红十字会向东帝汶提供100万美元的人道主义援助[①]。1982年，澳大利亚政府再次向天主教救济会提供4.5万美元的资金援助[②]。1984年，澳大利亚海外援助委员会向国际红十字会、联合国儿童基金会提供近160万美元的援助，帮助国际组织在东帝汶展开人道主义援助[③]。但1984年澳大利亚提供的人道主义援助，因印尼政府的政策，最终无疾而终。1989年10月，澳大利亚政府直接向东帝汶提供10万澳元的农业发展计划，以应对东帝汶出现的饥荒（因东帝汶出现饥荒，农业发展计划也是缓解饥荒的一部分，因此将其列为人道主义援助）。

在帝力事件爆发后，澳大利亚加大了对东帝汶的人道主义援助，成为东帝汶接收到的外来人道主义援助最重要的来源。1991年12月24日，澳大利亚政府宣布自帝力事件后，澳大利亚提供了30万美元的援助，支持国际红十字会在东帝汶的救助行动[④]。根据澳大利亚政府相关数据显示，自1991年起到1998年，澳大利亚对东帝汶的人道主义援助的金额一直处于增长的状态。1997年至1999年两年间，澳大利亚直接提供的人道主义援助超过200万美元[⑤]。因局势的变化，澳大利亚得以向东帝汶提供直接的援助[⑥]。1991年时，澳大利亚对东帝汶的援助中，人道主义援助占据80%以上。随后的几年中，迫于印尼政府的压力，澳大利亚向东帝汶提供除人道主义援助外的其他援助，但澳大利亚的人道主义援助始终居于重要的位置。

作为最主要的人道主义援助形式，澳大利亚在近三十年的时间里持续向东帝汶提供食品、药品、饮用水等基本人道主义资源。与直接资金援助不同，这一部分的援助是澳大利亚援助机构或部门通过购买食品、药品等必需资源后，通过直接输送或第三方输送到东帝汶。1976年5月19日，澳大利亚维多利亚工会筹集2万美元的食品和医疗用品，在经过澳大利亚政府同意的情况下，向东帝汶进行人道主义援助[⑦]。1979年，澳大利亚政府向东帝汶提供了500吨绿豆以及155吨饼干，成为唯一一个向东帝汶提

---

① Canberra Times, $1M for aid for Timor, *National Library of Australia*, 1980-5-24(3).

② Canberra Times, A time for healing, *National Library of Australia*, 1982-1-12(2).

③ Canberra Times, $1M aid cannot be spent, *National Library of Australia*, 1984-7-6(3).

④ Canberra Times, $300,000 aid to Red Cross in E.Timor, *National Library of Australia*, 1991-12-24(5).

⑤ James Cotton, East Timor and Australia: AHA Contributions to the Policy Debate, *Australian Institute of International Affairs*, 1999, p. 13.

⑥ Canberra Times, Experts head for disputed East Timor, *National Library of Australia*, 1991-6-14(14).

⑦ Tribune, Support Union Timor Ship, *National Library of Australia*, 1976-5-19(1)

供基本食品资源援助的国家[①]。1980年，澳大利亚外交部宣布澳大利亚已经为东帝汶近60000人提供了食品与医疗等方面的人道主义援助[②]。1982年，澳大利亚向东帝汶提供1000吨玉米的援助，同时承担了援助过程中的运输费用，以此应对东帝汶出现的粮食危机[③]。尽管这部分援助没有完全地解决东帝汶存在的人道主义危机，例如食品短缺、不清洁的饮用水以及糟糕的医疗卫生状况，但澳大利亚的人道主义援助是20世纪80年代为数不多的有效援助。1983年10月7日，印尼政府拒绝国际红十字会和澳大利亚红十字会等非政府组织进入东帝汶进行人道主义援助[④]。这成为20世纪80年代对东帝汶人道主义援助的一个分水岭，印尼政府进一步收紧了外来援助的窗口。

这一情况在20世纪90年代后得到改善，因多方面因素，印尼政府逐步放开部分国家和国际组织对东帝汶的访问和援助。20世纪90年代，澳大利亚向东帝汶提供了人道主义援助的新方式。这其中包括自来水、培训医护人员等项目，以应对东帝汶的人道主义危机[⑤]。1991年，在东帝汶领土上，首次出现澳大利亚的专家，这部分澳大利亚专家的主要目的是改善供水、公共卫生状况。澳大利亚将其作为对印尼双边援助的一部分，通过携带相应物资前往东帝汶，这也是澳大利亚对东帝汶人道主义援助的新形式——人力资源援助[⑥]。在1991—1996五年间，澳大利亚把支持东帝汶的农业生产纳入到援助范围内，并提供超300万美元的援助[⑦]。澳大利亚还通过派遣医疗队，在印尼政府同意的情况下，携带医疗卫生资源前往东帝汶，直接救助东帝汶的民众。澳大利亚政府同时向印尼政府建议允许国际红十字会等人道主义援助机构进入东帝汶，为当地的民众提供基本的医疗卫生服务。

20世纪90年代，澳大利亚加大对东帝汶的人道主义援助，无论是在资金或者是在物资上。澳大利亚官方指派的专家首次出现在东帝汶，澳大利亚也提供相应的资金用于关注东帝汶的人权问题。1993年，印尼政府的报告中提到东帝汶约53%的民众可以获得清洁用水，其中澳大利亚的人道主义援助保障近11万东帝汶民众，是对外援助中

① National Archives of Australia, Submission No. 3598 : Humanitarian Aid for East Timor - Decision, No. 10184, NAA: A12909, 3598, 1979.

② Canberra Times, $1M for aid for Timor, *National Library of Australia*, 1980-5-24(3).

③ Canberra Times, Australia boosts food assistance to Timor, *National Library of Australia*, 1982-1-12(1).

④ Canberra Times, Red Cross Forced to Suspend Aid, *National Library of Australia*, 1983-10-7(4).

⑤ Minister for Trade and Overseas Development, *Australia's Overseas Aid Program 1991-92*, Australian Government Publish Service, 1991.

⑥ Canberra Times, Experts head for disputed East Timor, *National Library of Australia*, 1991-6-14(14).

⑦ Department of Foreign Affairs and Trade, Annual Report 1993-94, Australian Government Publishing Service Canberra, 1994.

贡献最大的国家[①]。清洁饮用水的改善，也让东帝汶常见的呼吸道传染病得以改善。资金援助和物资援助，是澳大利亚对东帝汶人道主义援助主要的方式，以“家庭团聚计划”为主的援助，则是澳大利亚对东帝汶难民人道主义援助的主要形式。

在印尼总统苏哈托宣布东帝汶成为印尼领土的一部分后，为了维持印尼在东帝汶的统治，印尼军队在东帝汶进行长期的清剿行动。因此，东帝汶大量反抗力量及普通民众成为难民。部分难民跨过东西帝汶边界，通过各种交通工具逃离东帝汶。大量的东帝汶难民来到澳大利亚，澳大利亚也成为接收东帝汶难民最多的国家。澳大利亚没有对这些难民实施驱逐计划，反而对大部分难民提供人道主义援助，最重要的一项计划就是“东帝汶家庭团聚”计划。之所以界定“家庭团聚计划”为人道主义援助，是因为战争所产生的难民潮，属于人道主义危机，所以澳大利亚所发起的“家庭团聚计划”属于澳大利亚对东帝汶人道主义援助的一部分。

“东帝汶家庭团聚计划”是澳大利亚政府与印尼政府双边谈判的结果，从1978年开始实施，其计划为：针对急需帮助的东帝汶人（不是联合国高级难民署所定义的难民），使用特殊人道主义方案（SHP），澳大利亚政府为其和家庭在澳大利亚生活提供人道主义援助；印尼政府允许符合条件的东帝汶家庭移居澳大利亚[②]。在1978年至1980年间共帮助298人完成了家庭团聚；到1981年，人数已经增加到346人；直到联合国驻东帝汶过渡政府入驻东帝汶前，澳大利亚持续向东帝汶难民提供家庭团聚计划[③]。此外，澳大利亚向东帝汶难民提供人道主义的物资援助，帮助东帝汶的难民在澳大利亚生存下去。1976年6月，澳大利亚向在澳大利亚的东帝汶难民提供35万美元的人道主义援助物资[④]。

表1 部分年份东帝汶家庭团聚计划的人数

时间	人数	时间	人数
1978.12—1980.6	298	1984—1985	779
1980—1981	1192	1985—1986	254
1982—1983	600	1986—1987	98

Source: Dr Barry York, Australia and Refugees, 1901–2002: An Annotated Chronology Based on Official Sources, Department of the Parliamentary Library, 2003.

① James Cotton, East Timor and Australia: AHA Contributions to the Policy Debate, *Australian Institute of International Affairs*, 1999, p. 606.

② Dr Barry York, *Australia and Refugees, 1901–2002: An Annotated Chronology Based on Official Sources*, Department of the Parliamentary Library, 2003, p. 25.

③ Dr Barry York, *Australia and Refugees, 1901–2002: An Annotated Chronology Based on Official Sources*, Department of the Parliamentary Library, 2003, p. 25.

④ Canberra Times, Aid for Timor, *National Library of Australia*, 1976-6-16(2).

在东帝汶被占领的二十多年里，来自东帝汶的难民持续流向澳大利亚。1991年“帝力事件”是印尼占领东帝汶的关键事件之一，澳大利亚更新其援助东帝汶难民的方式，提供发展奖学金和技术职业教育，部分东帝汶民众顺利前往澳大利亚①。20世纪90年代，因为美国、荷兰、葡萄牙等国家加大对东帝汶难民的关注，澳大利亚与世界多国展开东帝汶难民合作，通过东帝汶难民了解东帝汶的情况。同时，在澳大利亚的东帝汶难民时常在澳大利亚发起抗议行动，成为东帝汶革阵对外发声的方式。

通过澳大利亚对东帝汶人道主义援助的梳理，从1975年开始，澳大利亚的援助就跟随东帝汶局势的发展而变化。澳大利亚政府的官方援助、第三方机构合作以及支持民间组织和个人对东帝汶的援助，与资金援助、物资援助及难民的援助相结合，成为澳大利亚人道主义援助的主体框架。澳大利亚是印尼最为重要的援助国，也是东帝汶最大的援助国。因此，在二十多年的援助中，部分澳大利亚的人道主义援助通过澳大利亚与印尼的双边援助对东帝汶进行援助。澳大利亚对东帝汶的人道主义援助史，同时也是澳大利亚—印尼—东帝汶三边关系发展变化的生动体现。

三、人道主义援助与澳印（尼）关系的波动

澳大利亚通过多消息源判定东帝汶存在人道主义危机，但印尼始终否认东帝汶发生了人道主义危机。1979年，针对多方面信息源与澳大利亚政府的人道主义危机判定，印尼驻堪培拉大使馆发布声明，否认东帝汶出现人道主义危机②。1982年，印尼政府再次声明东帝汶不存在饥荒等问题③。印尼否认东帝汶存在人道主义危机，拒绝来自澳大利亚的人道主义援助。印尼政府的态度延续到1999年联合国驻东帝汶临时过渡政府进入东帝汶后。澳大利亚政府的消息源中，认为东帝汶存在人道主义危机。但却遭到印尼政府的直接否认，造成澳大利亚对东帝汶的人道主义援助成为一种非正常的援助行为。

澳大利亚是世界上为数不多公开承认东帝汶是印尼领土的一部分的国家，因此澳大利亚对东帝汶的任何人道主义援助必须经过印尼政府的批准，否则会使澳大利亚陷入干涉印尼内政的罪名。尽管印尼政府无法阻止来自澳大利亚三种途径的人道主义援助，但印尼政府通过直接扣押、转运贪污以及运用行政手段等方法阻碍人道主义援助

① James Cotton, East Timor and Australia: AHA Contributions to the Policy Debate, *Australian Institute of International Affairs*, 1999, p. 606.

② Canberra Times, Indonesia denies starvation exists, *National Library of Australia*, 1979-11-9(3).

③ Canberra Times, Australia boosts food assistance to Timor, *National Library of Australia*, 1982-1-12(1).

的进行，这也是澳大利亚所面临的援助困境。

1979年澳大利亚官员向实施人道主义援助的机构施加压力，要求他们监督相关援助物资和资金的到位，避免被印尼政府贪污[①]。在援助前期，部分援助物资和资金要在雅加达进行周转，但都遭到印尼政府的直接阻拦。1976年澳大利亚的一艘救援船试图前往东帝汶提供人道主义援助，遭到印尼政府的威胁，最终无功而返[②]。1979年，澳大利亚外交部通过多方面渠道得知价值约为20万澳元的粮食援助滞留在印尼雅加达，这批物资是澳大利亚政府通过印尼红十字会对东帝汶展开的人道主义援助，引起澳大利亚政府对印尼红十字会的不满[③]。同年，一份知情人士的报告指出，来自澳大利亚政府以及多个国际组织的人道主义援助被当做商品出售，而不是直接到东帝汶难民的手中[④]。

1979年的一份报道中指出：印尼政府不希望援助机构对东帝汶进行人道主义援助，澳大利亚委托的第三方机构也被印尼政府所阻拦，这其中的原因在于印尼政府不想东帝汶的状况被自身无法控制地报道[⑤]。20世纪80年代，澳大利亚的人道主义援助同样被印尼政府直接阻拦，包括援助机构的人员只能在印尼政府所指定的地方活动。1982年3月，澳大利亚相关机构呼吁印尼放开对东帝汶的考察范围，以制定合适的人道主义援助目标[⑥]。1983年，印尼政府直接暂停国际红十字会在东帝汶的活动[⑦]。1983年澳大利亚外交部警告相关援助机构，要小心人道主义援助会对澳大利亚与印尼双边贸易产生负面影响，尤其是在民航业务上[⑧]。1984年7月，澳大利亚的100万美元援助，因为援助机构被直接禁止进入东帝汶[⑨]。尽管澳大利亚政府与印尼政府就援助机构在东帝汶行动的自由展开谈判，但收效甚微。

国际红十字会是澳大利亚政府提供人道主义援助的重要渠道，印尼政府中止国际红十字会的救济行动，影响澳大利亚政府人道主义援助的效果。类似的案例在东帝汶时期屡见不鲜，通过印尼红十字会渠道的人道主义援助被印尼政府贪污了大部分。印尼政府通过不同的手段，破坏澳大利亚政府的人道主义援助效果。1991年，澳大利亚提供了一笔人道主义援助资金，在印尼政府工作人员的监控下对东帝汶进行人道主义

---

① Canberra Times, Aid body alleges pressur, *National Library of Australia*, 1979-8-3(3).

② Canberra Times, Ship will deny Indo Navy, *National Library of Australia*, 1976-4-28(1).

③ Canberra Times, Timor aid left on wharves for several weeks, *National Library of Australia*, 1979-10-19(12).

④ Canberra Times, Timor Aid 'sold to Traders', *National Library of Australia*, 1979-6-1(3).

⑤ Canberra Times, Indonesia Blamed for E. Timor Deaths, *National Library of Australia*, 1979-10-15(1).

⑥ Canberra Times, Call for entry to East Timor, *National Library of Australia*, 1982-3-5(6).

⑦ Canberra Times, Red Cross forced to suspend aid, *National Library of Australia*, 1983-10-7(3).

⑧ Canberra Times, Australian Policy on East Timor, *National Library of Australia*, 1983-6-1(7).

⑨ Canberra Times, '$lm aid cannot be spent', *National Library of Australia*, 1984-6-4(3).

援助[①]。1991年帝力事件，成为印尼政府放开人道主义援助的转折点。国际社会加强对东帝汶情况的关注，也给予了印尼政府更多的压力。1991年11月，美国、加拿大、荷兰以及丹麦等国暂停对印尼的援助，并将援助与东帝汶的人权进行联系，不过澳大利亚政府拒绝将援助和东帝汶的人权进行联系[②]。1994年，大部分国际援助机构可以自由地在东帝汶进行援助，印尼政府的高层人员也承诺会放开各机构在东帝汶的援助环境[③]。整个20世纪90年代，因印尼遭受到国际压力，东帝汶的援助放开，但印尼政府还是通过一些暗杀、抓捕等行为，影响东帝汶民众对外发声[④]。直到联合国过渡政府进驻东帝汶后，东帝汶的实际情况以及人道主义援助得以顺利进行。

与资金和物资的援助相比，印尼对流向东帝汶的难民进行严格控制。"东帝汶家庭团聚计划"本来是印尼与澳大利亚政府谈判后，为东帝汶难民提供人道主义援助的计划。但在具体实施的过程中，来自东帝汶的难民一直被印尼政府所阻拦。据澳大利亚政府表示，1978年7月澳大利亚与印尼商议625名东帝汶难民可以前往澳大利亚与亲属进行定居，但到1980年只有一半不到的东帝汶难民到达澳大利亚，即前文所提到的298人[⑤]。印尼政府的强硬，让澳大利亚政府也不得不延迟相关难民团聚计划，因为这是"澳大利亚与印尼关系中难堪的一部分"[⑥]。1983年4月，澳大利亚外交部长海登访问印尼后，共有49名东帝汶难民顺利地离开东帝汶[⑦]。印尼与澳大利亚一直围绕着东帝汶的难民问题进行谈判，大量的东帝汶难民不得不借助自身手段，逃离东帝汶。

总体而言，在澳大利亚持续向东帝汶提供人道主义援助的过程中，澳大利亚与印尼的双边关系出现多次波动。印尼通过多种渠道，抵制来自澳大利亚的人道主义援助，甚至胁迫澳大利亚高层放弃对东帝汶的人道主义援助。这背后的原因在于印尼需要维持在东帝汶的统治，所采取的高压手段必然会造成人道主义危机。人道主义危机的传出和人道主义援助的大量涌入，则会直接将东帝汶存在的人道主义危机暴露，影响到印尼统治的合法性。因此，印尼时刻提防东帝汶的人道主义援助。与印尼相比，作为被国内外舆论批评的澳大利亚，时刻保持在东帝汶事务上应有的影响，同时在尽力避

---

① Canberra Times, $300,000 aid to Red Cross in E.Timor, *National Library of Australia*, 1991-12-24(5).

② James Cotton, East Timor and Australia: AHA Contributions to the Policy Debate, *Australian Institute of International Affairs*, 1999, p. 606.

③ Canberra Times, Timor opening, *National Library of Australia*, 1994-2-24(6).

④（美）马克·塞尔登，埃尔文·Y．索：《战争与国家恐怖主义》，北京：社会科学文献出版社，2012年，第203—242页。

⑤ Canberra Times, 'pressure Needed' on Timorese Refugees, *National Library of Australia*, 1980-9-8(3).

⑥ Canberra Times, 'Fear' slows reunions, *National Library of Australia*, 1980-9-29(3).

⑦ Canberra Times, Way out cleared for Timorese Refugees, *National Library of Australia*, 1983-6-4(1).

免破坏澳大利亚与印尼的双边关系，这就是澳大利亚对东帝汶人道主义援助所面临的困境。澳大利亚与印尼的双边关系困境，在这一时期的人道主义援助中体现得淋漓尽致。正如《澳大利亚外交史》一书中所提到："很多人认为，澳印关系是一种不对称的关系，印尼对于澳大利亚远比澳大利亚对于印尼更加重要。"[①]

四、人道主义援助对澳大利亚产生的影响

在印尼统治东帝汶的二十多年里，澳大利亚对东帝汶的人道主义援助，既让澳大利亚与印尼的关系出现较大的波动，同时也对澳大利亚在地区事务和国家形象产生深远的影响。

（一）巩固澳大利亚在地区事务中的影响力

二战结束后，远在欧洲一角的葡萄牙，就已经无力控制在印尼与澳大利亚双重包围下的东帝汶。尽管部分澳大利亚官员提到可以将东帝汶建设成一艘"永不下沉的航母"，但东帝汶落后的经济建设让澳大利亚外交部放弃这一想法[②]。尽管放弃这一想法，但澳大利亚政府没有放弃对东帝汶事务的关注，对东帝汶的人道主义援助就是依靠着澳大利亚国内成熟的人道主义援助体系为基础，介入东帝汶事务的最好体现。

澳大利亚对外援助起步较早，在国内形成完整的人道主义援助体系。正如1985年的一份议会文件中提到，澳大利亚对外援助主要目的是确保澳大利亚与周边国家以和谐互惠的方式发展国际关系[③]。因东帝汶人道主义危机产生的援助交换行为，澳大利亚在援助的过程中也带有这种目的。澳大利亚在东帝汶危机中，无视"五名澳大利亚记者"的离奇死亡和印尼的军事行动，让澳大利亚政府饱受舆论压力。摇摆不定的澳大利亚，同时影响到澳大利亚与印尼的关系。尽管如此，澳大利亚仍寻求以一种更为稳妥的方式参与东帝汶事务。1980年的一份澳大利亚议会文件中提到尽管澳大利亚与印尼的关系受到影响，但澳大利亚不会放弃对东帝汶局势的回应[④]。整个20世纪80年代，澳大利亚一方面尽力与印尼交好，另一方面没有放弃通过人道主义援助保持对东帝汶局势的关注。印尼政府虽然尽力阻止澳大利亚的人道主义援助，但无法阻止澳大利亚

① 汪诗明:《20世纪澳大利亚外交史》，北京：北京大学出版社，2003年，第259—260页。

② Documents On Australian Foreign Policy, *Australia and the Indonesian Incorporation of Portuguese Timor, 1974-1976*: Introduction, Department of Foreign Affairs and Trade, 2000.

③ Mr Hayden's statement, The Parliament of the Commonwealth of Australia, 1985-11-28.

④ The Parliament of the Commonwealth of Australia, *Response to Efficiency Audit-Administration of Bilateral Overseas Aid Report*, Australian Government Publish Service, 1987.

通过人道主义援助保持在东帝汶局势的主动地位。这在1991年的帝力事件后体现得更为明显，预期内的回报更加明显，尽管这不是印尼政府所希望的回报。1990年开始，澳大利亚的人道主义援助金额更大，遍布东帝汶的各个领域，让印尼政府遭受到更多的国际舆论压力。这一时期，澳大利亚的人道主义援助得到预期内的回报，即澳大利亚紧密地将东帝汶事务与澳大利亚联系在一起，让印尼面对东帝汶时常爆发的分离运动还要面对来自澳大利亚的国际压力。

苏哈托的下台，让印尼走上艰难的民主化改革道路。东帝汶的独立运动，也因此迈向印尼政府无法控制的地步。澳大利亚持续对东帝汶提供大规模的人道主义援助，符合预期外回报的两个先决条件。即预期外的回报满足人道主义援助期间以及突发事件。在东帝汶独立运动走向失控的情况下，澳大利亚不但承担着国际维和部队的领头羊，更是延续二十多年的人道主义援助政策。在1998—1999年间，澳大利亚不仅直接提供了700万美元，其中人道主义援助占据较大的比重，并发起了一项2000万美元针对东帝汶独立运动的援助项目①。1999年澳大利亚的声明中表示，澳大利亚会帮助东帝汶走向独立，并在东帝汶独立后提供人道主义援助外的发展援助②。

总而言之，因为澳大利亚持续提供的人道主义援助，让澳大利亚掌握更多关于东帝汶的情报，在正确的时机对印尼政府给予国际舆论压力。1997年的金融危机对印尼政经局面带来的直接影响，让澳大利亚成为东帝汶独立的主导势力。尽管在二十多年的统治中，印尼阻止大量人道主义援助的国际机构和民间组织进入东帝汶，但愿意同澳大利亚间展开相关谈判，以缓解印尼所面临的舆论压力。在1975年对印尼军队保持沉默的澳大利亚政府，同样通过人道主义援助介入东帝汶事务，并保持在东帝汶事务的中心位置。因此，澳大利亚的人道主义援助在1975—1999年是介入东帝汶事务的象征，也让其在1999年后顺理成章地扶持东帝汶走向独立。

（二）负面舆论与澳大利亚国家形象的塑造

20世纪70年代的东帝汶危机中，澳大利亚面临着诸多的负面舆论危机，特别是在印尼军队占领东帝汶的过程中。这些负面舆论来自于两方面：国内舆论来自于新闻媒体、社会团体等，他们指责澳大利亚在东帝汶危机中无视东帝汶民众遭受到的人道主义危机，国外舆论则是指责澳大利亚政府没有阻止印尼军队的侵略行为。总而言之，

① Department of Foreign Affair, *Australia's Overseas Aid Program 1999-2000*, Australian Government Publish Service, 1999.

② James Cotton, *East Timor and Australia: AHA Contributions to the Policy Debate*, Australian Institute of International Affairs, 1999.

因东帝汶危机及印尼军队的行动，澳大利亚面临着严重的舆论危机，影响到澳大利亚整体的国家形象。

面对这一危机，人道主义援助成为澳大利亚政府缓解舆论危机，塑造正面国家形象的重要路径。这一路径的具体做法就是：通过模糊化印尼军队在东帝汶的军事行动，通过人道主义援助这一非政治手段，来展示出澳大利亚对东帝汶利益的维护，从而使得澳大利亚默认东帝汶问题是合理的①。简而言之，澳大利亚政府转移舆论压力，将东帝汶的人道主义危机推到东帝汶问题的前沿，而非澳大利亚漠视、并无力阻止印尼在东帝汶行动的问题。

但从实际效果看，澳大利亚政府没有实现其预定目标。澳大利亚对东帝汶的人道主义援助，尽管都是在高调宣传中进行，但收效甚微。最明显的例子在于，澳大利亚政府一方面高调向东帝汶提供援助，一方面也高调地向印尼提供大量的双边援助。在印尼军队进入东帝汶后，澳大利亚政府就宣布在局势缓和后，向东帝汶提供援助，直到1979年共提供了200万美元的援助。但同时期，在与印尼政府口蹄疫防治的合作中，澳大利亚就提供了800万美元的援助②。澳大利亚政府的高调宣传，与其实际行动形成鲜明的对比，使得澳大利亚的行动无法达到缓解负面舆论，塑造国家形象的目标。

此外，澳大利亚对东帝汶的人道主义援助，因不平等的双边关系，时常陷入困境。澳大利亚希望印尼政府允许东帝汶人民自由地离开东帝汶，但印尼政府在大多数时候均置之不理，使得澳大利亚的倡议看起来更像是“虔诚的期望”③。

纵观印尼占领东帝汶的几十年间，澳大利亚所面临的负面舆论压力，直到东帝汶独立前夕才得以缓解，得以缓解的原因并非是人道主义援助，而是澳大利亚强势介入到东帝汶独立运动的进程中。如前文所述，澳大利亚的人道主义援助，使得澳大利亚始终处于东帝汶事务的核心位置。但从缓解负面舆论和塑造积极正面的国家形象上看，收效甚微。逃离出东帝汶的东帝汶人一直呼吁援助，但澳大利亚始终在澳印（尼）双边关系既定的框架中对东帝汶进行援助，澳大利亚政府要求澳大利亚人相信经济与国家利益优先于东帝汶的命运④。

---

① James Cotton, *East Timor and Australia: AHA Contributions to the Policy Debate*, Australian Institute of International Affairs, 1999.

② James Cotton, *East Timor and Australia: AHA Contributions to the Policy Debate*, Australian Institute of International Affairs, 1999.

③ *Senate Standing Committee on Foreign Affairs and Defence: the Human Rights and Conditions of the People of East Timor*, The Paarliament of the Commonwealth of Australia, Parliamentary Paper No.108/1983.

④ James Cotton, *East Timor and Australia: AHA Contributions to the Policy Debate*, Australian Institute of International Affairs, 1999.

结语

回顾印尼在东帝汶二十多年的统治，留给东帝汶的只有一穷二白。国际社会对印尼的统治基本上持负面评价，负面评价大部分来源于国际援助机构在东帝汶展开的人道主义援助。这些援助机构将东帝汶的情况通过报道，呈现给国际社会。在东帝汶的人道主义援助机构，大部分资金则是由澳大利亚政府直接提供。澳大利亚通过人道主义援助，不仅积极地介入东帝汶，也减轻澳大利亚所遭受到的国际舆论压力。但对东帝汶人民来说，在印尼政府的压力下，澳大利亚的人道主义援助无法让其摆脱人道主义危机。

2002年，东帝汶在联合国以及多个国家的监督下，走向独立。作为东帝汶独立最大的推手，澳大利亚与印尼的关系也因此恶化，直到2004年印度洋大海啸后才逐渐恢复。独立后的东帝汶，经济发展迟缓，仍需依靠大量的外来援助。澳大利亚是东帝汶最大的援助国，也将地区影响力渗透到东帝汶的国家建设中。作为东帝汶最大的邻国之一，澳大利亚自二战后始终介入东帝汶事务，对东帝汶的知根知底，也让澳大利亚在东帝汶独立后顺理成章地成为东帝汶必须依靠的大国。

学术评论

审视现代中国的视角

王锐

史学往往与世变相伴而行。如果我们承认今日之种种是由历史演变而形成的话，那么随着时代语境的不断变化，人们时常会从新的角度出发去审视历史上的一些关键问题。历史学的“实证研究”固然有其不容置疑的意义，但并不是说在某种语境之下仅仅凭借尽可能地网罗材料，就可以对影响历史发展的关键时刻与人物活动得出一锤定音的结论。因为对于具体的历史细节确实可以进行实证研究式的考订，但要涉及将历史片段整合成广阔的历史图景，就离不开运用相应的理论以为佐助，更与研究者自身对历史与现实的认识和思考息息相关。进一步而言，哪些历史细节会引起人们运用实证研究的方法展开考订，往往也由人们对于整体历史的感知而决定。比如在19世纪末至20世纪上半叶现代民族国家于全球范围内兴起的背景下，研究“邻猫生子”会被视为不识治学之大体，但到了20世纪60年代文化左派盛行的时期，受到身份政治与认同政治的影响，过去被视为“邻猫生子”式的问题就一跃成为史学研究的热门。又比如晚近兴起的对于中国历史上类似于“中间团体”的研究，尽管在个案考订层面极尽搜罗史料之能事，但恐怕无人否认，这一议题之所以会引起人们的重视，离不开冷战后期兴起的“国家——社会”视角的政治学解释在此间的流行，而这样的解释之所以蔚然成风，又与世局的巨变关系紧密。在这个意义上，人们常说的“理论自觉”，背后其实是一种对于人类未来发展道路进行深入思考的“政治自觉”。

在长时段的历史叙事里，这样的特征体现得更为明显。因为这固然需要研究者熟悉具体的史事，并掌握尽可能多的个案，但在长时段的叙事里，关键之处往往在于如何将那些可以形成历史解释的不同史事建立起逻辑关联。而在叙述重点方面固然可以根据新的研究氛围加入新的内容，但那些长期被人们关注，并且事实上也影响着历史进程的要素，却是无论如何不能忽视的，要么是延续过去的一些解释，要么是基于新的历史视野与政治判断而进行新的解释。就此而言，写通史最能考验研究者的“史识”。而一种长时段的历史叙事是否能成功，一方面涉及研究者在将不同史事进行勾连与叙述的过程中能否做到自洽而完备，另一方面涉及这样的叙述是否可以引起人们的共鸣，是否可以为人们在新的语境下思考历史与现实问题提供长时段的视角。当然，正是在这个意义上，人们对于关键历史问题也极易产生持续不休的论争。

如果理解了这些因缘，或许就能意识到《现代中国的形成》这本书在当下文化语境里的重要性。正如作者所强调的，进入21世纪之后，对于中国的质疑“更多的是受到文明冲突论的驱使”，将焦点放在“国家本身的历史正当性、统治能力及其生命力”之上。这背后的逻辑就是相信只有欧美国家所经历的历史进程才是唯一正确的路径，中国怎么看都和这样的路径不一样，因此就不能被视为“现代国家”。当前一些海外中国研究的问题意识导向，很大程度上受这样的政治判断影响。[①]而从中国内部来看，伴随综合国力的提升，越来越多的人开始意识到需要检讨近代以来因国势衰微而出现的对中国历史传统持全盘否定态度的观点，并试图梳理出传统中国与现代中国之间的连续性，思考这样的连续性如何塑造了现代中国的基本面貌，这样的基本面貌为什么不能简单用西方历史发展经验来衡量或解释。由此引申出的就是从历史的角度分析相比于西方历史的进程，中国自身的特点在什么地方、“中国”有着哪些丰富内涵。或者说，如果撇开以西方历史发展为尺度的视角，中国的历史发展与文明形态是否具有某种普遍性特征。

本书就试图从中国自身的历史演进脉络出发，思考现代中国是如何一步一步走到今天的。作者从清代以来中国所面临的地缘政治环境、儒家学说长期熏染而形成的强烈的文化认同与文明意识、中国古代郡县制国家背景下的财政体制与税收能力三个角度入手，叙述从清初到中华人民共和国成立这段时间的历史，主要聚焦于那些影响着形成现代中国基本特征的内部与外部因素。在叙述这段历史时，本书吸收了大量晚近40余年的史学研究成果，并时常用中国的历史经验审视主要基于西方历史经验而形成的现代西方社会科学理论，由此彰显中国历史自身的特色。其中关于晚清财政状况的分析与民初“集中化地方主义”的讨论，让人颇有拍案叫绝之感。而如果从史学内部学科视角来看，本书虽然以政治史为主干，但却能将经济史研究当中的核心议题纳入对政治问题的思考之中，并且兼顾思想文化或意识形态因素对历史发展的影响，使整个历史叙事呈现立体而丰满的效果。

在中国近现代史的长时段叙事里，以哪个时期作为叙述的起始至为重要，因为这体现研究者对于历史进程的基本理解。长期以来，无论是蒋廷黻——陈恭禄式的近代史叙事，还是范文澜——胡绳式的中国马克思主义近代史叙事，都将第一次鸦片战争视为中国近代史的起点。这背后的核心关切就是强调近代西方资本主义对中国的冲击是造成近代以来一系列危机的根本原因。在这样的叙事之下，中国传统很大程度上表现着落后与封闭，而对于秉持传统政治理念治国的清王朝，这样的叙事也着重突出其

① 李怀印：《现代中国的形成：1600—1949》，桂林：广西师范大学出版社，2022年，第375页。

衰朽的一面。当然，在20世纪救亡运动风起云涌的背景下，这样的叙事并非只凸显中国的所谓“落后性”与近代西方资本主义的“先进性”，而是通过揭示近代中国面临的危局，唤起人们救亡图存的意识，培养现代爱国主义情感，并借由历史叙事来寻找改变危局的政治力量。

与之相应的，就是一些近代史叙事将起点放在明清之际（郭廷以的《近代中国史纲》即其典型），虽然与前面的叙事有所差别，但核心意涵却并无二致，即都将西方文明对中国的冲击，以及中国如何“错过”各种历史机遇回应其冲击作为叙述历史的重点。只是在近代中国起点是明清之际的叙事里，象征着西方文明的，从英吉利的坚船利炮变成了利玛窦等人的天文地理知识。

这样的以外部冲击作为核心关切的叙事方式，固然可以促进人们“开眼看世界”，将近代中国的变局置于广袤的世界视野之中来审视，但或多或少的都将中国内部“刻板印象化”或“本质主义化”，即只能作为一个停滞的、落后的、需要进行大刀阔斧改造的对象而存在。本书并不回避将中国的历史进程置于近代以来的世界史进程之中来分析，但其视野则从盯紧欧美日转移至与近代中国命运相似的奥斯曼帝国等旧式王朝国家。通过比较这些“前现代”政权因应变局之时的不同表现与不同结果来揭示中国历史进程的独特性。而这一处理方式对人们认识历史最大的帮助，或许就是可以更为全面地思考清王朝的统治模式及其历史遗产。

在作者看来，要想理解现代中国的形成过程，必须重视清王朝的基本性格。首先，面对边疆地区错综复杂的地缘政治环境，清王朝对西藏、新疆、蒙古地区采取了不同的治理模式，一方面可以最大程度地团结当地精英阶层，另一方面可以保证中央政府对这些地区的有效管理。这些与内地郡县制不同的治理模式，不但共同奠定了清代以来中国版图的基本范围，而且丰富了“中国”的内涵，使作为政治与文化共同体的中国不再局限于汉人生活区域。更为重要的是，清王朝对于边疆地区的治理，与西方古代帝国或奥斯曼帝国极为不同的一点在于前者并不以不断扩张为职志，也不把边疆地区作为最大程度汲取经济资源的区域，而是希望通过稳固边疆来保证内地核心区域的安定。在这个意义上，清王朝固然不是现代民族国家，但也不是西方或中东意义上的“帝国”。也正是这种不能用域外经验简单归纳的要素，构成了现代中国的核心特征。

与之相应的，就是作者对于清代财政体制与政治文化的分析。作者认为，清王朝在收取赋税方面高度依赖通过科举制选拔而来的官僚，这与18世纪的法国依靠代理人来收税形成鲜明对比。在古代的社会条件下，这保证了朝廷基本的财政汲取能力，在“低成本治理”的环境下能够维持开支。这也是清代中期得以进行几次大规模战争的重要原因。此外，也正是由于科举制与郡县制，让饱读儒家经典的士人有机会进入统治集团之中，成为各级官员。这就使满汉精英阶层对儒家文化有极强的认同度。晚清以降中国几近面临分裂之局，但终究得以维系统一，这一稳定而强烈的文化认同起到了关键作用。总之，在古代的社会条件下，清王朝有一套行之有效的统治架构，在经济上也大体上实现了财政收支平衡，加上一个具有共同政治与文化认同的精英集团，此乃现代中国的“历史基体”。

这样的“历史基体”，在面对伴随坚船利炮而来的近代西方资本主义国家之时，固然显得左支右绌，危机重重，不过作者提醒人们注意，虽然晚清中国跌入了历史谷底，但依然保证了国家的统一，并进行了引人注目的现代化建设。这很大程度上与当时地位越发重要的地方督抚的作为大有关系。日本学者升味准之辅在比较明治维新与洋务运动时认为，相比于明治维新实现了中央集权，“洋务运动在权力分散化之中进行，又促进了权力分散化”。[①]长期以来，不少中国近代史研究也强调通过镇压太平天国运动而崛起的军功集团加剧了晚清的地方割据进程，是民初军阀混战的远因。但本书作者则认为，虽然从表面上看，晚清督抚力量的壮大体现了清王朝中央集权的失效，但各省督抚在本省内部却采取“地方集权主义”，让他们有政治与经济条件进行工业现代化建设。而相比于奥斯曼帝国，正是由于地方督抚与中央政权一样，都深受儒家大一统思想的影响，因此，他们在财权与用人权方面是在和中央叫板，但他们绝对没有将分裂状态永久化的念头。相似的，民国初年虽然军阀割据，但大多数军事集团仍以统一作为政治目标。在彼此开战之前进行的你来我往的“电报战”中，他们时常运用儒家传统政治观念来指责对方意图割据自雄，并强调自己有统一中国、造福苍生的愿望。在这个意义上，儒家政治传统对中国政治与军事精英潜移默化的制约不容忽视（虽然这种制约是有限度的，不能被放大）。从历史的后见之明来看，这既是新式知识分子不断向域外寻求救亡图存之道的基本精神动力，也是约束着政治军事精英不敢将暂时的地方割据状态永久化、固定化的重要因素。也正因为这样，在今天如何更为全面而细化地审视晚清以降的批判传统论述，以及如何从不同方面分析中国传统在近代的作用，值得人们进一步去思考。

当然，清末民初的局面毕竟只是一种“集中化地方主义”，并不能实现完全的整治整合。这个历史任务，就留给了后来登场的政治力量。在作者看来，南京国民政府早在北伐之初，就已经在广东进行过增加税收能力与整合能力的实践。在这之后，国民党政权尝试结束民初以来的割据状态，实现财权、军权与政权的统一。不可否认，其收到了一定的成效，但实际结果却并不理想，除了能够控制长江中下游省份，西北、西南、北方依然被当地军事强人所控制。由于缺乏对基础社会的改造，国民党政权很

① （日）升味准之辅著，董果良译：《日本政治史》第2册，北京：商务印书馆，1997年，第290页。

难深入农村进行现代化治理。更为重要的是，国民党强调意识形态建设，但其三民主义却不能实现逻辑自洽，让人颇有“大杂烩”之感。而国民党所不能完成的事情，正是中国共产党所致力于进行的。至此，作者笔下的现代中国形成过程终于到达了终点。作者指出，现代中国的形成，实为党治国家、主权国家、统一的多民族国家、绵延不断的中华文明四种历史遗产叠加的结果。

总体来说，本书视野宏阔、叙事流畅，有一以贯之的理论基础，在碎片化研究日趋泛滥的今日堪称一股清流，将那些实实在在影响历史进程的历史事件与历史人物重新置于台前，引起人们注意。不过，要想更好地探讨这些问题，在笔者看来，有两个方面或许应做更为全面而细致的分析。

首先，正如中国近代史学科早期的代表人物陈恭禄指出的：“外来之影响，乃为造成中国现状基本势力之一”。[①]离开了对于近代中国所面临的外部形势的深入考察，离开了对于19世纪资本主义全球扩张史的整体把握，近代中国的大多数历史现象将难以得到完整而自洽的解释，思考近代中国所面临的地缘政治环境更是如此。本书着重分析了明治维新之后的日本对中国的冲击，这固然非常必要，但中国所处的地缘政治环境之险恶，却绝非仅由日本造成。比如19世纪英国与俄国在中亚地区进行的争夺战，让中国西北边疆警报频发，左宗棠与李鸿章之间的“海防”和“塞防”也与此息息相关。按照今天的研究，李鸿章等人之所以强调“海防”重要性，主要的信息来源是《申报》上的评论文章，而这些评论文章则多由英国外交部门操控，它们虽然普及了国人对于世界大势的认识，具有一定的启蒙意义，但其另一个不容忽视的目的就是，让中国减少对西北的重视，方便英国在该地扩张力量，对抗俄国。甲午战争之后，英国与俄国又琢磨在中国寻找新的合作者，李鸿章转而亲俄，初登政治舞台的维新派则多主张联英，而英国人赫德长期控制总税务司，以此来影响清廷的内外决策，许多英美籍的来华传教士也纷纷在报刊上撰文，有意美化英国的对华政策，这背后凸显出晚清中国外交的基本特征与内在困境，即晚清洋务的参与者们很难从中国的国家利益出发，全面认识周遭地缘政治的态势与列强对华政策的本质特征，尤其是英俄之间的地缘政治博弈对中国有何影响。这一点不是能用是否遵循外交礼节、是否和和气气地对待洋人、是否承认近代西方国家有可取之处这样的表面文章来掩盖的。能否摆脱这样的困境，实为现代中国形成过程中必须直面的课题。

相似的，自从19世纪末殖民菲律宾以来，美国开始在东亚扩张自己的力量，因此就与日本发生了利益冲突。辛亥革命之后，美国的对华政策，颇为深刻地影响着中国国内的政局，特别是南京国民政府的财政政策。20世纪30年代，美国大量收购白银导

① 陈恭禄：《中国近代史》上册，上海：上海古籍出版社，2017年版，自序第1页。

致中国出现白银危机，经济因之动荡。随后国民政府决定发行法币，并通过向美国出售白银来换取美元作为法币的外汇储备金，使中国的经济建设更为依赖美国，或者说更加方便了美国对中国现代化建设施加影响。如此这般局面，对中国究竟有何影响，长期以来颇有争论，但不容忽视的事实是，二战结束之后一段时间里，大量美国商品倾销至中国，国民政府与美国签订了一系列条约，让中国对美国门户大开。如果说利用关税保护本国产业，使后者在弱小阶段能够免于外部的冲击，此乃近代以来各国经济发展史的常态的话，那么战后中美之间的经济关系，恐怕很难有助于一个名副其实的主权国家之成长。历史固然不能假设，但根据二战后国民党政权与美国之间的关系来推断，如果这样的关系延续下去的话，中国很有可能变成吴廷琰统治下的南越，或者拉美地区的各种军事独裁政权。这一外部因素或许应当纳入思考近代中国地缘政治环境的整体视野之中。

其次，从思考路径来看，本书意在凸显从清初至新中国成立这一长时段里中国历史演进的连续性，以及这样的连续性如何塑造了难以用西方社会科学里“从帝国到民族国家”范式来解释的历史特征。不过，在彰显历史连续性的同时，似乎不应忽视历史的断裂性。如果说现代中国形成的最终一步是中国共产党领导的革命运动的话，那么从中国传统的角度来看，这场革命的参与者身上更能体现儒学传统当中以天下为己任、为苍生谋福利的道德境界，其政治经济举措也更接近于“天下为公”的政治理想。但是，恰恰是这场革命改变了清代以来中国的社会经济结构，推翻了长期作为政治、经济与文化主导者（同时也是特权者）的士绅阶层，同时通过人民战争与根据地建设塑造了新的政治主体。这样的历史进程，或许不能简单地用“国家建造的全面集中主义”来解释。毕竟，国民党政权与中国共产党领导的根据地，无论是在时人眼中（包括国民党方面的政要），还是在20世纪80年代之前的绝大多数历史社会学的研究中，其本质差别是很明显的，这种本质差别或许才是中国共产党具有极强组织与动员能力的根本原因。就此而言，也正是由于在这些内容上有这样的历史断裂性，那些更为重要的历史遗产才可能得以延续与升华。因此，“连续性”与“断裂性”的辩证关系是理解现代中国的重要维度。

李怀印：《现代中国的形成：1600—1949》，广西师范大学出版社2022年版。

评井上徹《華と夷の間＝明代儒教化と宗族》*

梁敏玲

关于明清时期华南地区宗族的发展，海内外学界成果丰硕。其中，历史人类学视角下的研究结合赋役户籍制度、礼仪改革、地域开发等要素，阐释宗族发展过程中国家的政治文化、制度变迁与地方社会的能动实践相互缠绕的复杂过程，相关成果已广为学界所知。相比之下，同样关注这一论题的日本学者的研究尚未得到充分引介。井上徹师承日本明清史著名学者森正夫，先后任教于弘前大学、大阪市立大学，深耕宗族研究领域数十载。他的新作《華と夷の間＝明代儒教化と宗族》①考察了作为明朝边境的珠江三角洲社会如何在明中后期的商业化、都市化浪潮中，在多民族、多宗教并存的状态下，经历儒家化的洗礼，最终发展出高普及度与组织性的宗族组织的过程。该书是他近二十年的集大成之作，考证细密，视野开阔，颇具启发性。

早在博士论文阶段，井上就从宗法主义的角度，探讨了由宋至清的国家礼制演变以及士大夫的宗族阐释和实践，强调了科举官僚制下宗族对士大夫维持名门家系的重要作用。②在彼时的研究中，他已关注到宗族形成过程中的地域差别问题，并在“珠江三角洲宗族的普及”一章的结语中指出，徽州、江西与四川的山区、闽粤地区以及少数民族居住的地区（广西）均有着比苏州等经济、文化中心区域更高规模与密度的宗族形态。针对这一现象的成因，他虽然借助人类学等成果提出了宗族在资源匮乏、治安恶劣的边境性环境中更被需要的假说，但“仍无法得出满意的回答”。③在博士论文之后，他继续以明代珠江三角洲地区作为具体研究对象，对尚未完全解决的这一问题进行了全方位的探索，本书可以说是这一探索的结晶。

---

* 本文是广州市哲学社会科学发展“十四五”规划2021年度羊城青年学人课题“岭南文化的海外发展及影响力研究：以日本学者对岭南宗族文化的调研状况为中心”（批准号：2021GZQN17）的阶段性成果。

① 东京：研文出版，2019年。

② （日）井上徹：《中国の宗族と国家の礼制—宗法主義の視点からの分析》，东京：研文出版，2000年；中文版《中国的宗族与国家礼制：从宗法主义的角度所作的分析》，钱杭译、钱圣音校，上海：上海书店出版社，2008年。

③ （日）井上徹：《中国的宗族与国家礼制：从宗法主义的角度所作的分析》，钱杭译、钱圣音校，上海：上海书店出版社，2008年，第316—317页。

本书的序章部分主要介绍论题的缘起与研究的开展过程。根据序章，井上的宗族研究本就始于对广东的考察。二十世纪八十年代，他分析了明代珠江三角洲士大夫黄佐所撰之《泰泉乡礼》，并在“修身、齐家、治国、平天下”这一宋代以降士大夫的政治理念之中定位黄佐的“化乡”理念，指出黄佐的乡礼是希望依托宗族体制的构建来实现“齐家”的目的。井上认为，此处体现的宗法主义可谓传统社会中唯一的宗族理论，故而有必要探寻其形成原因与过程。[①]在制度与理念层面上完成对宗法主义的考察后，他就在本书回到黄佐所在之“乡”，依托珠江三角洲这一地域，进一步深化、完善了自身的思考。

本书的主体分为三部，合共十三章。第一部题为“‘华’与‘夷’之间”，这一部分用四章的篇幅，重点描述了作为边境地区的珠江三角洲在商业化、都市化的浪潮中被统合进汉族的“一元式”儒家文化的过程。第一章梳理了明朝的对外政策及其时空环境。正德三年（1508），明朝接受两广总督陈金的上奏，对朝贡船只搭载货物抽分十分之三，这一比率在正德十二年（1517）改为十分之二并延续了下来。井上指出，陈金向中央政府请求实行抽分制，为的是将抽分所得利益用作平定两广，尤其是广西地区民族起义的军费。葡萄牙挑衅事件后林富申请重开贸易的上奏文书也显示了这一点。井上进一步提示，此时在广州城内活动并且对两广事务有所影响的士大夫们也支持重开贸易，他们的利益与商业的发展有所关联。与第一章提到的军费相关，第二章考察了这一时期在珠江三角洲外围频发的少数民族起义，并把笔墨重点放在西部山区的罗旁战事。井上指出，在长期的战事中，德庆州南部地区基本成为瑶族的领地，明朝最终在万历四年（1576）才平定成功。此外，瑶族在广州北部的起义影响及至南海、番禺两县，山区少数民族的起义也持续发生，但在较早阶段被平定。

第三章探讨了平定少数民族起义过程中推进的“儒教化”。井上定义的“儒教化”等同于“汉化”，指的是十六世纪以降被以科举官僚制为轴的汉族儒家文化所包摄的一系列过程。根据井上的考察，在镇压瑶族等民族后，明朝派军队、移民和流民在这些民族的居所开发土地与防卫地方。该地区的居民最终成为了王朝户籍登记中的民户，土地也成为了民田。在留下来的瑶族中，出现了通过科举实现社会流动的家族。井上在分析了上川岛甘氏在各类文献中汉、瑶难定而在族谱中则刻意否定瑶族出身的状况后指出，在“儒教文化一元化”的进程中，瑶族的出身只有负面价值。第四章探讨了明朝在镇压罗旁之乱后，新设的罗定直隶州如何在其区划内实现治理。井上指出，罗定直隶州辖区内包括州直辖地与东安、西宁两县，明朝政府在这些地方推行了都图制。在军事方面，也通过新设千户所、东山参将、西山参将和中路守备等方式加强控制，

① （日）井上徹:《華と夷の間＝明代儒教化と宗族》，东京：研文出版，2019年，第3页。

并让卫所屯田与州县辖地犬牙交错。在这样的区域内，专管一州两县、千户所的罗定兵备道从属于两广总督的指挥系统，握有行政、军事的监察和指挥权。

第二部题为“儒教化的动向”，用五章的篇幅讨论了明朝政府和广东的乡绅如何推动儒教文化的普及。第五章将魏校推行的捣毁淫祠政策放在将少数民族纳入儒教文化以实现教化的脉络中进行讨论。井上指出，魏校认为广东是汉族与少数民族混居、“淫邪”之物大量存在的边境。魏校因此以广州城为中心，捣毁不载于祀典的佛道寺观，建设社学和书院，并试图将此政策推广至广州城周边的乡村以及广东西部、北部各府。他又以祖先祭祀及里社之神来对抗淫祠信仰，通过乡约、社学来培育儒教式的人格。但魏校离任后，能够教化更多人的社学因学地为乡绅侵夺而走向废止，延续下来的祖先祭祀又只局限在乡绅阶层。第六章考察了黄佐的乡礼。黄佐的乡礼是井上开启宗族研究的起点，此处相比前作更加结合了地域社会的状况。井上指出，黄佐以“城”为中心，通过儒家规范（礼）调整个人和家（以及所在的宗族集团）的秩序，再将家纳入乡约保甲组织（乡约、乡校、社仓、乡社、保甲）之中，进而将魏校希望教化庶民的构想也包含其中。井上认为，虽然无法确定黄佐的计划是否落实，但城市中的书院、社学确实成为了士大夫教育的据点。

第七章分析了广州府南海县深村堡霍氏（石头霍氏）的经济活动，以此考察在珠江三角洲得势兴起的乡绅的状况。井上指出，在霍韬进入官场之后，霍韬的兄弟成为家族中心，他们拥有诸多产业，并把触角延伸到沙田争夺、市场经营、矿山开发、私盐贩卖等领域。霍韬反复劝谕，并试图通过书院与社学、宗祠、合爨等方式在家族与亲族中推行儒家教育。井上认为，通过儒教来规范家族并将此推广至乡里的路径，与黄佐的乡礼构想有共通之处。第八章考察了流传在霍氏之中的珠玑巷传说。霍韬在族谱中记录秦代移民说以及珠玑巷传说，主张霍氏乃北方移民。在该时的珠江三角洲，汉族与非汉族群对立加剧，霍韬通过记录这两则传说以尽可能避免被认为出身“蛮夷”。最终，完全避免“蛮夷”出身风险的珠玑巷传说成为跻身广州名门大族的条件而被广泛采纳。井上指出，这种对中原出身的强烈愿望体现出该地区正逐步被卷入以科举官僚制为轴的儒教文化潮流之中。第九章讨论了霍氏对宗法的引入。根据井上，霍韬建立大宗祠，不仅始祖，高、曾、祖、祢四代祖先也附祀其中，各房的子孙也可祭祀本房的祖先，在以他的祖父为共同祖先的小宗（三房）中，实行了同居共财的生活。通过这样的宗法建设，霍韬希望树立名门家系，以科举为媒介，保持与国家的合作。

第三部题为“乡绅与宗族”，尝试讨论第一、二部提到的儒教化进程的最终走向，共包含四章的内容。第十章探讨晚明的宦官榷税（商税）与两广的军事形势、商业活动之间的关系。井上指出，由于榷税的推行，军队的税源被剥夺，州县开征各种税收。

在佛山和广州等大都市、抽分厂中，税监的榷税被视作牟利机会，“牙人、牙行、棍徒、豪右、权豪、胥吏”等暗中活动，承包税饷征收并获得中间差额。其中，所谓的“豪右、权豪”就是晚明在广东兴起的乡绅。而外省承饷者中较为显著的是福建商人，他们与广东人之间多有争执。第十一章基于黎遂球这一在省城活动的乡绅的献策，考察明末的抢米暴动。井上发现，自从民间贸易得到承认，广州的贸易大为发展，国内外商人特别是客纲、客纪获得极大利益。而在国家、乡绅、地方官府的盘剥下，都市居民的生活状况每况愈下，在万历二十一年（1593）与天启四年（1624）发生了两起抢米暴动。在天启年间的献策中，黎遂球提出与保、约合作，通过登记下层居民的户籍来平粜，但下层居民其实是被排除在保、约之外的。在崇祯年间的献策中，黎以自身的平粜为例，更期待乡绅的作用。井上认为，当时多数乡绅忙于利权争夺，黎的建议不太现实。

第十二章以广州府推官颜俊彦的《盟水斋存牍》为主要史料，考察明末珠江三角洲宗族的形象。井上指出，到清初为止，在广州府的都市与乡村，大、小宗的祠堂已广为普及，而祠堂尤为集中在都市。广州城和佛山镇是牵引珠江三角洲商业化、都市化发展的中心，其宗祠也是最为发达的。《盟水斋存牍》收录了大量围绕族内继承的纷争，推测背后存在着宗子与族长的指导体制，而官方也期待族长作为宗族代表去解决族内纷争。第十三章继续以《盟水斋存牍》为主要史料，考察了乡绅家族围绕沙田的利权争夺。根据井上的考察，明末的乡绅家族推进了矿山开发、海外贸易、墟市和沙田的经营、屠牛、养鸭、高利贷、日常物资的私税征收等事务。在围绕沙田的纷争中，以乡绅之家为中心，出现种种占沙、抢割等行为。乡绅及其宗族（宦族）以宗祠为中心在城、乡铺开了宗族网络，利权争夺在此基础上展开。被称为市棍的无赖和乡绅的奴仆（宦仆）也在广州城暗中活动，帮助争夺利权。在竞争的过程中，拥有乡绅的宗族（宦族）与弱小的宗族之间的强弱关系被结构性地固定了下来。

终章部分主要是分章节总结全书内容。在此之后本书还设有“附篇”栏目，收录两篇论文《中国的近世谱》《宋—明的宗族：总论—元明之部》、一篇书评《评臼井佐知子〈徽州商人的研究〉》与一份调查报告《旧罗旁地方调查记录——追寻瑶族的痕迹》。这些文章均与本书讨论的主题有一定的关联，有助于读者更好地理解井上的学术观点与方法。

本书延续了井上彻前著对宗族功能的认知，即认为宗族对士大夫维持名门家系有着重要作用。同时，受到二十世纪八十年代以来风行于日本明清史学界的“地域社会论”的影响，在追问明代珠江三角洲地区的人们为何会积极形成宗族这一问题上，井上将该地区的对外贸易与商业化进程，以及与之并行的多民族、多宗教的状况等都纳入考察范围。由此，本书展示出一幅涵盖多个方面、彼此关联的动态图景。

面对如此纷繁的讨论对象，本书的思路推进在于建立了几个概念之间的联系——宗族与科举官僚制的功能性联系、科举官僚制在“儒教化”中的轴心位置，以及“儒教化”与“汉化”的等同关系。加之都市化与商业化对宗族普及的促进作用在前著亦有所体现，综合这些要素，井上构筑起了他对明代珠江三角洲宗族形成的整体性解释。在上述这些概念中，或许“儒教化”是最能代表井上研究特色的概念，这也是书名的关键词之一。如前所述，他将“儒教化”定义为“十六世纪以降，被以科举官僚制为轴的汉族单一儒教文化所包摄的一系列过程”，而“乡绅则是很能体现这一过程的群体”①。井上自己也认为，尽管科大卫、刘志伟、片山刚、菊池秀明等人均提及该地区非汉民族如何受到儒家文化的渗透，但他自身的研究尤为重视科举官僚制在“儒教化”进程中的作用。②

如果考虑到研究界对“汉化”相关问题的论争，井上这一通过科举官僚制的普及将“儒教化”与“汉化”等同起来的讨论未免显得过于跳跃与绝对。然而，结合井上在宗族研究领域的出发点，即宗法主义的角度以及对士大夫政治理念的关心，就不难理解他为何将宗法主义的讨论“落地”在明代这片多民族、多宗教的“边境”后，会将“儒教化”与“汉化”画上等号。平定起义之后，少数民族地区居民转变为王朝户籍登记中的民户，这一过程与科举官僚制在当地的渗透，以及宗族的形成是并行的。他在书中强调，普及儒家文化、构筑宗族能够帮助明朝政府改变此处少数民族与汉族混居所造成“淫邪”状况；在激烈的社会竞争环境中，中原出身成为攀升社会阶梯的必要条件，少数民族出身者如若通过科举官僚制获得社会地位的上升，也会积极构筑宗族并竭力隐瞒非汉人的出身；形成宗族之后，通过保持与“科举官僚制”的紧密联系，部分拥有“乡绅”的宗族能够在晚明商业化浪潮与多种商税征收下的竞争格局中生存下来并获得优势地位。而经历了井上所述的复杂历史过程，我们今日只能在蛛丝马迹中追寻这片地区曾经的（当时被认为是）非汉族群的状况。③所以，或许我们依旧可以质疑书中这些概念之间关系的绝对性，但从结果上看，这种朝向“单一”方向的“汉化”与“儒教化”在这一地区的同时性（而未必是等同性）也是很容易推想的。

在研究路径上，可以说本书呈现出一定的“结构过程”的色彩，这一取径与历史人类学视野下的讨论颇有暗合之处。如果对比历史人类学学者的相关讨论，或许更能

① （日）井上彻：《華と夷の間＝明代儒教化と宗族》，第92页。

② （日）井上彻：《華と夷の間＝明代儒教化と宗族》，第91—92页

③ 关于这一问题，围绕疍民的讨论较多，如萧凤霞、刘志伟：《宗族、市场、盗寇与疍民——明以后珠江三角洲的族群与社会》，《中国社会经济史研究》2004年第3期等。而井上在书中收录的调查记录则主要关注瑶族的生活遗迹。参见井上彻：《旧羅旁地方調查記録》，《華と夷の間＝明代儒教化と宗族》，第460—480页。

看出井上研究的特点。就具体地域与议题来看，刘志伟、科大卫的研究与本书的关联性最强。虽然刘、科两位学者各有侧重，但他们都把宗族视作一种文化建构上的“语言”，关注宗族的表达如何把地方意识与国家认同结合起来，地方上的社群又是如何利用这套语言提升自身的社会地位。在井上所强调的“儒教化”、科举官僚制等议题中，历史人类学学者的起点似乎更为“社会”。他们以祖先崇拜而非井上所侧重的宗法主义与士大夫的阐释作为宗族观念的基础，讨论在儒、佛、道、巫觋等不同的“正统”中，宋明理学在地方社会确立正统的过程；指出文字并非为儒家所垄断，宋明理学只是在有限的礼教上取得成功；将大礼议视作重要的转折，认为宗祠的建造与科举功名的关系可以是间接的，“士绅化”或“士大夫化”也可以体现为庶民利用礼教、附会科举功名等主动靠拢与模仿士大夫的举措。[①]而研究对象是福建且同样在地方社会中讨论宗族问题的郑振满，也通过家族变迁看到了“宗法伦理的庶民化、基层社会的自治化与财产关系的共有化”这一明清社会的转型。在他的讨论中，“士大夫”的所指并不绝对，在民间的、地方性的创造性实践中，“士大夫”“精英文化”本身会被改变，进而变得无法被程朱理学所涵盖。[②]

而在井上的论述中，“儒教化”既是明朝官员、乡绅这些士大夫群体的意愿，也成为了竞争激烈的地域社会中各种族群的共同诉求，这点可谓他与历史人类学学者的共通之处。但是，相比于历史人类学学者对民间社会的多元性与“正统化”关系的处理，以及对民间社会的能动性的侧重，井上更为注重的是士大夫/乡绅的主体性。在他笔下，宗族是一种政治理念与具体实践，他对士大夫/乡绅的定义是相对确定的，宗族在科举官僚制中的作用也是直接的，体现为宗族成员实质性地拥有科举功名，乡绅明确地提供利益输送与权力庇护。所以，他更关注儒家文化、科举官僚制在普及过程中齐一化的一面（如“一元式”“单一化”等用语），以此讨论“儒教化”如何在这片具有特殊性的地域展开并最终在结果上体现为宗族的高组织性与普及度。这些方向无疑与井上长久以来对宗法主义的关注是相关的，也有启发之处。只不过，在打通各章节、进行整合性论述时，这种明确化的定义、齐一化的进程与对士大夫群体以外不同主体的行动的解释之间存在着张力，这或许也是造成书中各环节之间偶尔可见的松散感与整体论证逻辑上的跳跃感的部分原因。

---

① 代表性论著参见科大卫:《皇帝与祖宗：华南的国家与宗族》，卜永坚译，南京：江苏人民出版社，2009年；科大卫:《明清社会与礼仪》，曾宪冠译，李子归、陈博翼校，北京：北京师范大学出版社，2016年；刘志伟:《在国家与社会之间：明清广东地区里甲赋役制度与乡村社会》，北京：中国人民大学出版社，2010年；科大卫、刘志伟:《宗族与地方社会的国家认同：明清华南地区宗族发展的意识形态基础》，《历史研究》2000年第3期；刘志伟:《地域社会与文化的结构过程：珠江三角洲研究的历史学与人类学对话》，《历史研究》2003年第1期。

② 郑振满、黄向春:《文化、历史与国家——郑振满教授访谈》，《中国社会历史评论》第5辑，2007年。

在史料方面，与随时可以进行田野调查并挖掘使用较多民间文献的国内学者相比，除了曾去往旧罗旁地区进行考察外，井上使用的基本是收藏于日本各大机构的传世文献与族谱资料。关于明代珠江三角洲的传世文献相对有限，因此，本书颇能看出井上深耕有限史料、建立整体性解释的努力。在学术史方面，作者注意对话中国与日本学界华南宗族研究的大家，但关于明朝海疆政策与广东财政结构的改变、明代西江流域乃至两广地区的族群关系与治理策略等很有意义的具体议题，近年中国不乏青年学者的优秀研究，或许因为书中各章节论文写作时间不一，本书未能充分对话这些最新的研究成果，让人觉得略为惋惜。

总的来说，本书是日本学界对明清华南宗族研究领域的优秀成果，提供了一个较好的“相对化”国内现有研究的样板，与国内学界也存在不少对话的空间。相信书中揭示的宗族研究理路与许多相关议题，值得我们继续思考与探索下去。

本辑作者单位

（按文章先后顺序）

虞和平　中国社会科学院近代史研究所

唐　凌　广西师范大学历史文化与旅游学院

鲁西奇　复旦大学历史学系

吴春宏　浙江省绍兴市图书馆

朱翰麒　暨南大学历史地理研究中心

郭声波　暨南大学历史地理研究中心

王　健　上海大学文学院

王骏光　华东师范大学历史学系

丁　健　西安科技大学马克思主义学院

刘超建　广西师范大学历史文化与旅游学院

代　薇　云南省楚雄彝族自治州元谋县第一中学

段　伟　复旦大学历史地理研究中心

沈高阳　上海海事大学外国语学院

钱一平　西华师范大学马克思主义学院

吴耀庭　福建师范大学社会历史学院

王　锐　华东师范大学历史学系

梁敏玲　暨南大学文学院历史系